DIE HETHITER

Johannes Lehmann

DIE HETHITER

Volk der tausend Götter

Lizenzausgabe 1986 für
Manfred Pawlak Verlagsgesellschaft mbH, Herrsching

ISBN: 3-88199-269-3

Inhalt

Das Thema

Dies ist die Geschichte eines Volkes, das dreitausend Jahre lang verschollen war. Noch vor hundert Jahren wußte man von diesem Volk nicht mehr als seinen Namen, obwohl es einst Babylon eroberte und den Pharao Ramses in die Flucht schlug. Man wußte nicht einmal genau, wo dieses Volk gelebt hatte und wo seine Hauptstadt war.

Unter dem Ansturm fremder Völker war dieses Großreich nach fünfhundertjähriger Herrschaft zerbrochen und untergegangen. Die Spuren waren verweht, und nur die Bibel hielt über die Jahrtausende hinweg die Erinnerung an diese »Chittim« wach, die wir »Hethiter« nennen.

Heute kann man zwischen den Zyklopenmauern der hethitischen Hauptstadt umherwandern, kann in den Museen die Kunstschätze bewundern und aus Zehntausenden von Keilschrifttafeln die erstaunliche Geschichte und das Leben eines Volkes ablesen, das sich »Volk der tausend Götter« nannte und das in vielem sich von seinen Nachbarvölkern unterschied.

Wir wissen heute, daß die Hethiter Indogermanen waren, oder wie man heute korrekter sagt: Indo-Europäer, die in mühseliger Keilschrift Worte niederschrieben, die wir im Deutschen noch heute täglich verwenden. Sie waren von Norden her eingewandert, und seit wenigen Jahren kennen wir sogar eine Stadt aus der Steinzeit, in der vor siebentausend Jahren jene legendäre Urbevölkerung gelebt hat, von denen die indo-europäischen Einwanderer den Namen Hethiter übernommen haben: Tschatal Hüjük, nach Jericho die zweitälteste Stadt der Welt, die wir bisher kennen – vielleicht sogar die älteste.

Es ist die Geschichte eines Volkes, das in der rauhen Landschaft Kleinasiens in Anatolien die gleichen Paläste baute wie der sagenhafte Minotauros auf Kreta; eines Volkes, das später Abraham ein Stück Land verkaufte, das heute noch Juden und

Arabern als heiliger Boden gilt und dessen Königssohn einmal nahe daran war, als Pharao auf dem ägyptischen Thron zu sitzen.

I
Die Suche

König Schuppiluliuma wundert sich

»Ein derartiger Fall ist mir in meinem ganzen Leben nicht vorgekommen«, notierte vor dreitausendsechshundert Jahren der Hethiterkönig Schuppiluliuma, und wenn er damals weniger erstaunt gewesen wäre, hätte das Schicksal unserer Welt vielleicht einen anderen Lauf genommen. König Schuppiluliuma hatte einen Brief bekommen, mit dem ein Bote vierzehn Tage lang durch Wüsten und Gebirge geritten war.

»Mein Gatte ist gestorben. Einen Sohn habe ich nicht. Aber Du hast, so sagt man, viele Söhne. Wenn Du mir einen Deiner Söhne geben würdest, würde er mein Gatte werden. Niemals werde ich einen meiner Diener nehmen und ihn zum Gatten machen. Das scheue ich zu sehr«, hatte ihm Anches-en-Amun, die noch nicht einmal zwanzigjährige Witwe Tut-ench-Amuns und Tochter der Nofretete, aus dem Lande der Ägypter geschrieben.

Der Hethiterkönig, der gerade auf einem Kriegszug die Stadt Karkemesch am Euphrat belagerte, war mißtrauisch. Er berief den Ältestenrat ein und diskutierte mit ihm über das Angebot. Warum sollte die Pharaonenwitwe gerade einen seiner Söhne zum Herrscher über Ägypten machen wollen? Es konnte eine Falle sein, um den Hethitern zu schaden, denn zwei hethitische Generale waren gerade in das Gebiet zwischen Libanon und Antilibanon eingefallen, das zum ägyptischen Herrschaftsgebiet gehörte, und – wie es in einem Dokument heißt – »die Ägypter fürchteten sich«.

Wie also kam Anches-en-Amun dazu, ausgerechnet die Gegner Ägyptens um einen Mann zu bitten? Zwar kam es öfters vor, daß sich die Pharaonen ihre Frauen aus dem Ausland holten, aber bisher war der Herrscher, der Pharao, noch immer ein Ägypter gewesen. Und schließlich: So jung Anches-en-Amun auch war: sie mußte doch Kinder haben, die Tut-ench-Amun nachfolgen konnten.

Wir kennen die Antwort König Schuppiluliumas nicht,

aber aus dem zweiten Brief, den die Witwe Tut-ench-Amuns durch einen Gesandten an den Hethiterkönig überbringen ließ, wird sein Zögern ersichtlich.

»Warum«, schrieb sie, »hast Du gesprochen ›sie wollen mich nur verspotten‹? Ich habe an kein anderes Land geschrieben, nur an Dich habe ich geschrieben. Dir pflegt man viele Söhne zuzuschreiben. Gib mir einen Sohn von Dir, und er soll mein Gatte, in Ägypten aber König sein.«

Es ist einer jener Augenblicke, in denen Geschichte nicht von der Staatsräson, vom Willen eines Herrschers oder vom Willen des Volkes diktiert wird, sondern – und das klingt geradezu menschlich – von den Gefühlen einer schönen und jungen Witwe, die es ablehnt, ihren eigenen Großvater zu heiraten und zum Pharao zu machen, nur damit das Land einen Herrscher hat.

Wir wissen nur wenig von Anches-en-Amun, und schon da sind sich die Gelehrten nicht einig. Sie war von ihren Eltern – Amenophes IV., auch als Echnaton bekannt, und der berühmten Nofretete – als Kind, vermutlich im Alter von zehn oder zwölf Jahren, mit Tut-ench-Amun verheiratet worden, der selbst kaum älter gewesen sein kann. Es ist jener Tut-ench-Amun, dessen Grab 1922 im Tal der Könige gefunden wurde und dessen ungeheure Goldschätze den Namen dieses sonst vollkommen unbedeutenden Pharaonen weltberühmt gemacht haben.

Nach dem Tode Echnatons wurde zwar Tut-ench-Amun ordnungsgemäß als König eingesetzt, aber anstelle des kindlichen Königspaares regierte vermutlich Eje, der Vater von Nofretete, der am Hofe Oberpriester und Hofkämmerer war. Dieser Eje führte außerdem noch den Titel eines »Wedelträgers zur Rechten des Königs«, war Vorsteher des königlichen Marstalles und ließ sich in aller Bescheidenheit mit »Gottvater« anreden.

Als nun Tut-ench-Amun nach wenigen Jahren starb – möglicherweise an den Folgen eines Attentates, wie man aus dem Zustand der Mumie erkennen will –, weiß Eje, inzwischen schon ein Herr von 69 Jahren, eine recht praktische Lösung: wenn er sowieso schon regiert, dann könnte er das Schöne mit dem Nützlichen verbinden, die junge Witwe heiraten und selbst König werden.

In dieser Situation schrieb Anches-en-Amun eilig an den Hethiterkönig, weil sie »keinen ihrer Diener«, also auch nicht Eje, zum Gatten machen will. Sie hatte nicht viel Zeit, denn ihr blieb nur eine Frist von 70 Tagen – in denen die Leiche ihres Gatten einbalsamiert wurde –, und von Theben in Ägypten bis nach Karkemesch am Euphrat braucht ein Bote vierzehn Tage.

Durch das Zögern Schuppiluliumas ging kostbare Zeit verloren, zumal er selbst noch einen Botschafter nach Ägypten geschickt und ihn beauftragt hatte: »Geh, bring du mir zuverlässige Kunde zurück. Sie wollen mich vielleicht nur verspotten, sie haben vielleicht schon einen Thronfolger. Nun – bring mir zuverlässige Kunde zurück!«

Die Antwort des Boten und der zweite Brief Anches-en-Amuns überzeugten den vorsichtigen Hethiter endlich. Er wählte einen seiner Söhne aus und schickte ihn mit Gefolge nach Ägypten. Wäre durch die geplante Heirat das Großreich Schuppiluliumas mit dem Reich der Pharaonen verbunden worden, dann hätten die Hethiter über ein Gebiet geherrscht, das vom Nil bis zum Schwarzen Meer und vom Euphrat bis zum Mittelmeer reichte.

Doch Zannanza, der Sohn Schuppiluliumas, ist niemals in Ägypten angekommen.

»Sie brachten ihn, wie sie ihn nach Ägypten hinführten, um«, heißt es später in einem hethitischen Keilschrifttext, und man kann annehmen, daß jener Oberpriester Eje dem Schicksal ein wenig nachgeholfen hat. Er ist es jedenfalls, der nach Ablauf der 70 Tage seine eigene Enkelin heiratete und sich auf den Pharaonenthron setzte.

Eje regierte nur kurze Zeit, und auch er starb vermutlich keines natürlichen Todes. Als ehemaliger Priester des Gottes Amun, der dann als Vertrauter des Ketzerkönigs Echnaton plötzlich den Sonnengott Aton verehrt hatte und nach Echnatons Tod wieder zum Amun-Kult zurückgekehrt war, dürfte er viele Gegner unter der konservativen Amun-Priesterschaft gehabt haben. Einer von ihnen, mit Namen Bekanchos, ist es jedenfalls, der mit der Pose eines Siegers um die Hand der Königin anhält. Doch diese Königin heißt nicht mehr Anches-en-Amun; sie ist verschwunden wie der hethitische Königssohn Zannanza, und wir hören nie wieder etwas von ihr.

Die neue Königin heißt – Nofretete. Bekanchos hatte sie schon in ihrer Jugendzeit geliebt, war aber schroff von ihr zurückgewiesen worden. Nun schien er am Ziel seiner Wünsche. Doch Nofretete mag Bekanchos noch immer nicht und läßt ihn durch den General Haremheb umbringen. Jetzt erhob Nofretete ihren eigentlichen Jugendfreund zum König und zu ihrem Gemahl: Nofretete, die Witwe des Ketzerkönigs Echnaton und Mutter Anches-en-Amuns, regiert zum zweitenmal, bis am Hof eine blutige Rebellion ausbricht.

Ein adliger Offizier aus der Garde, die einst Haremheb befehligte und der mit dem ermordeten Bekanchos befreundet war, setzt sich nun auf den Thron. Sein Name war Ramses. Unter seinem Enkel Ramses II. sollte Ägypten wieder zu einer politischen Weltmacht werden.

Wäre der Plan Anches-en-Amuns geglückt und wäre ein Hethiter auf den ägyptischen Thron gekommen, gestützt von der Großmacht des hethitischen Reiches, so hätte es vielleicht nie einen Ramses II. gegeben, und vielleicht wäre die spätere Geschichte ganz anders verlaufen, wenn ein Hethiter Pharao geworden wäre. Es ist jedenfalls reizvoll, sich auszumalen, was geschehen wäre, wenn sich über die Heirat der beiden Königskinder hinaus Indo-Europäer und die hamitischen Ägypter damals kennengelernt und womöglich allmählich vermischt hätten. Denn die Hethiter waren zwar nicht besser als ihre Zeitgenossen, aber sie waren anders.

Dies alles – wie auch die Episode der beiden Königskinder – weiß man erst seit wenigen Jahrzehnten, und es gehört zu den Rätseln der Geschichte, wie das Hethiterreich, das zu den Großmächten der damaligen Zeit zählte, so vollständig aus der Erinnerung der Völker verschwinden konnte, daß nicht einmal die Geschichtsschreiber des Altertums die Hethiter auch nur erwähnen.

Wenn man also die Geschichte der Hethiter erzählen will, so muß man zuallererst von der Geschichte ihrer Wiederentdeckung berichten, in der der Zufall genauso eine Rolle spielt wie die verbissene Tüftelei und der geniale Einfall.

Erst dann können wir versuchen, die einzelnen aufgefundenen Mosaiksteine zu einem Bild zusammenzusetzen.

Erzvater Abraham verneigt sich vor den Hethitern

Meyers Neues Konversationslexikon aus dem Jahre 1871 faßte das gesamte Wissen über die Hethiter in spärlichen sieben Zeilen zusammen, deren Inhalt auch noch, aber das war nicht die Schuld des Lexikons, im wesentlichen falsch war.

Da stand unter dem Stichwort Hethiter: »Kanaanitische Völkerschaft, welche die Israeliten in Palästina antrafen, wohnte in der Gegend von Hebron unter und neben den Amoritern, später weiter nördlich in der Gegend von Bethel, und wurden von Salomo dienstpflichtig gemacht; doch gab es noch später einen unabhängigen, monarchisch regierten hethitischen Stamm nach Syrien hin.«

Prüft man einmal nach, woher das Lexikon seine Weisheit hatte, so merkt man bald, daß sämtliche Angaben aus der Bibel stammen, die zwar auch ein Geschichtsbuch ist, die aber Geschichte eben nur aus dem Blickwinkel der Kinder Israels schreibt.

Die Vorstellung, die Hethiter seien ein kanaanäischer Volksstamm, findet sich im 1. Buch Moses, Kapitel 10, Vers 15: »Kanaan aber zeugte Sidon, seinen ersten Sohn und *Heth* und den Jebusiter ...« Auf diese Weise werden insgesamt elf Völkerschaften auf Kanaan zurückgeführt.

Als Gott Abraham und seinen Nachkommen das Land Kanaan verheißt, werden die Hethiter wieder erwähnt. Dabei werden erneut zahlreiche Völkerschaften genannt, die aber in einem größeren Gebiet leben als dem eigentlichen Kanaan, das in etwa dem heutigen Staat Israel einschließlich der besetzten Gebiete entspricht. Das im 1. Mose 15, 18 erwähnte Gebiet dieser Völkerschaften reicht vom »Strom Ägyptens bis an den großen Strom Euphrat«.

In diesem Landstreifen zwischen dem Nil und dem Zweistromland muß man nach der biblischen Erzählung nun auch die Hethiter suchen.

Etwas genauere Angaben liefern dann die Botschafter, die Moses am Ende der Wüstenwanderung ausschickt, um das Land Kanaan zu erkunden: »Wir sind in das Land gekommen, in das ihr uns sandtet; es fließt wirklich Milch und Honig darin, und dies sind seine Früchte. Aber stark ist das Volk, das darin wohnt, und die Städte sind befestigt und sehr groß ... es wohnen die Amalekiter im Südland, die Hethiter und Jebusiter und Amoriter wohnen auf dem Gebirge, die Kanaaniter aber wohnen am Meer und am Jordan« (4. Moses 13, 27–29).

Danach wohnten die Hethiter im Zentrum des heutigen Staates Israel. Eine der alten Jebusiterfestungen, die König David im Gebirge erobert und »zur Stadt Davids« erklärt hatte, ist Jerusalem. Aber die Ausdehnung des hethitischen Gebietes wird in der Bibel nirgendwo beschrieben. Wir haben jedoch einen Anhaltspunkt, wo sie zumindest *auch* saßen, nämlich in Hebron südlich von Jerusalem, das auch in Meyers Lexikon in diesem Zusammenhang erwähnt wird.

Dort in Hebron starb nämlich Sara, Abrahams Frau, im biblischen Alter von 127 Jahren, und nachdem Abraham sie gebührend beklagt und beweint hatte, wollte er sie in Hebron beerdigen. Aber das Land gehörte nicht ihm, sondern den Hethitern. Und nun entspinnt sich ein Handel. Erzvater Abraham tritt ganz bescheiden auf und möchte einen Grabplatz kaufen; die Hethiter sind großzügig und wollen ihm Land schenken, aber Abraham besteht auf Bezahlung und Vertrag.

Da dieser Bericht vom Erbbegräbnis in Hebron über zweitausend Jahre lang das einzige Dokument war, in dem die Hethiter nicht nur als Volk erwähnt wurden, sondern auch redend und handelnd auftraten, und weil dieser Bericht typisch ist für den geruhsamen Stil solcher Texte, will ich ihn hier ganz zitieren:

»Danach stand er« – also Abraham – »auf von seiner Toten und redete mit den Hethitern und sprach: ›Ich bin ein Fremdling und Beisasse bei euch; gebt mir ein Erbbegräbnis bei euch, daß ich meine Tote hinaustrage und begrabe.‹ Da antworteten die Hethiter Abraham und sprachen zu ihm: ›Höre uns, lieber Herr! Du bist ein Fürst Gottes unter uns. Begrabe deine Tote in einem unserer vornehmsten Gräber; kein Mensch unter uns wird dir wehren, daß du in seinem Grabe deine Tote begrabest.‹

Da stand Abraham auf und verneigte sich vor dem Volke des Landes, vor den Hethitern. Und er redete mit ihnen und sprach: ›Gefällt es euch, daß ich meine Tote hinaustrage und begrabe, so höret mich und bittet für mich Ephron, den Sohn Zohars, daß er mir gebe seine Höhle in Machpela, die am Ende seines Ackers liegt; er gebe sie mir um Geld, soviel sie wert ist, zum Erbbegräbnis unter euch.‹ Ephron aber saß unter den Hethitern. Da antwortete Ephron, der Hethiter, dem Abraham vor den Ohren der Hethiter, vor allen, die beim Tor seiner Stadt versammelt waren, und sprach: ›Nein, mein Herr, sondern höret mir zu! Ich schenke dir den Acker und die Höhle darin und übergebe dir's vor den Augen der Söhne meines Volkes, um deine Tote dort zu begraben.‹

Da verneigte sich Abraham vor dem Volke des Landes und redete mit Ephron, so daß das Volk des Landes es hörte, und sprach: ›Willst du ihn mir lassen, so bitte ich, nimm von mir das Geld für den Acker, das ich dir gebe, so will ich meine Tote dort begraben.‹ Ephron antwortete Abraham und sprach zu ihm: ›Mein Herr, höre mich doch! Das Feld ist vierhundert Lot Silber wert; was ist das aber zwischen mir und dir? Begrab nur deine Tote!‹ Abraham gehorchte Ephron und wog ihm die Summe dar, die er genannt hatte vor den Ohren der Hethiter, vierhundert Lot Silber nach dem Gewicht, das im Kauf gang und gäbe war.

So wurde Ephrons Acker in Machpela östlich von Mamre Abraham zum Eigentum bestätigt, mit der Höhle darin und mit allen Bäumen auf dem Acker umher, vor den Augen der Hethiter und aller, die beim Tore seiner Stadt versammelt waren. Danach begrub Abraham Sara, seine Frau, in der Höhle des Ackers Machpela östlich von Mamre, das ist Hebron, im Lande Kanaan. So wurden Abraham der Acker und die Höhle darin zum Erbbegräbnis bestätigt von den Hethitern« (1. Mose 23).

Bis heute ist diese Stelle ein »Holy place«, ein Heiliger Platz, für die Pilger aus drei Religionen, und der Christ hat Schwierigkeiten, den Juden und den Mohammedanern gerecht zu werden, die beide Abraham als Erzvater verehren: in einer Synagoge muß man den Kopf bedecken, in einer Moschee die Schuhe ausziehen – in Hebron muß man beides: ein Käppi aufsetzen und die Schuhe vor der Tür stehen lassen . . .

Esau, der Enkel Abrahams und Bruder Jakobs, knüpfte noch engere Bande zu den Hethitern. Er heiratete »Judith, die Tochter Beeris, des Hethiters, und Basemath, die Tochter Elons, des Hethiters. Die machten Isaak und Rebekka lauter Herzeleid« (1. Mose 26, 34f.). Noch zweimal werden dann die Hethiter im Alten Testament als Volk erwähnt. Das eine Mal werden sie und einige andere Völker als Fronarbeiter König Salomos beim Bau des Jerusalemer Tempels genannt (1. Könige 9, 20), also etwa tausend Jahre vor der Zeitenwende; das andere Mal werden sie – und das paßt überhaupt nicht zu der Fronarbeit im Tempel – von den Aramäern als Bundesgenossen Israels und gleichrangig mit den Ägyptern erwähnt, ja, in der Aufzählung sogar noch vor die Ägypter gestellt: »Siehe, der König von Israel hat sich gegen uns verbündet mit den Königen der Hethiter und den Königen der Ägypter . . .« (2. Könige 7, 6).

Das war jahrtausendelang das gesamte Wissen über die Hethiter, wenn man nicht noch als Arabeske die bedenkliche Geschichte von König David anführen will, der eines Abends vom Dach seines Hauses aus beobachtet, wie sich eine Frau – »sehr schön von Gestalt« – badet. Er läßt sie zu sich bringen, er schläft mit ihr, und die Folgen bleiben nicht aus. Diese Bathseba »war die Frau Urias, des Hethiters«, wie ausdrücklich bemerkt wird, und König David tat nun etwas, »was dem Herrn mißfiel«: er schrieb seinem Heerführer Joab: »Stellt Uria vornehin, wo der Kampf am härtesten ist, und zieht euch hinter ihm zurück, daß er erschlagen werde ...« Uria kommt um, und David holt sich Bathseba in sein Haus, »und sie wurde seine Frau« (2. Samuel 11, 1–12, 25).

Wir wissen heute, daß alle diese auf den biblischen Erzählungen beruhenden Lexikonangaben aus dem 19. Jahrhundert irreführend waren, weil man lange Zeit das Reich der Hethiter in einer ganz falschen Gegend suchte. Selbst den Namen dieses Volkes kannte man nur ungenau aus der Bibel: es heißt dort im hebräischen Text Chet oder in der Mehrzahl Chittim, wobei schon die Vokale eine mehr oder weniger willkürliche Zugabe sind, weil die hebräische Schrift ohne Vokalzeichen geschrieben wird. Erst viel später wurde die hebräische Bibel durch ein einfaches Punktsystem vokalisiert.

Nach diesem punktierten Text und über den Umweg der griechischen Umschreibung, die immer dort ›h‹ schrieb, wo eigentlich ein ›ch‹ stand, nannte Luther die ›Ch-t‹ »Hethiter«, obwohl Chettiter angemessener gewesen wäre.

Es ist bei »Hethiter« geblieben, obwohl man mit dem gleichen Recht Hettiter, Hetiter, Hittiter oder Chetiter schreiben kann (und gelegentlich auch diese Schreibarten findet), ohne den Namen wirklich falsch zu schreiben. Die tatsächliche Aussprache kennen wir nicht. Die Hethiter »nannten« das Gebiet, in dem sie lebten, das »Land Chatti« oder »Hatti«, eine Bezeichnung, die auch in assyrischen Texten auftaucht. In ägyptischen Texten »spricht« man von »Cheta'las«, wobei auch hier die Vokalisation willkürlich ist, weil auch die Hieroglyphen nur Konsonanten, aber keine Vokale angeben. Fest stehen nur die Konsonanten ›h‹ und ›t‹, und auch hier kann man zwischen einem reinen ›h‹ und einem kehligen ›ch‹ wählen wie in dem Worte »noch«, was wohl am ehesten zutrifft. Die Engländer schreiben »Hittites«, die Franzosen zunächst »Héthéens«, bis auch sie »Hittites« übernahmen. Um das Durcheinander zu vervollständigen, beschlossen dann 1971 Vertreter der großen christlichen Konfessionen, in Bibelübersetzungen »Hetiter« zu schreiben, während die deutsche Rechtschreibung noch das Luthersche »Hethiter« bevorzugt, aber auch andere Schreibweisen freigibt.

Das also war, recht und schlecht, alles, was man vor hundert Jahren wußte. Mehr über die Hethiter erfuhr man erst im Jahre 1888 und auch das nur durch Zufall.

Es ist, wie so vieles im Orient, eine Geschichte mit einer Variante. Die einen berichten, eine Fellachenfrau habe am Oberlauf des Nils weitab von Kairo in einem Ruinenhaufen herumgestochert und einige Tontafeln mit Schriftzeichen gefunden, die sie einem Freund für zehn Piaster (damals kaum zwei Mark) verkauft habe. Das Ergebnis dieser Transaktion war, daß nun auch andere Fellachen zu graben anfingen, denn Antiquitäten wurden schon damals als »Kapitalanlage« betrachtet.

Die schönere, aber unwahrscheinlichere Variante ist die, daß die gleiche arme Fellachenfrau in hellem Zorn neugierige Fremde mit Tonscherben bewarf, um sie loszuwerden, und damit genau das Gegenteil erreichte: genau wegen solcher Scherben waren ja die Fremden gekommen.

Tatsache ist jedenfalls, daß mindestens 200 dieser Tontafelscherben Ende 1887 in Kairo in den illegalen Schwarzhandel gelangten, denn die Ausfuhr von Antiquitäten war damals bereits verboten. Vorher war der treuherzige Versuch gescheitert, die Tontafeln mit den Schriftzeichen ganz legal an einen Beamten des berühmten Kairoer Museums zu verkaufen: der zuständige Beamte hielt die Scherben für eine der üblichen Fälschungen und lehnte den Kauf ab. Auch Jules Oppert im Louvre hielt die Tafeln für unecht. An die Echtheit glaubte der österreichische Sammler Theodor Graf, der einige der Tafeln kaufte. 82 dieser Tafeln und Bruchstücke erwarb Wallis Budge für das Britische Museum in London.

Den Löwenanteil dieser »gefälschten« Tafeln von »bis dahin unerhörter Größe« – 160 Stück – erwarb im Laufe der Zeit in Kairo und aus der Grafschen Sammlung das Berliner Museum und konnte nach einer ersten genauen Prüfung triumphieren: die Tafeln waren echt und stellten eine Sensation sondergleichen dar.

Man hatte damit das größte und wichtigste Tontafelarchiv Ägyptens gefunden, nämlich das Staatsarchiv des Ketzerkönigs Echnaton, der mit der alten Religion gebrochen und eine strenge Verehrung des Sonnengottes Aton eingeführt hatte. Um 1350 vor der Zeitenwende hatte er am Oberlauf des Nil, dreihundert Kilometer von Kairo entfernt, eine neue Hauptstadt mit dem Namen »Ruhestätte des Aton« (Achet-Aton) errichten lassen, um sich dort ganz der Verehrung des Sonnengottes widmen zu können. Nach dem Tode Echnatons wurde die Stadt verlassen, sie verfiel und wurde vom Sand zugeweht. Der populärste und berühmteste Fund, den die Ausgräber dort vor 100 Jahren machten, war die Büste der Nofretete, die jetzt im Berliner Museum steht.

Wir kennen heute die Stadt unter ihrem archäologischen Namen Tell el-Amarna, und die Tontafeln werden kurz die Amarna-Briefe genannt. Es ist die Korrespondenz der Pharaonen Amenophes III., seines Sohnes Amenophes IV. (Echnaton) und seines Schwiegersohnes Tut-ench-Amun mit den Herrschern der damaligen Welt: dazu gehörten Briefe aus Babylonien, Nachrichten aus Assur oder Verträge mit anderen vorderasiatischen Ländern – ein Staatsarchiv also, das über die politischen Beziehungen im 14. Jahrhundert vor der Zeitenwende Auskunft gibt und für die gelehrte Welt eine Fundgrube ersten Ranges war.

Aber wer glaubt, die Amarna-Briefe seien trockene Kommuniqués, die eher verschleiern als Auskunft geben, irrt sich. Da Ägypten zu jener Zeit durch seine nubischen Besitzungen am Oberlauf des Nil zum Goldland der damaligen Kulturwelt geworden war, zieht sich eine sehr direkte und geradezu schamlose Bettelei um Gold wie ein roter Faden durch diese Briefe.

So schreibt Tuschratta, der König von Mitanni, ganz naiv an Amenophes III.: »Du hast mit meinem Vater sehr, sehr innige Freundschaft unterhalten. Jetzt, da wir miteinander Freundschaft halten, ist sie zehnmal größer als mit meinem Vater. Und nun sage ich weiter zu meinem Bruder, möge mein Bruder mir zehnmal soviel zuteil werden lassen wie meinem Vater. So möge mein Bruder mir sehr viel Gold senden, mein Bruder möge mir mehr Gold senden als meinem Vater.«

Offensichtlich schickte Amenophes III. nicht die gewünschte Menge an massiven Goldstatuetten, sondern nur vergoldete Holzbilder, denn im nächsten Schreiben beschwert sich Tuschratta: »Und doch ist im Lande Deines Sohnes Gold wie Staub – ist dies Freundschaft?«

Ein solcher Bettelbrief ist kein Einzelfall. Welcher König auch schreibt – nach der üblichen Eingangsformel, in der sich die Herrscher mit Bruder anreden und sich gegenseitig ihre Freundschaft versichern, geht es sofort um Gold:

»Zu Amenophes, König von Ägypten, hat also gesprochen Burnubariasch, König von Babylonien, Dein Bruder: Mir ist Wohlbefinden. Dir, Deinem Hause, Deinen Frauen, Deinen Kindern, Deinem Lande, Deinen Großen, Deinen Pferden, Deinen Wagen sei in hohem Grade Wohlbefinden! – Seit mein Vater und Dein Vater miteinander über gute Freundschaft redeten, übersandten sie einander schöne Geschenke, und etwas Schönes, worum gebeten wurde, verweigerten sie einander nicht. Jetzt hat mein Bruder nur zwei Minen Gold für mich zum Geschenk übersandt . . . warum hast Du nur zwei Minen Gold übersandt?«

Andere Tontafeln beschäftigen sich mit einer besonderen Art schöner Geschenke. Da schreibt ein anderer König aus Babylon: »Was die Jungfrau, meine eigene Tochter, anbetrifft, welche heiraten zu wollen Du geschrieben hast, so ist das Weib herangewachsen; eines Mannes fähig ist sie. Schicke her, daß man sie hole!« Und weil Geschenke die Freundschaft erhalten, bittet er als Gegengabe um eine ägyptische Prinzessin für seinen Harem, erhält aber die herablassende Antwort: »Von alters her ist eine Königstochter von Ägypten an niemanden gegeben.« Darauf kommt wiederum die pfiffige Antwort: »Schicke mir irgendein schönes Weib, als ob es Deine Tochter wäre. Wer wird dann sagen: das ist keine Königstochter.«

Unter diesen Bettelbriefen fand sich nun auch ein Schreiben in babylonischer Keilschrift, das von einem König von Hatti stammte, den die Ägypter Sapalulu schrieben und der sich selbst Schuppiluliuma nannte. In diesem Brief gratulierte Schuppiluliuma dem Ketzerkönig Echnaton zu seiner Thronbesteigung. Er wendet sich dabei an ihn wie an einen gleichrangigen Fürsten.

Damit hatte man nun endlich einen Hethiterkönig gefunden, den man auch zeitlich einordnen konnte: dieser König mußte um 1370 vor der Zeitenwende gelebt haben.

In anderen Briefen wird ein Vordringen der Hethiter in Syrien erwähnt, und in den Berichten ägyptischer Könige des Neuen Reiches wird auch von Begegnungen mit den Hethitern berichtet.

Aus diesen Dokumenten aus Amarna formte sich nun plötzlich ein neues Bild der Hethiter, ein Bild, das die dürftigen Angaben der Bibel korrigierte.

Denn offensichtlich waren diese Hethiter nicht irgendein kleiner Stamm, der um Jerusalem herum in den Bergen Judäas saß. Man mußte jetzt sogar bezweifeln, ob die in der Bibel erwähnten Hethiter die gleichen waren wie die zum Königreich Hatti gehörenden, denn aus den Dokumenten ging hervor, daß sie vom Norden zum Libanon vorstießen, und aus ägyptischen Tempelinschriften erfuhr man sogar, wie weit sie gekommen waren: bis nach Kadesch am Orontes. Die in der Bibel erwähnten Hethiter aber saßen viel weiter südlich. Wenn man also das Reich der Hethiter suchen wollte, so mußte man es nördlich von Kadesch suchen, in Syrien also oder noch weiter nördlich – was aber machte man mit den angeblichen Hethitern in Palästina?

Dieses Kadesch am nördlichen Auslauf des Libanon spielte für die Einschätzung der Hethiter auch noch in einer anderen Hinsicht eine große Rolle. Die ägyptischen Tempelinschriften berichten nämlich, daß Ramses II. die »Elenden von Hatti« bei Kadesch vernichtend geschlagen habe. Das konnte aber nicht stimmen, denn die angeblich vernichteten Hethiter schlossen bald darauf als gleichberechtigte Partner mit Ägypten einen »ewigen Friedensvertrag«.

Aus alledem gewannen die Wissenschaftler immer mehr den Eindruck, daß die Hethiter neben den Ägyptern zu den Großmächten des zweiten vorchristlichen Jahrtausends gehörten, wenn sie auch rätselhafterweise aus dem Bewußtsein der Nachwelt verschwunden waren.

Immerhin konnten unsere Großväter um 1900 im Lexikon schon einiges mehr über die Hethiter erfahren als noch dreißig Jahre zuvor:

»Hettiter (Hethiter, bei den Ägyptern: Cheta); neben Ägyptern und Babylonier-Assyrern das dritte große Kulturvolk Vorder-Asiens, in den ägyptischen Denkmälern von Thutmosis III. bis Ramses (15.–12. Jahrhdt. v. Chr.) genannt.

Es zerstörte um 1350 v. Chr. das am oberen Euphrat gelegene Reich Mitanni, dessen König Tuschratta die neuerdings gefundene Korrespondenz (von El-Amarna) mit Amenophes III. geführt hatte. Ramses II. lieferte den Chetas im 5. Jahr seiner Herrschaft (also um 1295 v. Chr.) bei Kadesch (in Nordsyrien) eine Schlacht, die er als großen Sieg verherrlichte, die aber nicht entscheidend war, denn um 1280 kam es zwischen ihm und dem Chetiterkönig Chetasar zum Frieden und Bündnis.

Die Denkmäler der Hettiter erstrecken sich etwa von Hamath bis Karkemisch, doch bilden diese syrischen Hettiter nur einen Zweig einer großen Völkergruppe, deren gleichartige Denkmäler durch ganz Kleinasien bis an das Ägäische Meer verstreut sind . . . Ihre Nationalität ist noch nicht ausgemacht, da die Entzifferung der ganz eigenartigen Hettitischen Bilderschrift noch nicht ganz geglückt zu sein scheint.«

Bevor ich nun etwas über die »ganz eigenartige Hettitische Bilderschrift« erzähle, die auch bis heute noch nicht ganz entziffert werden konnte, darf man eins nicht vergessen: was man auch um die Jahrhundertwende bereits von den Hethitern wußte – eines wußte man nicht, und zwar die Hauptsache: wo die Hauptstadt der Hethiter und damit das Zentrum des Reiches lag.

Gewann man aus der Bibel den Eindruck, daß die Hethiter vor allem auf dem Gebiet des heutigen Israel lebten, so hatten die Amarna-Briefe und die ägyptischen Tempelinschriften dazu geführt, daß man die Hethiter jetzt mehr im Norden suchte, also nach heutigen Vorstellungen im Nordlibanon und in Syrien bis zum Euphrat. Dort hatte man inzwischen tatsächlich auch »Denkmäler« gefunden, die man den Hethitern zuschrieb, ohne das vollkommen schlüssig beweisen zu können.

Es war ein Negativverfahren: das, was man fand, konnte man nirgendwo einordnen. Man fand seltsame Schriftzeichen einer Bilderschrift, die man weder deuten noch lesen konnte. Man fand seltsame Figuren, deren Motive man nicht kannte. Diese Kultur war nicht babylonisch, nicht assyrisch und nicht ägyptisch. Vielleicht stammte das, was man nicht einordnen konnte, von dem seltsamen Volk der Hethiter, das man ohnehin nicht kannte?

Wir wollen sehen, ob dieser Versuch zu einem Ergebnis führte.

Auf der Suche nach Arzawa

Die Sache begann, wie sich das im Orient gehört, mit einem Scheich namens Ibrahim. Dieser Ibrahim war Kaufmann, jedenfalls behauptete er das; er war als Pilger im heiligen Mekka gewesen, und das stimmte wirklich; er wußte in den mohammedanischen Gesetzen so gut Bescheid, daß zwei arabische Rechtsgelehrte und Doktoren bei der Prüfung nur so staunten. Er reiste mal hierhin und mal dorthin – nach Süden ins Heilige Land, dann an den Euphrat, hielt sich wieder in Syrien auf oder lebte in Ägypten.

Als er in Kairo gerade eine neue Reise vorbereiten wollte, starb Scheich Ibrahim im Alter von 33 Jahren und wurde auf einem mohammedanischen Friedhof feierlich zu Grabe getragen, wie dies einem Mekkapilger zusteht. Das war 1817.

Dieser Scheich Ibrahim hatte an sich schon ein recht buntes Leben, aber die Pointe der Geschichte besteht darin, daß er aus einem alten Baseler Patriziergeschlecht stammte, das bis in unser Jahrhundert hinein bedeutende Diplomaten und Historiker stellte: »Scheich Ibrahim« hieß eigentlich Johann Ludwig Burckhardt.

Mit 25 Jahren hatte er sich orientalische Gewänder angezogen und war nach Syrien gereist, um Land und Leute kennenzulernen. Als die Universität Cambridge seinen Nachlaß erbte – es waren dreihundertfünfzig Bände mit orientalischen Originalhandschriften und seine Reisetagebücher –, fand man das Material so interessant, daß man diesen Nachlaß veröffentlichte. In einem dieser Bücher mit dem Titel »Travels in Syria and the Holy Land«, das 1822 in London erschien, gab es die Beschreibung eines merkwürdigen Steines, der im Basar von Hamath in eine Hausecke eingebaut war. Es war »ein Stein mit einer Anzahl kleiner Figuren und Zeichen, die so aussahen, als seien sie eine Art Hieroglyphen, obwohl sie denen aus Ägypten in keiner Weise glichen«.

Niemand nahm von dieser etwas vagen Beschreibung Notiz, und so vergingen achtundfünfzig Jahre, bis zwei Amerikaner, ein Konsul und ein Missionar, diesen Stein im Basar von Hamath (heute Hama, syrische Provinzhauptstadt am Orontes) aufs neue entdeckten und noch zwei solche Steine dazu. Auch sie konnten später nur von »kleinen Figuren und Zeichen« berichten, denn sobald sie sich den Steinen näherten, um sie zu berühren oder abzuzeichnen, wurden sie von den Eingeborenen daran gehindert. Wie sich herausstellte, glaubten die Leute nämlich, diese Steine mit den seltsamen Zeichen besäßen Wunderkraft und könnten vor allem Rheumatismus heilen.

So verging wieder ein Jahr, bis der irische Missionar William Wright den Wunderstein zum drittenmal entdeckte.

Wright hatte mehr Glück als seine Vorgänger. Kurz zuvor, im Jahre 1872, war der bisherige strenggläubige und fremdenfeindliche Gouverneur von Syrien durch einen liberalen Nachfolger ersetzt worden. Der neue Pascha schickte auf Bitten des Missionars Soldaten, die trotz eines Aufruhrs in der Bevölkerung die Steine einfach aus der Wand brachen und ins Rasthaus des Pascha trugen. Vor diesem kam es dann zu Demonstrationen der aufgebrachten Gläubigen, die eher das Haus gestürmt und die Rheumatismussteine zerstört hätten, als sie den Ungläubigen zu überlassen.

Wright war in einer schwierigen Lage und versprach in seiner Angst, der Pascha würde am nächsten Morgen die Steine ordnungsgemäß bezahlen, was ihm selbstverständlich niemand glaubte – die Araber hatten ihre Erfahrung mit den Versprechungen eines Paschas. Um so erstaunter waren sie, als sie am nächsten Morgen das Geld tatsächlich bekamen. Aber damit war die Situation noch nicht gerettet. Zu allem Unglück hatte es in der Nacht nämlich einen großen Meteoritenfall gegeben, und nun liefen die Derwische aufgeregt durch die Straßen und erklärten jedem, dieses himmlische Zeichen sei der beste Beweis dafür, daß die Steine nicht hätten entfernt werden dürfen.

Nun mußte der Pascha selbst eingreifen, und er tat das, was man mit Zeichen und Wundern immer tun kann: er erklärte sie genau umgekehrt: der Sternenregen sei im Gegenteil der beste Beweis des Himmels, der damit aller Welt sein Einverständnis deutlich machen wolle.

Erst jetzt konnten die Steine nach Istanbul transportiert werden, nachdem Wright vorher noch Abdrücke der Zeichen und Figuren für das Britische Museum in London genommen hatte.

Aber weder in Istanbul noch in London konnte man mit den Zeichen auf den Steinen etwas anfangen: Es fehlte jedes Bezugssystem. Zwar hatten auch schon kurz nach 1700 zwei Reisende von seltsamen Zeichen in Syrien berichtet, aber was besagte das schon. Wie bei allen neuen Wissensgebieten dauert es eine gewisse Zeit, bis man Querverbindungen sehen und begreifen lernt, denn das, was andere später als Zusammenhang erkennen, weist für den Entdecker oft keinerlei zeitlichen oder inhaltlichen Zusammenhang auf.

So war es auch hier. Und hinzu kam, daß sich die Aufmerksamkeit der Wissenschaftler und der Öffentlichkeit damals auf eine ganz andere Entdeckung konzentrierte: wenige Jahre zuvor war Ninive entdeckt worden, und im selben Jahr 1872, in dem die Wundersteine aus Hamath abtransportiert wurden, veröffentlichte ein gewisser George Smith aus London einen Text aus Ninive, der das christliche Abendland erschütterte: auf einer Keilschrifttafel aus Ninive hatte Smith eine Erzählung gefunden, die ihm merkwürdig bekannt vorkam. Es war die Sintflutgeschichte, die man bisher nur aus der Bibel kannte.

Es war nicht ganz die gleiche Geschichte, aber eins wurde deutlich: die Sintflutgeschichte aus Mesopotamien war älter als der Bericht aus der Bibel – die Bibel hatte demnach »abgeschrieben«, das, was man bisher als »göttliche Wahrheit« und »Offenbarung« angesehen hatte, war nachweislich Teil eines uralten Sagenschatzes der Völker. Wir verstehen heute nicht mehr die Aufregung, die daraufhin unter Frommen und Scheinfrommen ausbrach, aber man kann sich vorstellen, daß George Smith plötzlich weltberühmt wurde.

Dabei war Smith weder Archäologe noch Assyriologe oder auch nur ein studierter Mann, sondern ganz schlicht und einfach Kupferstecher, der den Auftrag hatte, ein Werk über die Keilschriften des Vorderen Orients und Ninives mit Kupferstichen zu illustrieren. Als er den Text dieses Buches las, war er so fasziniert, daß er aus diesem Buch die assyrische Sprache und Schrift lernte. In kurzer Zeit brachte er es soweit, daß er selbständig wissenschaftliche Entdeckungen machte und nachweisen konnte, daß vier in der Bibel genannte Könige von Juda oder Israel Zeitgenossen des assyrischen Königs Tiglatpilesar III. waren, so daß man neue Anhaltspunkte für die biblische Chronologie gewann. Das Britische Museum stellte daraufhin den Kupferstecher Smith als Fachmann für assyrische Keilschriftentexte an.

Als nun dieser George Smith – er hatte übrigens auch noch nebenher in Ninive das Gilgamesch-Epos entdeckt, in dem die Sage von der großen Flut ebenfalls vorkommt – 1876 in den Orient aufbrach, um das biblische Karkemesch zu suchen, war dies für das Britische Museum interessanter als die Steine von Hamath, deren Abdrücke seit vier Jahren im Museum herumlagen. In assyrischen Texten hatte man nämlich gelesen, daß Karkemesch früher ein wichtiger Ort gewesen war und daß dort fremde Hieroglyphenschreiber gelebt hatten.

Nur: wo lag Karkemesch? Beim Propheten Jeremia (46, 2) konnte man zwar nachlesen: »am Euphratstrom bei Karkemesch«, aber der Euphrat war lang, und bisher hatte noch keiner den Ort Karkemesch gefunden. Aber Smith hatte Glück: er ritt auf ein Ruinenfeld am Euphrat zu, das heute im syrisch-türkischen Grenzgebiet liegt, behauptete, daß dies das alte Karkemesch sei – und hatte recht. Er machte Ausgrabungen und fand die gleichen merkwürdigen Hieroglyphen wie in Hamath.

Das war nun gleich eine ganz andere Sache. Drei Jahre lang ließ das Britische Museum (1878–81) in Karkemesch graben, doch Smith hat das nicht mehr erlebt. Wenige Monate nach seiner Entdeckung von Karkemesch starb er an der Pest.

Aber der Anstoß war da. Und als der englische Archäologe Archibald Henry Sayce weitab von Hamath und Karkemesch die gleichen Zeichen im anatolischen Taurusgebirge und in Smyrna entdeckte, stellte der 34jährige Archäologe 1880 die verwegene These auf, diese merkwürdigen Bildzeichen und Monumente, die man in den letzten Jahren in Syrien und Kleinasien gefunden hatte, gehörten zum verschollenen Reich der Hethiter.

Beweisen konnte er seine These nicht, was ihn aber nicht hinderte, gleich einen Artikel mit der eindeutigen Überschrift »Die Hethiter in Kleinasien« zu veröffentlichen und Vorträge zu halten, die ihm den Ruf einbrachten, der »Erfinder« der Hethiter zu sein.

Die Hethiter gerieten in die Schlagzeilen der englischen Presse, und als dann 1884 William Wright in London ein Buch veröffentlichte, das den Titel »Das Großreich der Hethiter, mit einer Entzifferung der hethitischen Inschriften von Prof. A. H. Sayce« trug, stand man am Anfang der »Hethitologie«. Zwar war von einer wirklichen Entzifferung der Texte keine Rede, und »Beweise« gab es erst recht nicht, sondern nur Anhaltspunkte und Vermutungen, und diese Anhaltspunkte differierten in mancher Hinsicht auch noch von den biblischen Berichten.

Aber so dürftig die ganze Geschichte war – die These war so provozierend, daß man nun ernsthaft begann, sich mit den verschollenen Hethitern zu beschäftigen.

Als man dann drei Jahre später in Tell el-Amarna wie durch ein bestelltes Wunder tatsächlich Briefe des Hethiterkönigs Schuppiluliuma und andere Nachrichten über die Hethiter fand, war die Sensation perfekt.

Nun befanden sich aber unter den Amarna-Briefen, die alle in babylonischer Keilschrift geschrieben und daher der Wissenschaft verständlich waren, auch zwei Schreiben, die man zwar lesen, aber nicht verstehen konnte. Auch sie waren in schönster Keilschrift geschrieben, aber in einer vollkommen unverständlichen Sprache, die nichts mit der Bilderschrift zu tun hatte, die man in Syrien und in Smyrna gefunden hatte. Man bekam nur heraus, daß sie an einen bis dahin unbekannten König von Arzawa gerichtet waren.

Soviel Licht also die Amarna-Briefe auf die Hethiter geworfen hatten, soviel neue Fragezeichen tauchten auf. Kaum hatte man die Hethiter gefunden, mußte man das nächste unbekannte Volk suchen: die Arzawa.

Und trotzdem sollten es gerade diese Arzawa-Briefe sein, die zur Entdeckung der hethitischen Hauptstadt und des Hethiterreiches führten.

Da uns auch auf den folgenden Seiten immer wieder die Begriffe Hieroglyphen und Keilschrift begegnen werden, ist es vielleicht ganz nützlich, erst einmal in einem eigenen Kapitel die beiden Schriftformen kurz zu erklären, um das Prinzip dieser »Bildersprachen« besser verstehen zu können.

Keilschrift und Hieroglyphen

Wo auch immer Menschen in der Frühgeschichte begannen, etwas aufzuschreiben, benutzten sie nicht einzelne Zeichen für bestimmte Laute, sondern sie zeichneten ein Bild des Gemeinten. Diese Bilderschrift, in der eine gemalte Wellenlinie Wasser oder eine gemalte Ente eine Ente bedeutete, hatte mit dem Wortklang der gesprochenen Sprache überhaupt nichts zu tun. Man mußte diese »Schrift« nicht lernen, denn man erkannte ja, was dastand, sogar wenn man die dazugehörige Sprache nicht beherrschte. Die frühen Bilderschriften hatten also den großen Vorteil, sehr einfach und doch »international« zu sein.

Je mehr Begriffe und Tätigkeiten man aber bezeichnen wollte, und je abstrakter die Vorgänge waren, die man aufschreiben wollte, desto mehr und desto kompliziertere Zeichen mußten gefunden und schließlich auch gelernt werden.

Das ist der Weg, den die chinesische Sprache gegangen ist, die aus Tausenden von Zeichen besteht, deren jeweilige Bedeutung der Kundige versteht und auf ursprüngliche Bildzeichen zurückführen kann wie das chinesische Wort für Streit, das zwei Frauen unter einem Dach zeigt.

Für uns, die wir gewohnt sind, ein Wort beim Schreiben in seine einzelnen Laute und Silben zu zerlegen, ist es schwer vorstellbar, daß man zum Beispiel perfekt chinesisch schreiben und lesen und damit auch verstehen kann, selbst wenn man kein einziges Wort chinesisch sprechen oder akustisch verstehen kann.

Daß dieses Verstehen von Zeichen unabhängig von der gesprochenen Sprache funktioniert und daß wir auch heute noch auf manchen Gebieten dieses Bildersprachensystem benutzen, ist uns meist gar nicht bewußt.

Die römischen Zahlen zum Beispiel sind eine reine Bilderschrift. I, II, III zeigt die Zahl der Finger, V ist das Bild für die gespreizte Hand, X sind zwei gespreizte Hände. Ich muß nun nicht wissen, daß III im Englischen three, im Französischen trois und im Finnischen kolme heißt: unabhängig vom

Klang der Sprache verstehe ich das Zeichen ebenso wie die arabischen Zahlen, die international, aber klangunabhängig sind.

Eine reine Bilderschrift sind auch unsere Verkehrszeichen. Ohne diese modernen Hieroglyphen wären wir im fremdsprachigen Ausland rettungslos verloren. So aber verstehen wir sofort das Bild und können seinen Sinn in unserer Sprache ausdrücken. Eine Bildersprache finden wir auch dort, wo die Unkenntnis von Wörtern wie »Andres« und »Gynaikes«, »Hommes« und »Femmes«, »Ladies« und »Gentlemen« zu peinlichen Verwechslungen der Türen führen kann: wir verwenden mehr Bilderschriften im täglichen Leben, als wir uns meist klarmachen.

Obwohl die reine Bilderschrift große Vorteile hat, sind die meisten Bildersprachen einen anderen Weg als das Chinesische gegangen, weil man vor der unübersehbaren Zahl von Zeichen zurückschreckte. Man begann deshalb, in den Bildzeichen auch Lautzeichen zu sehen. Die ägyptischen Hieroglyphen bestehen zwar immer noch aus Bildern, die man auch heute noch spontan als Frau, Mann, Auge, Wasser und so weiter erkennt, aber – und das ist das Entscheidende – sie bedeuten nicht mehr in jedem Falle, was sie darstellen. So bedeutet ein Stierkopf nicht mehr Stier, sondern bezeichnet den Laut »A«, weil das Wort für Stier »Alef« mit einem »A« anfängt. Ein Haus steht dann für den Buchstaben »B« wie »Bait«, das Haus – und wenn wir beides zusammensetzen, dann haben wir unser »Alphabet«, wie wir es dann von den Phöniziern übernommen haben.

Mit diesem für uns selbstverständlichen Verfahren, einzelne Zeichen für die verschiedenen Laute zu wählen, begrenzt man zwar automatisch die Zahl der Schriftzeichen. Der Nachteil ist aber der, daß die Schrift nun an die gesprochene Sprache gebunden ist und nur noch von demjenigen verstanden werden kann, der diese Sprache auch sprechen kann: bei trois oder three oder kolme muß ich lernen, was sie bedeuten.

Das Lesen der Hieroglyphen darf man sich nicht wie das

Entziffern eines mehr oder weniger komplizierten Bilderrätsels, den Rebus, vorstellen. Die Sache ist wesentlich komplizierter, denn die Ägypter waren nicht konsequent. Das gleiche Bildzeichen kann in einem Text verschiedene Funktionen haben: einmal war es ein reales Bild des gemeinten Gegenstandes: eine Blume bedeutete eine Blume. In manchen Fällen diente das Bild aber auch als Lautzeichen, mit denen einzelne Konsonanten oder Konsonantenverbindungen bezeichnet wurden. Zum Beispiel malte man ein Zeichen für »Feldhacke«; das konnte nun tatsächlich Feldhacke bedeuten, aber genausogut auch »lieben«, weil das gesprochene Wort für Feldhacke wie das Wort für lieben aus den Konsonanten m-r bestand.

Um eine Lesehilfe zu geben, erfand man außer den Bild- und Lautzeichen noch sogenannte Deutezeichen oder Determinative, die zwar geschrieben, aber nicht gesprochen wurden. Sie dienten dazu, Verwechslungen zwischen konsonantengleichen Begriffen zu verhindern. So kann das Wort m-n-h drei Bedeutungen haben: Papyruspflanze, Jüngling oder Wachs. Je nachdem, was dieses m-n-h nun bedeuten sollte, malte man zur Klärung der Begriffsebene die Hieroglyphe für Pflanze, Mann oder Mineral davor. Das gleiche Bildzeichen kann also den Sinn des Dargestellten meinen, ein Lautzeichen bedeuten oder als Determinativ ganz stumm bleiben.

Bis man dies erkannt hatte, hielt man die Hieroglyphen, wie noch im heutigen Sprachgebrauch, für etwas »Unlesbares«. Es war Champollion, dem es 1822 gelang, anhand von zweisprachigen Inschriften (besonders am Stein von Rosette) die beiden Namen Ptolomäus und Cleopatra zu lesen und dadurch allmählich die Hieroglyphenschrift zu entziffern.

Soweit zu der ägyptischen Bilderschrift, die Clemens Alexandrinus (etwa 215 n. Chr.) »grammata hieroglypha«, heilige Bildzeichen, nannte.

Die Keilschrift, die im 3. Jahrtausend vor der Zeitenwende in Mesopotamien entwickelt wurde, ist ebenso wie die ägyptischen Hieroglyphen aus einer Bilderschrift entstanden, obwohl man ihr das nicht mehr ansieht.

Es war die Bilderschrift von Uruk, die älteste bekannte Schrift überhaupt, die allmählich auf winklige Formen reduziert wurde, um die Zeichen mit einem gespaltenen Rohr besser in den feuchten Ton drücken zu können. Dadurch entstand die charakteristische »Keilform«, die der Schrift ihren Namen gab.

In ihrem Aufbau ähnelt die Keilschrift stark den ägyptischen Hieroglyphen. Auch sie verwendet die gleichen Zeichen als Bildzeichen, Lautzeichen und (stumme) Bestimmungszeichen, allerdings mit dem Unterschied, daß mit der Keilschrift nicht nur Konsonanten, sondern auch Lautsilben ausgedrückt werden konnten. Die Keilschrift schrieb also auch Vokale.

Obwohl also das Prinzip das gleiche war, dauerte die Entzifferung der Keilschrift länger. Einen ersten Schlüssel fand 1802 der deutsche Philologe Grotefend, der einige Herrschernamen lesen konnte, aber erst um 1860 war man imstande, die verschiedenen Sprachen zu lesen, die sich alle der Keilschrift bedienten. Sumerer, Akkader, Elamiter, Hethiter, Altperser und andere Völkerschaften benutzten die Keilschriftzeichen, wie heutzutage die meisten Sprachen das lateinische Alphabet verwenden.

Während sich diese sogenannte babylonisch-akkadische Keilschrift trotz eines gewissen Ansatzes nicht zu einer reinen Buchstabenschrift entwickelte, gelangte die persische Keilschrift – allerdings erst etwa um 500 v. Chr. – schließlich doch zu einer Mischung aus Buchstaben- und Silbenschrift, die mit 41 Zeichen (36 Lautzeichen und 5 Determinativen) auskam. Es ist die einzige rein indo-europäische Sprache, die in Keilschrift geschrieben wurde.

Keilschrift wie Hieroglyphen wurden im Laufe der Zeit wegen ihrer Umständlichkeit von reinen Lautzeichen abgelöst. Ein letzter Brief in Hieroglyphenschreibschrift (der sogenannten demotischen Kursive) ist aus der Zeit um 470 n. Chr. erhalten. Inzwischen hatten die Phönizier längst das Schreiben neu »erfunden«, indem sie von vornherein ein Buchstabenalphabet benutzten.

Die Hethiter hatten eine eigene Bilderschrift, die offenbar

vor allem für feierliche Zwecke benutzt wurde, also auf Denkmälern (wie dem Stein von Hamath) oder auf Siegeln. Sie verwendeten aber auch die babylonisch-akkadische Keilschrift, um Texte in ihrer eigenen Sprache damit aufzuschreiben.

Von wo die hethitische Bilderschrift stammt, ist unbekannt. Da die Hethiter fast von Anfang an die akkadische Keilschrift kannten und benutzten und danach wohl kaum noch eine eigene Bilderschrift entwickelt hätten, nimmt man an, daß die Hethiter die Bilderschrift von irgendwoher im 3. Jahrtausend übernommen und später für kultische Zwecke weiterverwendet haben. Denkbar wäre aber auch, daß die indo-europäischen Einwanderer diese Schrift mitgebracht haben. Es ist jedenfalls auffällig, daß eine ähnlich aussehende Bilderschrift auf Rollsiegeln in Indien gefunden wurde und daß einzelne Zeichen der hethitischen Bilderschrift mit den kretischen Hieroglyphen auf dem bisher nicht entzifferten »Diskos von Phaistos« verwendet zu sein scheinen.

Da die hethitische Bilderschrift weder mit den ägyptischen Hieroglyphen noch den sumerisch-akkadischen Schriften verwandt ist, ist ihre Entzifferung noch nicht vollständig gelungen, auch wenn man seit den dreißiger Jahren dabei ein gutes Stück vorwärtsgekommen ist.

II
Die Entdeckung

Ein Bücherwurm findet etwas

Man kann durch die Art der Beschreibung den Eindruck leicht erwecken, daß gewisse Entdeckungen nach einem festen Zeitplan stattfanden, den sich ein göttlicher Dramaturg mit sehr viel Weisheit und einer Portion unerforschlichem Ratschluß ausgedacht hat.

In Wirklichkeit erkennt erst die Nachwelt Zusammenhänge, die den Beteiligten selbst gar nicht bewußt waren. Es scheint sogar ein Gesetz der Serie zu geben, nach dem unabhängig voneinander verschiedene Leute das gleiche tun oder das gleiche suchen, so daß hinterher der Eindruck einer Zielstrebigkeit und Folgerichtigkeit entsteht, die es in Wirklichkeit nie gab.

Im letzten Jahrhundert, vor allem gegen Ende, lag es geradezu in der Luft, nicht nur von antiken Stätten zu lesen, sondern sie auch zu suchen und auszugraben. Scheich Ibrahim alias Johann Ludwig Burckhardt, der in orientalischer Kleidung den Orient durchstreifte, war symptomatisch für diese Einstellung und Entwicklung, die bis ins Triviale hinabreichte: Nicht ohne Grund ließ Karl May seinen Kara Ben Nemsi mit solchem Erfolg durchs Wilde Kurdistan und von Bagdad nach Stambul reiten – es waren genau die Gegenden, die damals im Blickpunkt der Öffentlichkeit standen.

Flankiert von illustren Gestalten – am Anfang des Jahrhunderts Napoleon vor den Pyramiden und hundert Jahre später Wilhelm II. in großer Aufmachung in Jerusalem – begann man, von den Pyramiden bis zum Berg Ararat, wo Noahs Arche gelandet sein sollte, in den Trümmern zu graben. Dabei waren die Herren Forscher meist noch nicht das, was wir heute unter einem Archäologen verstehen; bestenfalls kann man sie als Ausgräber bezeichnen, wenn man nicht gleich Schatzgräber sagt. Denn noch fehlte jede Erfahrung, wie man beim Graben zu Werk ging und was zu finden man überhaupt erwarten konnte.

Johann Joachim Winckelmann (1717–1768), der als Begründer der modernen Archäologie gilt, hatte in seiner 1764 erschienenen »Geschichte der Kunst des Altertums« ja nichts weiter getan, als darauf verwiesen, daß wir bei der Erforschung des Altertums nicht nur auf schriftliche Quellen angewiesen sind, sondern auch auf Kunstdenkmäler zurückgreifen können. Aber, um diese Denkmäler zu finden und systematisch zu erforschen, mußten erst Wege und Methoden ausfindig gemacht werden.

Es begann mit Ninive, das 1820 entdeckt, aber erst zwanzig Jahre später ausgegraben wurde. 1871 entdeckte dann Heinrich Schliemann Troja. Er hatte mit der Unbekümmertheit eines Außenseiters ernstgenommen, was er bei Homer las, und behielt damit recht. Drei Jahre später grub Schliemann Mykene aus und fand in den Schachtgräbern einen Goldschatz, den er zuerst für den Schatz des Agamemnon hielt – aber diesmal hatte er nicht recht.

1878 fand ein Eisenbahningenieur den Pergamon-Altar und legte ihn frei, 1887/88 wurde das Staatsarchiv von Tell el-Amarna entdeckt, das den Blick nach Kleinasien lenkte und die Hethiter ins Blickfeld brachte. 1893/94 grub man wieder in Troja, und 1895 begann man Babylon freizulegen. Im Jahre 1899 schließlich fing Sir Arthur Evans an, das sagenhafte Labyrinth, den Palast des Minotauros auf Kreta, auszugraben.

Es sind große Namen und Kulturen, die jahrzehntelang auch eine breitere Öffentlichkeit beschäftigen und die in immer rascherer Folge aus dem Schutt der Jahrtausende aufsteigen und sichtbar werden.

Nur mit den Hethitern ging es nicht voran. Zwar gab es da und dort im Vorderen Orient und in der südlichen Türkei noch ein paar Ausgrabungen und Funde von »Denkmälern«, die immer deutlicher machten, daß die Hethiter nicht irgendwer waren – aber nach der Entdeckung der Amarna-Briefe sollten volle achtzehn Jahre vergehen, bevor etwas Entscheidendes passierte.

Hier kommt nun nach all den Jahren, die genügt hätten, die Hethiter wieder vollständig zu vergessen, ein Dr. Hugo

Winckler aus Gräfenhainichen in Sachsen ins Spiel, über den man sich fortwährend aufregen kann, der aber – wenn auch nur durch Zufall – die Hauptstadt der Hethiter entdeckte.

Dieser Dr. Winckler war Privatdozent an der Berliner Universität und Keilschriftenexperte. Als die Amarna-Briefe entdeckt wurden, war er 25 Jahre alt und schrieb gerade an einem zweibändigen Werk über die »Keilschriftentexte Sargons«, das 1889 erschien. Drei Jahre später brachte er ein Buch mit dem Titel »Keilschriftliches Textbuch zum Alten Testament« heraus, übersetzte die Gesetzestexte des Hammurabi von Babylon und schrieb schließlich noch eine zweibändige Geschichte Israels.

Er ist der typische Stubengelehrte, der sich in seine Bücher vergräbt und nur für einen ganz kleinen Kreis von Fachkollegen schreibt. Ich sehe ihn richtig vor mir, wie er sich jeden Morgen sorgfältig die Ärmelschoner überstreift, die gespitzten Bleistifte rechtwinklig zur Tischkante legt und mit blinzelndem Blick seine Keilschriftentexte liest wie andere ihre Zeitung.

Winckler war ein Einzelgänger, und die Jahre hatten ihn zu einem unleidlichen Nörgler gemacht, »voll Ressentiments gegen alle, die erfolgreicher waren als er« – wie ein Augenzeuge berichtete –, und das waren in Wincklers Augen fast alle seine Kollegen, die wohlbestallte Professoren waren, während er als Privatdozent ohne festes Einkommen Jahr um Jahr auf eine Professur wartet.

Er gehörte zu jener Sorte Menschen, die keine Schwierigkeiten haben, sich bei jeder Gelegenheit Feinde zu machen. Er war intolerant gegenüber der Meinung seiner Fachkollegen, war aber zutiefst gekränkt, wenn nicht jedermann sofort und auf der Stelle anerkennen wollte, daß jede Erfindung, jeder Geistesblitz, kurzum alles Vernünftige und Gute auf Erden direkt aus Babylon kam. Für ihn gab es nur Babylon; damit hatte die Welt angefangen, und damit würde sie zugrunde gehen. Wer das nicht einsah, war für ihn erledigt.

Dieser frustrierte Sachse vergrub sich in seine Keilschrifttexte und war bald ein hervorragender Assyrologe. Aber kaum hat man etwas Gutes über ihn gesagt, muß man schon wieder Abstriche machen. Ausgerechnet er als Orientalist und Kenner semitischer Sprachen war ein ausgesprochener Antisemit, was ihn freilich in keiner Weise daran hinderte, seine ersten Forschungsreisen von reichen Juden finanzieren zu lassen – jedenfalls ein zwiespältiger Charakter und ein schwieriger Mensch.

Dieser Hugo Winckler hatte sich im Jahre 1903 von einem seiner Schüler, dem Freiherrn Wilhelm von Landau, eine Reise nach Sidon im Süden des Libanon finanzieren lassen, um dort nach Texten in der Arzawa-Sprache zu suchen.

Er begann seine Ausgrabungen unter der Aufsicht und Bewachung eines Beamten des Ottomanischen Museums von Konstantinopel, denn damals gehörte noch der ganze Vordere Orient zum türkischen Reich. Bei einem Mann wie Winckler kommt man leicht in die Versuchung zu sagen: selbstverständlich fand er dort nichts, aber das wäre ungerecht. Zwar fand Winckler wirklich nichts, was ihn interessierte, aber das ist nun mal das Schicksal vieler Expeditionen. Man vergißt das nur allzuleicht, weil die Geschichte der Archäologie verständlicherweise stets nur von den Erfolgen und nur selten von den Mißerfolgen berichtet.

Winckler hatte also kein Glück mit den Arzawa-Texten, aber ohne diese Reise nach Sidon hätte er nie die Hauptstadt der Hethiter entdeckt.

Zurück in Berlin, erwartet ihn wenigstens ein kleiner Trost: er wurde zum außerordentlichen Professor ernannt. Nun richtete er sich darauf ein, den Rest seines Lebens zwischen Büchern zu verbringen, da er für Ausgrabungen offenbar nicht der richtige Mann ist.

Da bringt ihm eines Morgens die Post ein Paket aus Istanbul. Wie nicht anders zu erwarten, findet der Keilschriftenexperte darin eine Keilschriftentafel. Winckler liest sie, aber er versteht kein Wort. Fassungslos starrt er auf die Tontafel. Was er in Sidon nicht gefunden hatte, das hatte ihm jemand mit der Post geschickt: eine Tafel in der Arzawa-Sprache.

Trotzdem hing dieses Paket aus Istanbul mit seiner Expedition nach Sidon zusammen. Macridy-Bey, sein Bewacher vom Ottomanischen Museum in Istanbul, hatte sich an den enttäuschten Deutschen erinnert, als ihm zufällig eine merkwürdige Keilschriftentafel in Istanbul in die Hände geriet, und sie nach Berlin geschickt. So hatte die Grabung in Sidon ihn doch noch zu Arzawa-Briefen gebracht.

Man kann sich vorstellen, was dies für einen Gelehrten bedeutet, der seit 15 Jahren die beiden Arzawa-Briefe aus Amarna kennt und den verständlichen Ehrgeiz hat, noch mehr darüber zu erfahren, um das Problem zu lösen. Winckler beschloß, sofort zu Macridy-Bey nach Istanbul zu fahren, was er dann auch überstürzt und ohne jede Vorbereitung im Herbst 1905 tat.

In Istanbul erfährt er von Macridy-Bey, wo die Tafel gefunden wurde. Die erste Überraschung: die Tafel stammt aus Anatolien und nicht etwa aus Syrien. Zwar hatte man schon früher gelegentlich vermutet, die Arzawa könnten im südlichen Anatolien gesessen haben, aber nun war die Antwort doch erstaunlich. Die zweite Überraschung: die Tontafel stammte eben nicht aus Südanatolien, sondern aus einem Dorf im Norden, ungefähr einhundertfünfzig Kilometer Luftlinie oder fünf Tagereisen hinter Angora, einer unbedeutenden Stadt, die man in Europa nur wegen der exotischen Angorakatzen kannte. (Heute ist daraus die türkische Hauptstadt Ankara geworden.)

Winckler und Macridy-Bey fahren also nach Angora, und schon ist Winckler wieder in seinem Element: er kann in vollen Zügen an allem herumnörgeln. Dem Orientalisten paßt nichts im Orient. Am Tag ist es ihm zu warm und nachts zu kalt, und daß man drei volle Tage braucht, um drei armselige Gäule und ein bißchen Ausrüstung zu kaufen, bringt ihn schier um. Hinterher beschwert er sich dann über die fürchterlichen Pferde und Sättel, will aber nicht einsehen, daß man Qualität im Orient nur mit viel Zeit und Muße erhandeln kann.

Am 14. Oktober reiten sie dann los. Der Gelehrte aus Gräfenhainichen in Sachsen beschwert sich über jede einzelne

Wanze in den Quartieren, als wenn das zu jener Zeit und in dieser Gegend etwas Besonderes gewesen wäre. So abenteuerlich auch heute noch Reisen in der Türkei sein können – zu Beginn des Jahrhunderts war man dort noch an Dinge gewöhnt, die man heute nur noch im allertiefsten Mittelalter vermuten würde.

Um so glücklicher war Winckler, als ihnen am Ziel der Reise in dem Dorf Boghazköy vom Großgrundbesitzer Zia-Bey seidene Matratzen gebracht werden: endlich ist man wieder unter zivilisierten Leuten. Aber schon muß Winckler wieder notieren, daß es diesmal sogar Macridy-Bey ist, der als erster aufspringt, um sich zu kratzen. Eine fassungslose Dienerschaft muß mitten in der Nacht die Matratzen mit dem Tacht-biti, dem Ungeziefer, gegen andere Matratzen austauschen. Kaum hat sich Winckler wieder hingelegt, stellt er fest, daß nach wie vor überall Tacht-biti in den Matratzen steckt: der Tausch hatte sich nicht gelohnt.

Am 19. Oktober 1905 war es dann soweit. Winckler besichtigt zum erstenmal die Ruinen, die neben dem Dorf Boghazköy liegen, aber es ist nicht viel zu sehen in dem Berggelände, das von Felsgraten durchzogen ist. Gleich am Ausgang des Dorfes, nach Südosten zu, findet er auf einem Gebiet von etwa hundert mal hundert Metern Steinmauern, die Dutzende schmaler Kammern abteilen. Ein Stück weiter und den Hang hinauf Zyklopenmauern, riesige Steine, ein Tor mit steinernen Löwen, eine ganze Burganlage, eine Stadt. Es ist ein weitläufiges Areal, das sich auf der Bergkuppe bis in fast 1200 m Höhe hinzieht, umgeben von einer Mauer, die kilometerlang zu sein scheint und die eine Stadt einschließt, die einen Durchmesser von einem Kilometer hatte – nach antiken Maßstäben eine Großstadt.

Wo aber war die Stelle, wo die Tonscherbe mit dem Arzawa-Text gelegen hatte? Die Männer aus dem Dorf verstanden das Problem nicht: solche Scherben lagen doch überall herum. Schließlich gelang es Winckler, die Hauptfundstelle einzukreisen – aber nur um zu entdecken, daß vor ihm an dieser Stelle schon andere gegraben hatten. Doch es war keine systematische Grabung gewesen, eher ein Herumstochern, und so notiert der sonst ewig unzufriedene Gelehrte gnädig: »Es erregte aber unseren Groll durchaus nicht.«

Nach drei Tagen setzten die ersten schweren Herbstregenfälle ein, und Winckler mußte seine Suche abbrechen, wenn er in diesem Jahr überhaupt noch auf den aufgeweichten Wegen bis nach Angora zurückkommen wollte. Aber Winckler war zufrieden. In seinem Gepäck hatte er 34 Tontafeln in der Arzawa-Sprache – für diese kurze Zeit eine ungeheure Ausbeute.

Er ist so erregt, daß er etwas ganz Seltsames tut, als er auf dem Rückweg in der Herberge von Nefesköy nicht schlafen kann. In seinem Tagebuch vermerkt er, daß er ins Freie gegangen sei, um über die Zukunft nachzudenken und – um die Sterne anzusehen.

In Berlin versucht er dann alles, um eine Grabungsexpedition für Boghazköy zusammenzubringen. Er verhandelt mit dem Deutschen Archäologischen Institut und mit der neugegründeten »Deutschen Orientgesellschaft«, die es sich zum Ziel gesetzt hatte, »das Studium des orientalischen Altertums . . . zu fördern«, er geht zu den Direktoren der staatlichen Museen und zu Bankiers. Nach einigen Monaten hat er genügend Geld beisammen, um im nächsten Jahr die Ruinen von Boghazköy ausgraben zu können.

Boghazköy

Boghazköy (zu deutsch: Schluchtdorf) liegt im zentralanatolischen Hochland in etwa tausend Meter Höhe ca. 150 km Luftlinie östlich von Ankara im großen Bogen des Kizil Irmak (der Halys-Fluß des Altertums). Als ein Dorf mit kaum hundert Gebäuden und weniger als tausend Einwohnern ist es nur auf Landkarten größeren Maßstabes unter dem Namen Bogazkale zu finden. Heute kann man auf einer gutausgebauten Straße die 212 km von Ankara nach Bogazkale in einem halben Tag bewältigen.

Obwohl Boghazköy nach der Umbenennung im Jahre 1937 nicht mehr der amtliche Name des Ortes ist, verwendet man allgemein im Zusammenhang mit den Hethitern noch die alte Bezeichnung, da sie sich in der wissenschaftlichen Literatur eingebürgert hat (z.B. sind die »Boghazköy-Studien«, eine Fachzeitschrift, nach dem alten Ort benannt). Oft ist unter Boghazköy auch die Ruinenstadt selbst gemeint, die die Hethiter mit dem Namen Chattuscha oder Hattuscha bezeichneten.

Hugo Winckler war allerdings nicht der erste, der Boghazköy besuchte. Der erste war Charles Félix-Marie Texier (1802–1871), der sich auf die Suche gemacht hatte, um das alte römische Tavium zu finden. Dabei kam er auch nach Boghazköy und erfuhr dort, daß auf dem Berg hinter dem Dorf Ruinen seien.

In seinem Werk »Description de l'Asie Mineure« (Paris 1839) beschrieb er die kilometerlangen Mauern, die die Stadt umschlossen, »so groß wie Athen zu seiner Blütezeit«, und die beiden gewaltigen Tore, das eine mit dem Relief einer Sphinx, das andere mit steinernen Löwen, dazu die riesige Tempelanlage vor der Stadt. »Ganz und gar von der Idee beherrscht, das alte Tavium finden zu müssen, war ich geneigt, in diesen Ruinen einen Jupitertempel zu sehen, mit der Freistätte, die Strabo erwähnt«, schreibt Texier, »aber ich sah mich später gezwungen, diese Meinung aufzugeben.«

Was er entdeckt hatte, wußte Texier nicht. ». . . hier war kein Bau irgendeiner römischen Epoche einzuordnen; dieser großartige und eigenartige Charakter der Ruinen brachte mich in eine außerordentliche Verlegenheit, als ich versuchte, der Stadt ihren historischen Namen zu geben . . .«

Außer diesen Ruinen fand er auf dem gegenüberliegenden Plateau (heute in 30 Minuten zu erreichen) das Felsenheiligtum Jazilikaja (zu deutsch: beschriebener Fels) mit seinen insgesamt 66 feierlich-starren Göttergestalten, die in die Wände zweier miteinander verbundener Felsschluchten eingemeißelt sind. Er sah geflügelte Gestalten, andere hielten etwas in den Händen oder standen auf den Schultern anderer Figuren.

Kurz nach Texier hatte der Engländer William Hamilton Boghazköy besucht und ebenfalls für Tavium gehalten. Außerdem fand er 20 km nordöstlich von Boghazköy bei dem Dorf Alaca Hüjük ein weiteres Ruinenfeld. Im Laufe der Jahre besuchten noch andere Reisende Boghazköy, unter ihnen der französische Archäologe Ernest Chantre, der bereits 1893 Tontafelfragmente in Boghazköy ausgegraben hatte, ohne daß die wissenschaftliche Welt aufmerksam geworden wäre.

Ausgrabungen in Boghazköy fanden auf dem 175 Hektar großen Gelände unter der Leitung des Hugo Winckler und des Archäologen Otto Puchstein in den Jahren 1906/07 und 1911/12 statt. Von 1931 bis 1939 wurden die Ausgrabungen von Kurt Bittel fortgesetzt, der sie auch nach dem Zweiten Weltkrieg von 1952 an bis in die siebziger Jahre unter der Verantwortung des Deutschen Archäologischen Instituts in Berlin weiterführte.

Die Ergebnisse werden von der Deutschen Orientgesellschaft (DOG) Berlin in der Reihe »Wissenschaftliche Veröffentlichungen« der DOG publiziert.

Die Stadt in der Engen Schlucht

Im Juli des Jahres 1906 trifft Hugo Winckler also wieder in Istanbul, dem alten Konstantinopel, ein, und Ludwig Curtius, sein neuer Assistent, erinnert sich in seinen Memoiren: »Ich hatte mich sehr auf die Zusammenarbeit mit einem Orientalisten gefreut, den ich mir nicht anders vorstellen konnte denn als weitgereiste weltmännische Persönlichkeit, und war daher nicht wenig überrascht, in Konstantinopel in Winckler einen unscheinbar aussehenden Herrn zu finden, dem mit seinem braunen, ungepflegten Vollbart, dem Sporthemd mit rotseidener Kordel, das er trug, und seinem kleinbürgerlichen Gehaben, das sich schwer in den wirklichen Orient fand, zum Weltmann alles fehlte.«

Ebenso negativ beurteilt Curtius den Theodore Macridy-Bey, der wieder mit von der Partie ist: »Macridy-Bey war eine merkwürdige Mischung von halbgelehrtem Dilettanten und leidenschaftlichem Enthusiasten, von seinem Vorgesetzten Halil-Bey treu ergebenem Beamten und heimlichem Händler, vom ruhelosen Explorator und plötzlich gleichgültigen Genußmenschen, von Noblesse und Liebenswürdigkeit heute, von zynischem Intrigantentum morgen . . .«

Dieses eigenartige Gespann war also dazu ausersehen, die entscheidende Entdeckung zu machen.

Als sie am 17. Juli 1906 wieder in Boghazköy ankamen, begrüßte sie der Großgrundbesitzer Zia-Bey wie alte Freunde und nahm dankbar eine gute Flasche Cognac entgegen, die der Prophet Mohammed seinen Gläubigen eigentlich vorenthalten wollte.

Und nun begann eine eigenartige Ausgraberei, bei der einem modernen Archäologen das Grauen angekommen wäre. Statt sorgsam Schicht um Schicht abzutragen, Grabungsvierte abzustecken und jeden noch so kleinen Fund genau nach Fundort und Schicht zu katalogisieren, ließ Winckler die Dorfbevölkerung für einige Piaster pro Tag einfach vor sich hin buddeln.

Er selbst saß mitten auf dem Büjükkale, dem Burgberg, in einer Laubhütte, den Hut auf dem Kopf, den Nacken mit einem Tuch geschützt, Handschuhe an beiden Händen, und jammerte vor sich hin: er vertrug die Hitze nicht, er vertrug das Essen nicht, er vertrug das alles nicht.

Was die Leute da draußen ausgruben, war ihm vollkommen gleichgültig. Sie hätten goldene Teller finden können – ihn interessierten nur Tontafeln. Er ließ sie sich in die Laubhütte bringen, wo er sie abschrieb. So vergingen drei Wochen mit Routinearbeit, ohne daß etwas Besonderes geschah, das heißt, man fand nichts, was Winckler hätte aufregen können.

Als Altphilologe und Keilschriftenexperte konnte Winckler ja sofort feststellen, ob die gefundenen Scherben etwas Besonderes enthielten – wenn es nicht gerade die noch immer rätselhaften Arzawa-Texte waren. Alle übrigen Texte waren in akkadisch-babylonischer Keilschrift und babylonischer Sprache geschrieben.

Am 20. August brachte ihm dann einer der Arbeiter eine Tafel, die Winckler nicht nur gleich lesen und verstehen konnte, sondern deren Inhalt er bereits seit Jahrzehnten kannte.

Ich kann mir vorstellen, daß Winckler in diesem Augenblick zu träumen glaubte, aber es war Wirklichkeit: er hielt einen Brief aus Ägypten in der Hand, den Pharao Ramses II. an einen Hethiterkönig geschrieben hatte. Es war die schriftliche Bestätigung des Friedensvertrages, den beide Parteien nach der Schlacht bei Kadesch geschlossen hatten und den man längst aus den Hieroglyphentexten von Karnak kannte:

»Der Vertrag des Ramses, des Geliebten des Amun, des großen Königs des Landes Ägypten, des Helden

mit Hattuschili, dem großen Könige, dem König des Landes Hatti, seinem Bruder, um zu geben schönen Frieden und schöne Bruderschaft in dem Verhältnis des Großkönigtums zwischen ihnen auf ewig, lautet also:

Ramses, der Geliebte des Amun, der große König, der König des Landes Ägypten, der Held aller Länder, der Sohn des Sethos, des großen Königs, des Königs des Landes Ägypten, des Helden, der Enkel des Ramses, des großen Königs, der König des Landes Ägypten

dem König des Landes Hatti, dem Helden, dem Sohn des Murschili, des großen Königs, des Königs des Landes Hatti, des Helden, dem Enkel des Schuppiluliuma, des großen Königs, des Königs des Landes Hatti, des Helden . . .«

Winckler schreibt über diesen Augenblick:

»Alle meine Lebenserfahrungen versanken in Nichts. Hier stand es, was man sich sonst vielleicht im Scherz als frommen Wunsch ersehnt hätte: Ramses schrieb an Hattuschili über den beiderseitigen Vertrag. Wohl waren in den letzten Tagen immer mehr kleine Bruchstücke gefunden worden, in denen von dem Vertrag zwischen den beiden Staaten die Rede war, allein hier war es nun besiegelt, daß wirklich der berühmte Vertrag, den man aus den hieroglyphischen Überlieferungen auf der

Tempelwand von Karnak kannte, auch von der anderen vertragschließenden Seite aus seine Beleuchtung erhalten sollte. Ramses, mit seinen Titeln und seiner Abstammung genau wie im Texte des Vertrages bezeichnet, schreibt an Hattuschili, der ebenso angeführt wird, und der Inhalt des Schreibens deckt sich wörtlich mit Paragraphen des Vertrags.«

Diese Entdeckung konnte aber nur eines bedeuten: hier, wo sich, Tausende von Kilometern von Ägypten entfernt, die Kopie des berühmten Vertrages zwischen den Ägyptern und den Hethitern fand, mußte auch die Hauptstadt des hethitischen Reiches gewesen sein. Denn derartige Verträge wurden nicht irgendwo aufgehoben, sondern im Staatsarchiv der Hauptstadt. Die zahllosen Tontafeln und Scherben mit Keilschrifttexten waren also das hethitische Staatsarchiv, und die Stelle, wo Winckler seine Laubhütte aufgeschlagen hatte, war die Königsburg der Hethiter, in der eben jener Hattuschili, dessen Vater Murschili und der Großvater Schuppiluliuma gelebt hatten, die in dem Vertrag erwähnt wurden.

Wenn Boghazköy aber die seit langem gesuchte Hauptstadt der verschollenen Hethiter war, warum fand er dann neben Keilschrifttexten in babylonisch so viele Texte in der Arzawa-Sprache? War also die zwar in Keilschrift geschriebene, aber nicht entzifferbare Arzawa-Sprache am Ende die eigentliche hethitische Sprache? Denn Arzawa-Briefe hießen sie seit dem Fund in Tell el-Amarna ja nur, weil sie an einen Empfänger in Arzawa gerichtet waren. Über die Sprache selbst war damit ja gar nichts gesagt, man hatte die Briefe nur irgendwie benennen müssen. Mit anderen Worten: das, was man bisher aus Verlegenheit Arzawa genannt hatte, war in Wirklichkeit Hethitisch!

So hatte die Suche nach Arzawa-Texten, die Winckler nach Sidon und nach Boghazköy geführt hatte, durch den Fund des hethitisch-ägyptischen Friedensvertrages gleich ein doppeltes Ergebnis gebracht: Winckler hatte nicht nur die hethitische Hauptstadt entdeckt, sondern zugleich auch die hethitische Sprache wiedergefunden, die längst unter dem Namen »Arzawa« bekannt, wenn auch nicht lesbar war.

Jahre später schrieb Hugo Winckler noch einmal seine Empfindungen auf, die er in jenem Augenblick am 20. August 1906 hatte, die Aufzeichnung fand man in seinem Nachlaß:

»Es waren eigenartige Gefühle, mit denen gerade ich eine solche Urkunde betrachten konnte. Achtzehn Jahre waren es her, daß ich im damaligen Museum von Bulaq den Arzawa-Brief von El-Amarna und in Berlin die Mitanni-Sprache kennenlernte. Damals hatte ich in der Verfolgung der durch den Fund von El-Amarna erschlossenen Tatsachen die Vermutung geäußert, daß auch der Ramses-Vertrag ursprünglich in Keilschrift abgefaßt sein dürfte. Und jetzt hatte ich eines der darüber gewechselten Schreiben in Händen – in schönster Keilschrift und gutem Babylonisch!

Es war doch ein seltenes Zusammentreffen in einem Menschenleben, wie das beim ersten Betreten orientalischen Bodens in Ägypten einst Erschlossene jetzt im Herzen Kleinasiens eine Bestätigung fand.

Wunderbar wie ein Märchenschicksal der 1001 Nächte konnte solch ein Zusammentreffen erscheinen – und doch sollte das nächste Jahr noch märchenhafteres bringen, als die Urkunden alle gefunden wurden, in denen die Gestalten wieder auftauchten, welche in diesen 18 Jahren mich so oft beschäftigt hatten . . . es war doch eine seltene Verknüpfung von Umständen in einem Menschenleben.«

Noch einmal kehrte Winckler, diesmal schon als schwerkranker Mann, im Winter 1911/1912 nach Boghazköy zurück, begleitet von einer Pflegeschwester. Ein Jahr darauf starb er im Alter von 50 Jahren.

Vielleicht sollte ich mein Urteil über diesen Mann ein wenig revidieren. Gewiß war er ein unzufriedener und unverträglicher Mensch, der seine Unzulänglichkeiten nur ungenügend verbergen konnte. Aber er hat die Erfüllung seines wissenschaftlichen Lebens mit Dankbarkeit hingenommen.

Ich sehe ihn vor mir, wie er sich Jahr um Jahr mit immer nur einer einzigen Aufgabe beschäftigt, deren Erfüllung im Märchenland zu liegen scheint, ungreifbar fern. Und ich verstehe seine Verwunderung, als alles unerwartet Wirklichkeit wird, und seinen Stolz, auf der Suche nach den Arzawa-Briefen die Hauptstadt der Hethiter gefunden zu haben. Arzawa ging freilich verloren – dafür aber wurde die hethitische Sprache gefunden.

Neue Rätsel

Man muß sich anhand einer Landkarte klarmachen, wo die hethitische Hauptstadt Hattuscha liegt, um das Erstaunen zu verstehen, das die Entdeckung auslöste.

Nach allem, was man bisher durch Ausgrabungen und aus schriftlichen Quellen wußte, hatte man das Zentrum des hethitischen Reiches eher in dem weiten Gebiet zwischen dem Mittelmeer und dem Zweistromland am Euphrat und Tigris gesucht als jenseits der mächtigen Gebirgsketten des Taurusgebirges.

Statt dessen fand man nun die Hauptstadt der Hethiter hinter dieser Bergkette in dem Land zwischen Schwarzem Meer und Mittelmeer, das die Griechen aus ihrer Blickrichtung ganz einfach nach der Himmelsrichtung benannt hatten: das griechische Wort anatoli heißt nichts weiter als »Osten«.

Anatolien – heute der asiatische Teil der Türkei – ist etwa zweimal so groß wie Italien und wird von allen Seiten durch Gebirgsketten eingeschlossen, die das Inland nach außen abschirmen.

Im Süden Anatoliens erstreckt sich von Lykien im Westen bis zum Euphrat im Osten das Taurusgebirge und trennt das mediterrane Küstengebiet vom anatolischen Hochland ab. Mit über 4000 m hohen Bergen, die steil aus dem Meer aufsteigen, stellt das Taurusgebirge eine nahezu unüberwindliche Schranke dar, die nur wenige Flüsse durchbrechen konnten. Praktisch besteht keinerlei Verbindung zwischen dem südlichen Mittelmeer und Anatolien.

Auch weiter östlich, wo Anatolien und Syrien zusammentreffen, ist das Taurusgebirge nur da passierbar, wo sich Flüsse im Laufe der Jahrmillionen ihr Bett gegraben haben. Einer dieser Durchgänge ist die, an ihrer engsten Stelle kaum zehn Meter breite, berühmte Kilikische Pforte, durch die auch das Heer Alexanders des Großen auf dem Wege nach Indien hindurchgezogen war.

Im Norden wird Anatolien zum Schwarzen Meer hin ebenfalls von einem Gebirgswall, dem 1100 km langen und 150 km breiten Pontischen Gebirge, abgeschirmt, während im Westen lediglich eine kleinere Gebirgsschwelle es von der Ägäis scheidet.

Im Osten treffen dann das Pontische Gebirge und das Taurusgebirge zusammen und bilden ein ständig ansteigendes Hochgebirge, das auf weite Strecken Höhen von über 4000 Meter erreicht und zum Teil ganzjährig verschneit oder sogar vergletschert ist. Von den 31 Gipfeln, die dort in der Nähe des Van-Sees liegen, gibt es nur sechs unter 3000 m. Zum Teil sind es erloschene Vulkane. Der gewaltigste dieser Vulkankegel ist mit 5167 m der Agri-dagi (der »Zerklüftete«), den wir aus der Bibel unter dem Namen Ararat kennen.

In diesem riesigen, von Bergen umrahmten Kessel liegt nun das anatolische Hochlandplateau, das sich auch noch an seiner niedrigsten Stelle 500 m über den Meeresspiegel erhebt, aber in weiten Flächen auf tausend und mehr Meter ansteigt und selbst wieder von Höhenzügen, Bergen und Gebirgen durchzogen ist.

Die dazwischenliegenden Hochebenen haben zwar Quellen und Flüsse, aber keinen Wasserabfluß, so daß eine ganze Reihe von Seen entstanden, die wie der Van-See im Laufe der heißen Sommer sehr viel Wasser durch Verdunstung abgeben und deshalb so stark salzhaltig sind, daß in ihnen kaum Fische leben können.

Die Tuz-Gölü zum Beispiel, der große Salzsee im »toten Herzen Anatoliens«, hat mit 34 Prozent einen wesentlich höheren Salzgehalt als das Tote Meer und gehört damit zu den salzigsten Gewässern unserer Erde. Zwar ist der See nur ein bis zwei Meter tief, nimmt aber bei seinem Höchststand eine Fläche ein, die etwa dreimal so groß wie der Bodensee ist. Im

Sommer verdunstet das Wasser fast ganz, so daß im Herbst ein weißliches »Schneefeld« aus meterdicken glitzernden Salzschichten entsteht.

Flüsse, die das Meer erreichen, gibt es in Anatolien nur wenige, und nicht ein einziger von ihnen ist schiffbar: der Mäander, dieses Muster, das mit seinem Auf und Ab, Vor und Zurück nicht vorankommt, hat seinen Namen von dem westanatolischen Fluß Menderes, der im Altertum Mäander hieß.

Die meisten Flüsse, die sich mühsam durch die Berge fressen müssen, führen ungeheure Mengen Schwemmerde mit sich, die das Wasser färben. So heißt einer dieser Flüsse der »Rotgetrübte«. Es ist der Kizil Irmak, der im Pontusgebirge entspringt, zunächst nach Süden fließt, um dann in einem weiten Bogen nach Norden zurückzukehren und im Schwarzen Meer zu münden. Im Altertum hieß der Kizil Irmak Halys. Es ist jener Fluß, den Krösus im Vertrauen auf das Delphische Orakel überschritt, um ein großes Reich zu zerstören, ohne zu ahnen, daß dies sein eigenes Reich sein würde.

In diesem Halysbogen, näher zum Schwarzen Meer als zum Mittelmeer, liegt nun Boghazköy, im Süden gegen ein Gebirge gelehnt, in einem Hochtal, das sich nach Norden zu öffnet.

Lage und Blickrichtung würden also nicht von vornherein vermuten lassen, daß die Hethiter ihr Reich vor allem nach Süden und Südosten, über die Bergketten des Taurusgebirges, bis nach Babylon und bis hinunter nach Palästina ausdehnten, zumal die anatolischen Gebirge auch im Inland überwiegend in westöstlicher Richtung verlaufen und den Weg nach Süden durch immer neue Bergriegel erschweren.

Um so größer war nun das Erstaunen, das Hethiterreich im nördlichen Anatolien zu entdecken – in einem Gebiet, das man schon im Altertum nicht zu den Zentren der Kultur gerechnet hatte.

Waren die Hethiter also ein anatolisches Bergvolk? Die Ausgrabungen hatten gezeigt, daß eigenartige Verbindungen zu verschiedenen Kulturen bestanden. Man grub Gebäudekomplexe aus, deren Grundrisse man mit dem Labyrinth auf Kreta verwechseln konnte und wie man sie später ähnlich auch in Indien fand; man stellte fest, daß einige Götter aus dem Zweistromland stammten, man wußte, daß die Hethiter die babylonisch-akkadische Keilschrift schrieben und Babylonisch konnten, daß sie aber eine eigene Sprache hatten, die mit keiner der bekannten Sprachen zusammenhing. Klüger wurde man dadurch nicht.

Man konnte nun versuchen, über das Aussehen der Hethiter Rückschlüsse zu ziehen. Inzwischen hatte man ja genügend Plastiken und Reliefs gefunden – von den Darstellungen auf ägyptischen Tempelmauern und in Gräbern ganz abgesehen, die man schon längst kannte –, um sich die Hethiter vorstellen zu können.

Die ägyptischen Künstler, die zum Ruhme des jeweiligen Pharao ganze Scharen unterworfener Völker abbildeten, fanden an den hethitischen Gefangenen offensichtlich die hohe, rundlich fliehende Stirn typisch, die sich ohne Knick in die Nase fortsetzte. Auf diese Weise entstand eine eigenartige Mischung zwischen griechischem Profil und semitischer Nase, wobei ich ausdrücklich betonen möchte, daß der Begriff »semitisch« als sprachwissenschaftlicher Begriff diejenigen Völker bezeichnet, die um 3000 vor der Zeitenwende aus der arabischen Halbinsel nach Palästina, Syrien und das Zweistromland und auf dem afrikanischen Festland bis nach Äthiopien vordrangen und die zum semitischen Sprachstamm gehören. Semiten sind also sowohl die Araber als auch die Juden.

Das gleiche Profil fand man auch auf Selbstdarstellungen der Hethiter, wobei allerdings die runde Stirn selten, die gewölbte Nase und das griechische Profil mit dem fehlenden Nasenknick dagegen häufig vorkamen. Ein einheitliches Bild entsteht daraus jedoch nicht, da es je nach Fundort auch andere Typen gibt, die eher an persische Darstellungen erinnern. Überhaupt muß man bei solchen Abbildungen vorsichtig sein, da sie sich möglicherweise an einer gängigen Mode oder einem Schönheitsideal orientieren: auch Nofretete hat ein griechisches Profil, ohne daß jemand behaupten würde, sie sei des-

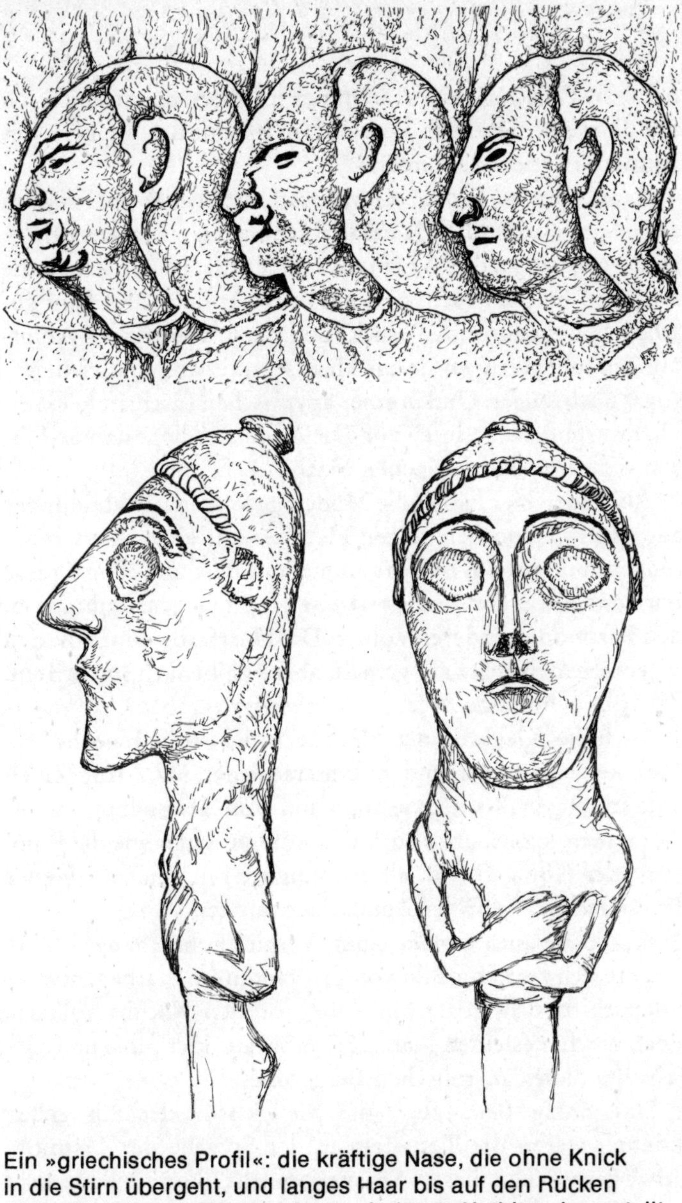

Ein »griechisches Profil«: die kräftige Nase, die ohne Knick in die Stirn übergeht, und langes Haar bis auf den Rücken sind die typischen Kennzeichen, mit denen Hethiter dargestellt werden. Auf dem Bild oben eine ägyptische Darstellung von gefangenen Hethitern (um 1280 v. Chr.), Bild unten: der Kopf einer Bronzestatuette einer hethitischen Gottheit (syro-hethitisch aus dem 15. Jahrhundert v. Chr.).

halb eine Griechin gewesen. Immerhin ließen die abgebildeten Hethiter eine deutliche Verwandtschaft mit den Völkern des Vorderen Orients erkennen.

Kann man auch dem Gesichtsschnitt nichts Spezifisches entnehmen, so ist die Haartracht schon eher charakteristisch. Im Gegensatz zu den Ägyptern und Vorderasiaten haben die Hethiter ihr Haar nicht gestutzt oder gar den Kopf kahl geschoren, um dann eine Perücke zu tragen: wie wir auf Abbildungen sehen, trugen sie das Haar schulterlang und vielleicht sogar noch länger. Und in einer ägyptischen Inschrift heißt es: »Ich werfe den Hethiter vor Dir nieder, er liegt da vor Dir, gefesselt mit seinem eigenen Haar ...«

Aber auch hier haben die Moden gewechselt. Abbildungen aus anderen Epochen zeigen Hethiter mit einer Art Chinesenzopf und je nach Epoche einmal mit Bart und einmal ohne Bart, dabei aber interessanterweise oft im Gegenrhythmus zu den Bartmoden anderer Völker. Die Haarfarbe wird von den Ägyptern meist schwarz gemalt, aber es gibt auch Inschriften, die vom hellbraunen Haar der Hethiter erzählen.

Auch die Kleidung der Hethiter zeigt wohl Eigenheiten, aber keine entscheidenden Unterschiede. Man trug einen kurzärmeligen Rock, wie man ihn von Darstellungen der Germanen kennt, aber auch den kurzen Kittel wie die Philister oder König David, als er »umgürtet mit einem leinenen Priesterschurz« vor der Bundeslade tanzte.

Was man auch immer zum Vergleich heranzog – man konnte sich zwar ein Bild von den Hethitern machen, aber es unterschied sich weder eindeutig von den Nachbarvölkern, noch brachte es einen klaren Hinweis auf Herkunft und Geschichte dieses anatolischen Bergvolkes.

Das einzig Besondere, das vielleicht Aufschluß geben konnte, waren die Tontafeln in der Sprache der Hethiter. Aber genau eben diese »Arzawa-Sprache« konnte man nicht verstehen, obwohl sich Tausende von Tafeln und Bruchstükken in den Museen häuften.

Ihre Entzifferung war dann eine Sensation.

III
Die Überraschung

Eine verblüffende Entdeckung

Für jeden Außenstehenden muß es vollkommen rätselhaft erscheinen, wie man eine Sprache lesen und entziffern kann, deren Buchstaben oder Zeichen man ebensowenig kennt wie deren Worte. Und doch ist es immer wieder gelungen, eine solche Gleichung mit Dutzenden und Hunderten von Unbekannten zu lösen: die Entzifferung der Hieroglyphen ist das beste Beispiel dafür.

Um zu verstehen, worin die besonderen Schwierigkeiten bei der Entzifferung der hethitisch geschriebenen »Arzawa-Texte« liegen, möchte ich zunächst das Prinzip der Entzifferung ganz allgemein darstellen.

Das Ganze ist keine Zauberei, auch wenn oft ein genialer Einfall dazu gehört, um einen festen Punkt zu finden, an dem man den Hebel ansetzen kann. Findet man diesen Ansatzpunkt jedoch nicht, ist alle Liebesmüh vergebens: Wenn ich noch niemals ein Wort Arabisch gehört und nie ein arabisches Schriftzeichen gesehen habe, so kann ich jahrelang auf eine arabische Inschrift starren, ohne auch nur die Spur einer Lösung zu finden.

Immerhin kann ich, wenn ich genügend viel Text habe, schon einiges feststellen.

Wenn ich eine Schrift überhaupt nicht kenne, werde ich am Anfang ganz mechanisch die Anzahl der Schriftzeichen zählen. Sind es nicht mehr als ungefähr dreißig verschiedene Zeichen, so kann ich mit ziemlicher Sicherheit annehmen, daß es sich um eine Alphabetschrift handelt, um eine Schrift wie die unsere also, die für Vokale und Konsonanten jeweils ein bestimmtes Zeichen hat.

Ist die Zahl der verschiedenen Zeichen größer, aber in der Menge beschränkt und überschaubar, so habe ich vermutlich eine Silbenschrift vor mir. Jedes dieser Zeichen steht dann für einen Konsonanten mit einem Vokal. Da nun bei jedem Konsonanten eine Kombination mit fünf Vokalen möglich ist –

z. B. ka, ke, ki, ko und ku –, hat eine Silbenschrift etwa hundert verschiedene Zeichen (rund 20 Konsonanten mit jeweils fünf Variationsmöglichkeiten). Die genaue Zahl kann ich bei einer unbekannten Sprache allerdings nicht wissen, da manche Sprachen deutlicher zwischen verschiedenen Zischlauten oder harten und weichen Mitlauten, wie d/t oder b/p unterscheiden und daher mehr oder weniger Zeichen zur Unterscheidung brauchen.

Als zweites muß ich bei einer unbekannten Schrift feststellen, wie herum ich sie überhaupt zu lesen habe: läuft die Schrift von oben nach unten oder wie beim Hebräischen von rechts nach links, wie bei uns von links nach rechts oder – und das ist selbst im Altgriechischen am Anfang gar nicht so selten – mit jeder Zeile nach einer anderen Richtung. Die Laufrichtung einer unbekannten Schrift ist vor allem dann nicht gleich zu erkennen, wenn jede Zeile von Rand zu Rand läuft, so daß man keine unterschiedlichen Zeilenenden erkennt, auf die die Zeichen zulaufen.

Bei hieroglyphischen Bildschriften kann man die Laufrichtung der Schrift allerdings oft leichter finden als bei alphabetischen Schriften, weil bestimmte Bildzeichen in ihrer Darstellung selbst eine Richtung ausdrücken. So stehen zum Beispiel Füße, die den Begriff »laufen« ausdrücken sollen, logischerweise auch in der Laufrichtung des Satzes. Wenn nun das gleiche Zeichen für Füße in der nächsten Zeile andersherum steht und das im steten Zeilenwechsel geschieht, so hat man eine jener wechselläufigen Schriften vor sich, die man »Bustrophedon« nennt: »Wie der Ochse beim Pflügen wendet.« Bei einer Alphabetschrift kann man die Wechselläufigkeit der Zeilen oft daran erkennen, daß die Buchstaben jeder zweiten Zeile spiegelverkehrt eingemeißelt sind.

So ist die längste uns erhaltene griechische Inschrift im altdorischen Dialekt in Gortis auf Kreta (mit 17000 Buchstaben!) abwechselnd »richtig herum« und spiegelverkehrt geschrieben. Diese Inschrift ist übrigens in Kolumnen auf zwölf nebeneinandergestellten Schriftblöcken eingemeißelt, dabei ist jede Zeile etwa 60 Zentimeter lang. Und jetzt versteht man auch den Sinn der Bustrophedon-Schreibweise: damit man nicht am Ende jeder Zeile wieder einen Schritt nach vorn laufen muß, um weiterlesen zu können, schrieb man wie ein Strickmuster auf und ab. Da die Inschrift in Gortis immerhin aus 62 Zeilen besteht, muß man sich ohnehin eine ganze Weile bewegen, um sie ganz zu lesen ...

Neben der Unterscheidung Buchstaben-, Silben- oder Bilderschrift und der Laufrichtung des Geschriebenen kann ich in vielen Fällen auch noch die Länge der Wörter feststellen. Nicht immer, aber in manchen Schriften, werden die Wörter durch Striche oder Häkchen getrennt, während man die Abstände zwischen den einzelnen Wörtern wegläßt, um Platz zu sparen.

Soviel also kann ich aus dem Schriftbild herausfinden. Aber damit weiß ich noch nicht, was die Zeichen bedeuten und welche Sprache sich dahinter verbirgt. Wenn man nun nicht durch Vergleiche mit anderen Schriften und Sprachen die Bedeutung von ein oder zwei Zeichen erschließen kann, kommt man nicht weiter.

So gibt es, ebenfalls auf Kreta, den schon genannten »Diskos von Phaistos«, eine 15 cm große Scheibe, die auf beiden Seiten kreisförmig mit eigentümlichen Bildzeichen bedeckt ist, die einfach erkennbare Dinge wie Köpfe, Hände, Blumen, Äxte und ähnliches wiedergeben. Da es nur 45 verschiedene Zeichen gibt, dürfte es also keine reine Bilderschrift, sondern schon eine Mischform zwischen Silben- und Alphabetschrift sein. Da die einzelnen Zeichen mit Stempeln eingedrückt sind und sich gelegentlich überlappen, kennt man auch die Laufrichtung, man sieht sogar deutlich die Wortabtrennungen – und trotzdem bemüht man sich seit über siebzig Jahren vergeblich, hinter den Sinn dieser Zeichen zu kommen, weil sich kein Vergleich mit einer anderen bekannten Sprache bietet – für manche Anlaß genug, den Diskos von Phaistos als Überbleibsel des untergegangenen Atlantis anzusehen.

Was man also in diesem Stadium braucht, ist eine sogenannte »Bilingue«, einen zweisprachigen Text, beispielsweise eine Hieroglyphenschrift, deren Inhalt noch einmal auf griechisch wiedergegeben ist. Dann kennt man wenigstens den gedanklichen Inhalt, aber man hat damit noch keinerlei Anhaltspunkt, wie diese Sprache aufgebaut ist oder wie die Zeichen auszusprechen sind. Denn wenn ich aus einer Übersetzung weiß, was im Koran steht, kann ich deswegen noch lange nicht arabisch lesen oder auch nur ein Wort erkennen.

Vor diesem Problem stand auch Champollion, als er im Jahre 1822 versuchte, die ägyptischen Hieroglyphen zu entziffern. Zwar hatte er eine solche Bilingue – es war der berühmte Stein von Rosette, der heute im Britischen Museum steht und auf dem ein Text von Ptolomäus V. aus dem Jahre 196 vor unserer Zeit in griechisch, in ägyptischer Kursivschrift und in Hieroglyphen geschrieben steht –, aber auch das half ihm zunächst nicht weiter.

Da hatte Champollion einen Einfall, der so simpel ist, daß man sich heute wundert, warum nicht jeder von Anfang an darauf verfallen war. Er überlegte sich, warum bestimmte Hieroglyphen durch eine Cartouche, durch einen ovalen Ring, eingeschlossen waren. Diese Cartouche war etwa an der Stelle, wo man im griechischen Text den Königsnamen Ptolomäus fand. Warum sollte nicht vielleicht der Königsname durch eine solche Banderole ausgezeichnet und hervorgehoben werden? Das war ja im Grunde nichts anderes, als wenn wir auf einem Bild mit zahlreichen Menschen sofort den König erkennen können, weil er eine Krone auf dem Kopf hat.

Wenn das stimmte, dann brauchte man nur die acht Hieroglyphen in der Cartouche mit dem damals mit acht Buchstaben geschriebenen Wort Ptolomäus zu vergleichen und kannte plötzlich den Lautwert einiger Hieroglyphen. Champollion tat das und verglich das Ergebnis mit einer anderen Bilingue, wo ebenfalls der Name Ptolomäus vorkam: er fand die gleichen Hieroglyphen in der Cartouche. Ein erster fester Punkt war erreicht.

Auf einem anderen Stein fand er wieder eine Cartouche, und nach einer griechischen Inschrift vermutete er den Namen Cleopatra in ihr. In Ptolomäus und Cleopatra gab es ein paar Buchstaben gemeinsam: das p, l und das o. Wenn er nun die beiden Namen in Hieroglyphen untereinanderschrieb, so mußten bei p, l, und o die gleichen Hieroglyphen stehen, wenn die Sache stimmte – und sie stimmte. Damit kannte Champollion bereits die Lautwerte einiger Zeichen, und der Weg war frei für eine allmähliche Entzifferung einer unbekannten Sprache.

Auf die gleiche Weise war es vorher schon Grotefend im Jahre 1802 im Ansatz gelungen, die Keilschrift zu erschließen. Auch er fand über die Königsnamen Darius und Xerxes und das Wort für König einen ersten Zugang zu dieser Bilderschrift, die im übrigen, wie sich herausstellte, im Aufbau den ägyptischen Hieroglyphen eng verwandt war.

Bei der »Arzawa«-Sprache war die Sache aber etwas anders. Da diese Briefe in Keilschrift geschrieben waren und da man die Lautwerte der Keilschrift kannte, konnte man diese Texte laut vorlesen, man wußte, wie die Sprache klang – aber es waren vollkommen unbekannte Worte. Die Schwierigkeit lag also hier nicht in der Entzifferung, sondern in der Sprache selbst. Eine Bilingue gab es nicht, folglich auch keine Möglichkeit, über den Sinn einzelner Wörter Teile der Grammatik zu erschließen.

Immerhin half das System der Keilschrift wenigstens, Deutezeichen wie Fisch oder Vater zu erschließen, weil die Keilschrift Ideogramme enthielt. Das sind die noch erkennbaren Abbildungen der Bilderschrift: ein stilisierter Fisch bedeutet auch Fisch. Der Forscher weiß also, daß an dieser Stelle von einem Fisch die Rede ist. Aber er weiß trotzdem nicht, wie das Wort Fisch in der »Arzawa«-Sprache heißt. Es ist der gleiche Vorgang, wenn wir in einem fremdsprachigen Text das Zeichen »3« sehen: dann wissen wir, daß dort von einer ganz bestimmten Menge die Rede ist, aber wir können das Wort für diese Zahl nicht in der fremden Sprache aussprechen.

Das war etwa der Stand der Dinge, als die Deutsche Orientgesellschaft im April 1914 einige Assyriologen nach Istanbul schickte, oder wie man damals noch sagte: Konstantinopel, um dort die im Konstantinopeler Kaiserlich Ottomanischen Museum aufbewahrten Keilschrifttexte aus Boghazköy zu sichten und herauszugeben, nachdem Hugo Winckler nach seiner zweiten Grabung in Hattuscha im Jahre 1913 gestorben war.

Inzwischen waren seit der Entdeckung der »Arzawa-Briefe in Tell el-Amarna« 26 Jahre vergangen, ohne daß man mit der Erforschung dieser Sprache vorangekommen wäre, obwohl man ja seit 1906, der Entdeckung von Hattuscha, Tausende von Tafeln zur Verfügung hatte.

Jetzt zeigte sich wieder einmal, daß nicht nur Gelehrsamkeit und Fleiß die Wissenschaft voranbringen, sondern ebenso oft auch der spontane Einfall, der längst Bekanntes, aber anscheinend nicht Zusammengehöriges neu kombiniert und dadurch eine überraschende Lösung findet.

Diesen Einfall verdanken wir einem in Polen geborenen Tschechen namens Bedrich Hrozný, der sich auch Friedrich Hrozný nannte und der bereits mit 26 Jahren in Wien Professor für Assyriologie geworden war.

Um das Sprichwort abzuwandeln: Hrozný kam, sah und verstand. Als der Erste Weltkrieg ausbrach und er nach fünf Monaten Konstantinopel verlassen mußte, um später in der österreichisch-ungarischen Armee zu dienen, hatte der 35jährige Friedrich Hrozný die Lösung in der Tasche.

Aber es dauerte über ein Jahr, bis er Zeit fand, über seine aufsehenerregende Entdeckung zu berichten. In einem »vorläufigen Bericht« in den »Mitteilungen der Deutschen Orientgesellschaft« kündigt der Soldat Hrozný im Dezember 1915 »die Lösung des hethitischen Problems« an. Kurz zuvor, am 24. November, hatte er in einem Vortrag in der Vorderasiatischen Gesellschaft zu Berlin zum erstenmal von seiner Entdeckung in der Öffentlichkeit berichtet, sofern man Fachwissenschaftler unter Öffentlichkeit rechnen will.

Hrozný hatte in Istanbul seine Arbeit mit dem üblichen Vergleichen von Wörtern begonnen, die man in verschiedenen Zusammenhängen möglicherweise einer festen und sicheren Bedeutung zuordnen konnte. Dabei war ihm, ohne den Wortsinn zu kennen, aufgefallen, daß bestimmte Wörter in bestimmten Zusammenhängen auf ganz eigentümliche und unerwartete Weise ihre Formen veränderten. Vor allem war es das Partizip (gebend, machend), das eine ganz charakteristische Form hatte, die ihm bekannt vorkam.

Seine Kollegen hatten selbstverständlich die gleichen Formveränderungen wahrgenommen, aber sie hatten, weil sie in einer ganz anderen Richtung suchten, gar nicht begriffen, was sie da lasen. Die Erwartungseinstellung, nach der nicht sein kann, was nicht sein darf, gab es zu allen Zeiten.

Hrozný aber setzte das Unwahrscheinliche als These – und behielt recht. In seiner zwei Jahre später erschienenen Grammatik des Hethitischen erzählt er sein Schlüsselerlebnis, das seine These zu einem »felsenfesten Ergebnis« machte.

Obwohl ich in diesem Kapitel nicht jede Einzelheit erklären kann (worum es geht, möchte ich im nächsten Kapitel zeigen), will ich jetzt versuchen, den Gedankengang nachzuvollziehen, der Hrozný zu seiner Entdeckung führte.

Es fing mit einem Satz an, der Hrozný, wie er selbst zugab, beim ersten Lesen »völlig unverständlich« war. Dieser Satz heißt in Umschrift (wenn man die Lautwerte der einzelnen Keilschriftzeichen in lateinischen Buchstaben hintereinanderschreibt, aber jedes Keilschriftzeichen, und damit jede Silbe, durch einen Gedankenstrich trennt):

»nu NINDA-an e-iz-za-at-te-ni wa-a-dar-ma e-ku-ut-te-n(i?).« Man ist spontan versucht, Herrn Hrozný die Unverständlichkeit dieses Satzes aus vollem Herzen zu bestätigen.

Allerdings gab es in diesem Satz ein Keilschriftzeichen, dem man noch seine Herkunft aus der semitisch-sumerischen Bilderschrift ansah und dessen Bedeutung Hrozný daher auch kannte. Es war das Zeichen für Brot – in unserem Text das großgeschriebene NINDA.

Nun sagte sich Hrozný – und es klingt alles so entsetzlich einfach, wenn man einen genialen Einfall nacherzählt –, wenn von Brot die Rede ist, dann könnte sich am Ende auch das Tätigkeitswort darauf beziehen: Brot aber ißt man, so wie man Wasser trinkt.

Für einen Sprachwissenschaftler ist es keine Schwierigkeit, sich ein Dutzend verschiedener Worte für Essen in den verschiedensten Sprachen einfallen zu lassen. Essen heißt im Lateinischen edere, im Englischen eat, auf deutsch essen, im Althochdeutschen ezzan – und da war es: dieses e-iz-za-at-te-ni. Das heißt: für uns ist da noch nicht viel Ähnlichkeit vorhanden. Aber Hrozný verstand sofort, denn die akkadische Keilschrift war eine Silbenschrift und kannte nur die Verbindung eines Konsonanten mit einem Vokal. Man konnte nicht, um ein deutsches Beispiel zu nehmen, das Wort »Gefühl« in einzelne Buchstaben aufteilen, wobei jedes Zeichen nur einen einzigen Laut darstellte, sondern die Regeln der akkadischen Keilschrift verlangten, daß man Ge-ef-ü-hü-ül schrieb – so wie die Kinder in der ilefich-Sprache den Satz »ich bin dumm« in »ilefich bilefin dulefumm« zerdehnen.

Wenn man nun bei dem hethitischen Wort e-iz-za-at-te-ni die beim Schreiben notwendigen Silben zusammenzog, so kam beim Sprechen ein »ezzateni« heraus: und das war eindeutig Althochdeutsch. Aber wie kam ein althochdeutsches Wort nach Anatolien?

Der Satz hieß also bis hierher: Brot – essen, wobei NINDA die akkadisch-babylonische Aussprache des Begriffes Brot war und ezzateni die althochdeutsche: eine verwirrende Mischung.

Aber es ging noch weiter, und wer jetzt den Keilschriftsatz noch einmal liest, kommt vielleicht beim nächsten Wort »wa-a-dar-ma« auf den gleichen Gedanken wie Hrozný, denn es gibt feststehende Assoziationen und Begriffspaare, die bei fast allen Menschen gleich sind, wenn man das erste Reizwort nennt. Auf Feuer kommt Wasser, auf Klotz Keil, auf Wasser Brot – und umgekehrt. Es lag also nahe, bei Brotessen auch vom Wassertrinken zu reden – und genau das stand auch da: Über das deutsche »Wasser«, englisch »water«, kam Hrozný zum altsächsischen »Wadar«, so daß er dem zunächst völlig unverständlichen Satz »nu NINDA-an e-iz-za-at-te-ni wa-a-dar-ma e-ku-ut-te-n(i)« den Sinn abgewann: »Jetzt wirst du Brot essen und dann Wasser trinken.«

Ich kann hier nicht auf die einzelnen grammatischen Überlegungen eingehen, verblüffend ist, daß das Wort »nu«, das im Sächsischen wie im Hethitischen zahlreiche Sätze einleitet, in beiden Sprachen »nun«, »jetzt« bedeutet.

Was aber war das für eine Sprache? Das Akkadische, dessen Keilschrift Hrozný hier las, war eine semitische Sprache, die man früher »assyrisch« genannt hatte und die später vom Aramäischen verdrängt wurde – jenem Aramäisch, das auch Jesus sprach. Wer Arabisch oder Hebräisch beherrscht, kann auch heute noch in Umschrift Wörter wiedererkennen, die akkadisch geschrieben sind. Das Wort für den Sonnengott Schamasch aus dem akkadischen Gilgamesch-Epos ist mit dem heute noch im modernen Hebräisch verwendeten Wort für Sonne »Schemesch« identisch und hängt sprachlich mit Samson, dem Philister, zusammen.

In dieser Keilschrift waren nun plötzlich Wörter geschrieben, die nicht semitisch, sondern »deutsch« waren. Auf diesen Einfall, daß die »Arzawa«-Sprache mit dem Deutschen zusammenhängen könnte, war bisher noch niemand gekommen, und deshalb hatte sie auch niemand entziffern können. Erwartungen sind auch bei Wissenschaftlern oft stärker als die Realität – und in Anatolien, in der fernen Türkei, erwartete niemand einen solchen Sprachzusammenhang.

Nun muß ich allerdings das Wort »deutsch« einschränken. Zwar sind die beiden Wörter in dem Satz tatsächlich mit dem Althochdeutschen verwandt, aber auch die Griechen und die alten Römer können mit dem gleichen Anrecht behaupten, mit den Hethitern verwandt zu sein.

Jedenfalls fand Hrozný jetzt, seit er auf den Klang achtete, eine ganze Reihe von Wörtern, die ihm aus verschiedenen Sprachen bekannt waren. So sagten die Hethiter »uga« für »ich« – die Römer »ego«, »kuis« und »kuid« entsprachen in Klang und Bedeutung dem lateinischen »quis« und »quid«, das »eszi« dem »est«, das »nasch« dem lateinischen »nos«, das »wi« dem »Wein« und dem »vinum«, das »memal« dem »Mehl« und das »asesta« dem »setzen«; »pedan« (der Ort) hing mit dem griechischen »pedon« (Boden) zusammen und »chwantes« mit dem Wort für »Wind«, »pedar« mit der »Feder« und der »feather«.

So kann man lange Wortlisten aufstellen, die immer wieder die Verwandtschaft des Hethitischen mit anderen Sprachen deutlich machen, auch wenn sich die Wissenschaftler über diese oder jene Ableitung nicht einig sind.

Solche Verbindungen zwischen verschiedenen Sprachen kannte man schon längst, und wie so manchmal, war auch diese Entdeckung nicht von einem Fachgelehrten, sondern von einem Außenseiter, dem englischen Juristen William Jones, gemacht worden, der als Oberster Richter am Gerichtshof in Kalkutta amtierte. Ihm waren die Ähnlichkeiten zwischen dem Sanskrit und verschiedenen europäischen Sprachen aufgefallen, und er postulierte schon 1786, also vor rund zweihundert Jahren, einen sprachlichen Zusammenhang zwischen Indien und Europa. Dieser indo-europäische Sprachstamm (früher »indogermanisch« genannt) konnte dann im letzten Jahrhundert im einzelnen nachgewiesen werden.

Der Begriff indo-europäisch ist dabei rein geographisch zu verstehen, da er das östlichste und westlichste Verbreitungsgebiet in einem Wort zusammenfaßt. Genauer: die Verbindungslinie reicht von Ceylon bis nach Island. Insgesamt hat man bisher 15 Sprachgruppen festgestellt, die in ihrem grammatikalischen Aufbau und Wortschatz nachweislich zusammenhängen. Es sind dies (auch die inzwischen ausgestorbenen Sprachen mitgezählt): die keltischen Sprachen, die italischen Sprachen, vor allem das Lateinische, dessen Weiterentwicklung die romanischen Sprachen darstellen. Dann die germanischen, baltischen und slawischen Sprachen, das Illyrische, Thrakische, Albanische, Griechische und Phrygische. Die Liste geht weiter mit dem Hethitischen, dem Armenischen und den iranischen Sprachen, bis wir schließlich, ganz im Osten angelangt, zur indo-arischen Sprache und dem Tocharischen in Turkestan kommen.

Alle diese Sprachen stimmen in Lautsystem, Wortschatz, Formenbildung und Syntax um so mehr überein, je ältere Entwicklungsstufen man miteinander vergleicht. Daher hatte Hrozný an der typisch indogermanischen Partizipbildung im Hethitischen den ersten Zusammenhang entdeckt.

Die Entdeckung der indo-europäischen Sprachfamilie war nun keine Sache, die nur die Sprachwissenschaftler anging, auch wenn die Indogermanistik selbst eine so komplizierte Angelegenheit ist, daß sie nur mit dem Sinn und Verstand von Sprachwissenschaftlern betrieben werden kann.

Aber die Feststellung, daß über Tausende von Kilometern hinweg die verschiedensten Sprachen offensichtlich auf einen gemeinsamen Ursprung zurückgingen, mußte die Historiker auf das höchste interessieren. Da Sprachen sich nicht von allein ausbreiten, hatte man jetzt eine Möglichkeit an der Hand, die Wanderbewegungen der Völker genauer zu studieren und geschichtliche Zusammenhänge besser zu erkennen. Wir werden bei der Geschichte der Hethiter gleich noch im einzelnen sehen, was das bedeutet.

Denn kaum hatte Hrozný zwei Jahre nach dem ersten vorläufigen Bericht dann im Jahre 1917 seinen »Entzifferungsversuch« unter dem Titel »Die Sprache der Hethiter – ihr Bau und ihre Zugehörigkeit zum indogermanischen Sprachstamm« veröffentlicht, kam es zu einer aufgeregten Diskussion über die Frage, woher denn also die Hethiter stammten und ob sie nicht eigentlich Germanen seien. Das interessierte selbst Kaiser Wilhelm, und seine Majestät waren höchst ungehalten, daß man ihm die hethitische Grammatik nicht sofort nach dem Erscheinen auf den Feldherrntisch gelegt hatte.

Er wird die 246 Seiten nicht gelesen und schon gar nicht verstanden haben, denn auch Leute mit größeren Geisteskräften als Wilhelm II. finden sich in streng wissenschaftlichen Arbeiten kaum oder gar nicht zurecht, und weite Teile dieser Grammatik sind nur Fachleuten verständlich.

Aber bevor ich nun weiterberichte, welche neuen Erkenntnisse sich aus der Tatsache ergaben, daß man nun die Sprache der Hethiter verstand und die Keilschrifttafeln mit der angeblichen »Arzawa«-Sprache auswerten konnte, möchte ich für den Interessierten ein Kapitel einfügen, das ein wenig über die Technik und die Schwierigkeiten beim Lesen von hethitischen Keilschrifttexten informiert.

Wie man hethitische Keilschrifttexte liest

Man muß nicht die Keilschriftzeichen schreiben und lesen gelernt haben, um sich mit dem Hethitischen beschäftigen zu können. Selbstverständlich werden die Keilschrifttafeln und -bruchstücke Zeichen um Zeichen abgemalt und in wissenschaftlichen Ausgaben veröffentlicht, damit die Assyriologen sie im Original lesen können. Für gewöhnlich begnügt sich aber die Fachliteratur mit der »Transkription«, der Umschrift in lateinische Buchstaben – aber auch dann sieht eine solche Transkription merkwürdig genug aus, zum Beispiel so:
INa ^{MAT}Mi-it-tan-ni e-es-ta ^{m}Bi/Pi-ih-hu-ni-ia-as-ma AMEL ^{ALU}Ti-bi-ia . . .

Auch wenn ich kein Wort Hethitisch verstehe, kann ich aus dieser eigenartigen Anordnung von groß geschriebenen oder gar in der Zeile versetzten und klein geschriebenen Wörtern erkennen, ob es sich um ein hethitisches (also indo-europäisches) Wort oder um ein semitisches Lehnwort handelt, ja, ich kann sogar feststellen, ob in dem Satz bestimmte Begriffe, wie Mann oder Frau, König, Stadt oder Land vorkommen, ohne daß ich das hethitische Wort dazu kennen muß.

Das klingt nach Trick und Zauberei, ist aber recht einfach, wenn man das System begriffen hat.

Dieses System möchte ich erklären, denn es gibt einen interessanten Einblick in die Konstruktion des Hethitischen und in das System der Bilderschrift überhaupt.

In dem Kapitel »Keilschrift und Hieroglyphen« hatte ich schon erklärt, daß Hieroglyphen und Keilschriftzeichen drei Bedeutungsebenen haben können:

1. es sind echte Bildzeichen (Ideogramme): eine dargestellte Schlange bedeutet auch eine Schlange;

2. Lautzeichen: ein Haus steht für den Buchstaben »B«, weil das Wort Haus = bait mit einem »B« beginnt;

3. Deutezeichen (Determinative): sie werden zwar geschrieben, aber nicht gesprochen. Sie dienen dazu, Mehrdeu-

tigkeiten auszuschließen: ein Zeichen für Mann oder ein Werkzeug zeigen an, daß das folgende Wort mit einem Menschen oder einem Gegenstand zu tun hat.

Mit der Keilschrift übernahmen die Hethiter auch die drei Verwendungsmöglichkeiten der Keilschriftzeichen. Für die indo-europäischen Wörter ihrer eigenen Sprache benutzten sie die Keilschrift als Lautzeichen: das sind in unserem Satz die in einzelne Silbenzeichen aufgefächerten Bindestrichwörter.

Gleichzeitig verwendeten sie kleinasiatische Wörter aus dem semitischen Sprachbereich, die mit Keilschrift leichter zu schreiben waren, weil Sprache und Schrift besser zusammenpaßten: das sind die Wörter in Großbuchstaben.

Und schließlich übernahmen sie auch noch die Deutezeichen, obwohl diese Zeichen bei der ausführlichen Silbenschrift gar nicht mehr notwendig waren: das sind die hochgestellten Wörter in unserem Satz.

Ich kann also bei unserem Satz auf Anhieb sagen, daß er zwei nicht indo-europäische Wörter und zwei besonders definierte hethitische Wörter enthält.

Da nun die Deutezeichen (Mann, Werkzeug, Stadt usw.) die gleichen sind wie in der babylonischen Sprache, die man ja schon entziffert hatte, boten diese Determinative eine willkommene Möglichkeit, die Bedeutung des folgenden hethitischen Wortes einzukreisen.

Wir wollen das bei unserem Satz versuchen. Das akkadische Determinativ MAT (daher groß geschrieben und nach oben gerückt) bedeutet »Land«. Es muß also ein Ländername folgen, und tatsächlich lesen wir Mi-it-tan-ni: es ist das Land Mitanni, das wir kennen. Das zweite hochgestellte Wort ist ALU, das Determinativ für Stadt. Man kann also mit Sicherheit annehmen, daß das hethitische Wort Tibija in unserem Satz eine Stadt ist (auch wenn wir sie nicht kennen). Das groß geschriebene Wort auf der Zeile muß ein akkadisches Lehnwort sein: AMEL heißt »Mann«.

Und nun kann man, so komisch das klingt, den hethitischen Satz schon fast übersetzen. Klein geschrieben ist da noch das

Wort e-es-ta: zieht man die Silben zusammen, so entsteht esta – und das ist das lateinische »est« und bedeutet »ist«.

Und das erste groß geschriebene INA ist wieder akkadisch, ist bekannt und heißt »in«. So versuchen wir den hethitischen Satz zu übersetzen:

Im ^{LAND}Mitanni ist Bihunijasma MANN ^{STADT}Tibija, oder etwas eleganter:

Bihunijasma, der Mann der Stadt Tibija, war im Lande Mitanni, und so steht es tatsächlich in der Übersetzung da.

Es ist natürlich ein Unterschied, ob man diese Lösung selbst finden muß oder ob sie vorgeführt wird. Es gibt viele Stellen, die wesentlich schwieriger sind und deren Sinn nicht so leicht zu erschließen ist. Aber ich glaube, das Prinzip ist klargeworden.

Es bleiben aber noch ein paar Details. Der Name des Mannes zum Beispiel fängt seltsam doppelt an: Bi/Pi . . . Hier bietet der Wissenschaftler, der die Transkription besorgte, eine Variante an, da er nicht sicher ist, ob es nun »P« oder »B« heißen soll. Die gleiche Unsicherheit besteht bei »T« und »D«, da wir bis heute nicht wissen, ob diese Konsonanten nun hart oder weich ausgesprochen wurden. Wir finden deshalb bei b/p und d/t unterschiedliche Schreibweisen, weil hier mehr die jeweilige Überzeugung des Wissenschaftlers als das wirkliche Wissen den Ausschlag gibt. (Das entspricht etwa dem Problem, ob man das lateinische Wort Cäsar nun wie Zäsar auszusprechen hat, weil sich daraus das Zäsarentum entwikkelt hat, oder wie Käsar, weil daraus das Wort Kaiser wurde.) Deshalb gibt es Wissenschaftler, die unseren Hethiterkönig Schuppiluliuma mit dem gleichen Recht Schubbiluliuma schreiben. Das Entsprechende gilt bei Namen und Begriffen, in denen d/t vorkommt.

Da wir gerade bei Schuppiluliuma sind: man findet diesen Namen auch manchmal mit bloßem »S« wie Suppiluliuma geschrieben – auch das ist »Ansichtssache«. Das Hethitische kannte nur einen Zischlaut, der wissenschaftlich mit š umschrieben wird, von dem wir aber nicht wissen, ob er mehr als »sch« oder mehr als »s« gesprochen wurde. Auf die Aussprache des Rachenlautes »ch« oder »h« hatte ich bereits früher verwiesen.

An dieser Stelle wird nun auch eine andere Schwierigkeit deutlich. Im indo-europäischen Hethitisch wurde wohl manches anders ausgesprochen, als es die Keilschrifttexte nahelegen, aber mit den Keilschriftzeichen, die man aus einer fremden Sprache übernahm, konnte man diese Aussprache nicht ausdrücken, da sie nur ganz bestimmte Silbenkombinationen anboten. Um ein Beispiel zu nehmen, das schon mancher Kabarettist verwendet hat: Wollten wir das Wort Brathühnchen auf chinesisch schreiben, so würde daraus ein brat hün chen, das die Chinesen nach ihrem Sprachvermögen auch noch als blat hün chen aussprechen würden. Nehmen wir nun an, in einem chinesischen Text tauchte, in chinesischen Zeichen geschrieben, dieses blat hün chen unvermutet auf, so können wir uns vorstellen, wie schwierig es selbst für einen deutschen Sinologen wäre, in dieser veränderten Gestalt ein deutsches Wort wiederzuerkennen, wie ja ein Engländer auch nicht sofort auf die Idee käme, daß »neschen« die deutsche Lautschrift von »nation« sei.

Genau das war die Schwierigkeit, vor der alle Hethitologen standen, bevor Hrozný in den auf viele Silben auseinandergezogenen Wörtern den eigentlichen Klangkörper entdeckte, obwohl Sprech- und Schreibmuster nicht übereinstimmten.

Hier liegt ein grundsätzlicher Unterschied zwischen den indo-europäischen und den semitischen Sprachen. Indo-europäische Sprachen neigen dazu, das »Sprachgerippe« aus Konsonanten *und* Vokalen zu bilden, während die semitischen Sprachen wie das Akkadische und Hebräische die Wiedererkennbarkeit des Wortes wesentlich schärfer auf die Konsonanten allein abgestellt haben.

Wenn ich die Konsonantenfolge »l-b« schreibe, so gibt es für den Juden nur eine einzige Möglichkeit: er weiß, daß ich »leb«, das Herz, meine, der Vokal ist dabei so unwichtig, daß ich ihn beim Schreiben weglassen kann. Wenn ich dagegen im Deutschen »L-b« schreibe, so kann ich lebe, Liebe, Lob, Leib, Laib, lobe, Laube, Labe vermuten, ohne sicher zu sein.

Schreibe ich die Konsonantenfolge s-l-m l-ch-m, so liest der Jude ohne Mühe Schalom alechem und der Araber Salam aleikum, einfach, weil in beiden Sprachen gar keine andere Möglichkeit besteht. Auf diese Eindeutigkeit der Konsonanten waren die Hieroglyphen und die Keilschriftzeichen abgestellt. Bestenfalls folgte Konsonant auf Vokal oder umgekehrt. Wörter mit Konsonantenhäufung, wie »manchmal«, wären deshalb nach diesem System nicht direkt schreibbar gewesen. Man hätte sie entsprechend dem Schreibsystem auflösen müssen, so daß etwa ein Gebilde wie ma-an-cha-ma-al entsprechend den hethitischen Bindestrich-Ungetümen entstanden wäre.

Die formale Transkription hethitischer Wörter besagt also nichts über ihre tatsächliche Aussprache. Geschrieben wird zum Beispiel »ha-at-ra-a-nu-un«, gesprochen wird »hatranun«, denn die Keilschrift kennt kein Zeichen für »hat«, besitzt dafür eins für »ha« und eins für »at«, die nun einfach nebeneinandergesetzt werden, ohne daß wir das »a« doppelt aussprechen müssen.

Es ist also durchaus nicht so einfach, das Hethitische zu verstehen und zu lesen, wie es am Anfang mit unserem Satz schien, zumal die Schreiber oft selbst Fehler machten oder mit dem System der Sprache und der Schrift spielten.

Es gibt da ein absolut irrsinniges, aber keineswegs seltenes Beispiel: so kann man den Königsnamen »Hattuschili«, der mit dieser Aussprache eindeutig feststeht, entweder nach Bindestrichmanier Ha-tu-schi-li geschrieben finden, aber ebenso gut auch als $\text{GIŠ}_{\text{PA-ši-DINGIR}}\text{LIM}$.

Dieses Verwirrspiel kommt dadurch zustande, daß die Schreiber in der Endung -ili von Hattuschili das ähnlich klingende akkadische »ilu« hineinhörten, was Gott bedeutet. Das Ideogramm für Gott lautet auf akkadisch dingir, an das man noch eine Endung hing, so daß ilu durch dingirlim ersetzt wurde. Und weil nun der Name der Stadt und des Landes Hatti an das akkadische Wort für Zepter »hattu« anklingt, dessen Ideogramm gišpa lautet, konnte man also den Namen Hattuschili sozusagen ins Akkadische übersetzen, indem man gišpašidingirlim schrieb, aber Hattuschili las: auf so etwas mußte man freilich erst einmal kommen.

Jede fremde Sprache ist ein Abenteuer – und ein Wagnis dazu, wenn man aus ihr und fast nur aus ihr die Geschichte eines Volkes rekonstruieren muß. Noch längst kennt man nicht jedes Wort der hethitischen Sprache, und wer einmal nachliest, mit welcher Erbitterung sich die Gelehrten um die Bedeutung oder die Nuance dieses oder jenes Wortes streiten, der kann nur staunen, wieviel am Ende inzwischen schon als gesichert gilt. Es scheint, daß die Zeiten vorbei sind, in denen eifrige Wissenschaftler einen König Anek erfanden, weil sie in der hethitischen Grammatik besser Bescheid zu wissen glaubten als die hethitischen Schreiber selbst. Dies passierte allerdings bei einer phönizischen Hieroglyphenschrift, die ohne Vokale geschrieben war. Mehrere Wissenschaftler hatten eine Textabschrift erhalten und machten unabhängig voneinander eine Übersetzung des Textes, der von einem König Asitawanda erzählte. Als man die vier eingeschickten Übersetzungen miteinander verglich, wichen drei nur in Kleinigkeiten voneinander ab, während die vierte etwas sensationell Neues bot. Was die drei anderen Semitisten offenbar übersehen hatten: in dem Text war nicht nur von König Asitawanda die Rede, sondern schon in der fünften Zeile tauchte ein zweiter König mit Namen Anek auf. Diese Entdeckung ließ der Übersetzer noch von zwei weiteren Semitisten prüfen, und sie wurde so scharfsinnig begründet, daß kein Zweifel bestehen konnte: hier war noch ein König Anek.

Hätten wir nun von diesem Text nur diese eine Übersetzung, so wäre dieser König möglicherweise am Leben geblieben. So aber hatte man noch drei Kontrollübersetzungen, und die führten zum Tod Aneks.

Was war geschehen? Der so scharfsinnig ins Leben gerufene König Anek bestand in den vokallos geschriebenen Hieroglyphen aus den Buchstaben »n-k«. Das ist eins der ersten Wörter, die man in den semitischen Sprachen lernt, denn »n-k« heißt ganz einfach »ich« (im Bibelhebräisch vokalisiert »anochi«). So war das auch in diesem Text, und alle vier Übersetzer schrieben auch stets »ich«, wenn sie »n-k« lasen. Nur der vierte hatte in der fünften Zeile gestutzt. Dort übersetzte er nämlich: »für die Söhne und Töchter von ich«, und das war offensichtlich Unsinn. Etwas später im Text kam diese unsinnige grammatikalische Form noch einmal vor, wenn man davon ausging, daß »n-k« jedesmal »ich« hieß.

Da man annehmen konnte, daß ein phönizischer Schreiber seine Sprache noch soweit beherrschte, daß er das Wort »ich« von anderen Formen auseinanderhalten konnte, mußte das »n-k« also etwas anderes bedeuten. Und so hatte der vierte Übersetzer den schönen Satz »für die Söhne und Töchter von Anek« vorgeschlagen.

Die Wahrheit war indessen viel prosaischer. Es genügte eine Fußnote eines anderen Übersetzers, um das Problem des Königs Anek zu lösen: »Der Verfasser der Inschrift«, heißt es da, »hat die barbarische Sprachgewohnheit, ›n-k‹ – ›ich‹ mit der 3. Person Sing. Masc. des Perfekts (statt mit der 1. Person Sing.) zu verbinden.« Kurzum: der phönizische Schreiber konnte, um ein fast analoges deutsches Beispiel zu wählen, »mir« und »mich« nicht auseinanderhalten, oder es war damals üblich, was die Engländer bei anderer Gelegenheit noch heute tun, wenn sie auf die Frage »who is it?« korrekt, aber grammatikalisch falsch mit »me« statt mit »I« antworten.

Inzwischen können die Gelehrten das Hethitische schon besser als die alten Hethiter selbst, und so konnte Johannes Friedrich im Vorwort zu seinem großen »Hethitischen Wörterbuch«, das von 1952 bis 1954 erschien, im Vorwort schreiben: »An einigen ganz wenigen Stellen sind auch offenbare Versehen der alten Schreiber, ein paar falsch oder doppelt gesetzte Determinationen und dergleichen, *stillschweigend verbessert* worden ...«

Stammen die Hessen von den Hethitern ab?

Die Erkenntnis, daß die Hethiter zum indo-europäischen Sprachstamm gehören, brachte die Historiker auf den Plan. Bisher war man verständlicherweise von dem Gedanken ausgegangen, daß der Vordere Orient seit geschichtlicher Zeit von semitischen Völkerschaften besiedelt gewesen sei – nun mußte man sich mit dem Gedanken vertraut machen, daß hier vor rund viertausend Jahren ein indogermanisches Volk eingewandert war, dem es offensichtlich gelungen war, seine Sprache und seine Herrschaft durchzusetzen. Die Frage war nur: woher eingewandert?

Schon über die Urheimat der Indo-Europäer gibt es zahllose Hypothesen, weil dieses Problem von der Wissenschaft noch nicht gelöst werden konnte. Da es ziemlich unwahrscheinlich ist, daß zufällig der gleiche Wortschatz und die gleiche Grammatik an zwei verschiedenen Stellen der Erde entstehen, suchte man nun mit mehr oder weniger guten Gründen das »Urvolk« und die »Wiege unserer Kultur«, indem man den indo-europäischen Sprachstamm mehr oder weniger mit den Indo-Ariern gleichsetzte. Eine solche Verbindung von Sprache und Rasse aber hat sich wissenschaftlich als unhaltbar erwiesen.

Feststellen kann man lediglich, daß eine Reihe von Völkern einen gemeinsamen Sprachstamm besitzen. Es ist daher keine Prestigefrage, wenn man das Entstehungsgebiet des Indo-europäischen möglichst nahe bei Europa ansiedelt. Nach neuesten Erkenntnissen scheinen Mittel- oder Osteuropa als Urheimat in Frage zu kommen. Nach anderen Theorien soll das Gebiet um den Kaukasus die Urheimat gewesen sein. Alle diese Theorien können jedoch weder widerlegt noch exakt bewiesen werden.

Auf jeden Fall muß sich dieser Sprachstamm aber durch Wanderungen ausgebreitet haben. Wenn man also schon nicht wußte, von welchem Ausgangspunkt die Hethiter nach Anatolien eingewandert waren, dann konnte man vielleicht wenigstens herausbekommen, aus welcher Richtung sie vor schätzungsweise viertausend Jahren nach Kleinasien gekommen waren. Waren sie aus dem Westen über den Bosporus gezogen, oder waren sie von Nordosten oder Osten nach Süden vorgestoßen?

Wieder war es die Sprachforschung, die einen Hinweis gab. Eigenartigerweise kann man nämlich innerhalb der indo-europäischen Sprachfamilie eine »centum«- und eine »satem«-Gruppe unterscheiden. Alle westeuropäischen Zweige dieses Sprachstammes – also das Griechische, Italische, Keltische und Germanische – bezeichneten ursprünglich die Zahl hundert mit dem Wort centum und dessen Abwandlungen, während die übrigen satem dafür sagten. Die Hethiter ließen sich nun einwandfrei in die westliche Gruppe, also in den »centum«-Stamm einordnen. Daraus zog man den logischen Schluß, die Hethiter seien womöglich aus dem Donauraum nach Anatolien eingewandert.

Auf der anderen Seite sind viele Forscher trotz alledem der Meinung, die Hethiter seien über den Kaukasus gekommen. Es gibt da nämlich ein Gebet des Hethiterkönigs Muwatalli (um 1300 v. Chr.) an den Sonnengott, das die Welt geradezu auf den Kopf stellt:

»Des Himmels Sonnengott, der Menschheit Hirte!
Du stiegst aus dem Meer empor, des Himmels Sonne!
Des Himmels Sonne, mein Herr, dem Menschenkind, dem Hund,
dem Schwein, dem wilden Tier des Feldes
sprichst du Recht zu, Sonnengott, Tag für Tag.«

Beim ersten Lesen dieses Gebetes wird man wahrscheinlich gar nicht bemerken, worauf es ankommt. Aber wenn man sich nach Kleinasien versetzt und von der Sonne behauptet, daß sie aus dem Meer aufsteigt, fällt der Widersinn sofort auf: im Osten Anatoliens ist auf Tausende von Kilometern Land, aber kein Meer.

Lediglich die westlichen Mittelmeervölker können sagen, daß die Sonne im Osten aus dem Meer aufsteigt. Von dort aber, also über das Meer, sind die Hethiter nun bestimmt nicht gekommen.

Geht man von der Erfahrung aus, daß religiöse Formeln und Sitten ein starkes Beharrungsvermögen haben und manches längst Vergangene in Ritus und Sprache lebendig erhalten, so könnte man annehmen, daß auch dieser Sonnengesang schon sehr alt ist; er könnte sogar aus der Zeit vor der hethitischen Einwanderung nach Anatolien stammen, denn warum sollte man sich ein Gebet ausdenken, dessen Inhalt so offensichtlich im Widerspruch zur Wirklichkeit steht. Friedrich Sommer vermutete deshalb schon im Jahre 1921, die Hethiter hätten vor ihrer Einwanderung an der Westseite des Kaspischen Meeres gesessen, seien also aus dem Kaukasus gekommen. Diese Theorie hat vieles für sich, obwohl man ja auch an der Westküste des Schwarzen Meeres die Sonne aus dem Wasser aufgehen sieht, was wieder für die westliche Donau-Theorie spräche.

Wer nun beide Theorien miteinander verbinden will, der braucht nur die Hethiter am Schwarzen Meer anzusiedeln und sie einmal darum herummarschieren zu lassen, bis hin zum Kaspischen Meer und von da nach Anatolien. Daß ein solcher Kompromiß wenig einbringt, leuchtet ein, hindert aber manche Wissenschaftler nicht, ähnliches für das Gebiet der indoeuropäischen Urheimat anzunehmen. Diese Forscher nehmen zwei Zentren an, ein weiter östlich gelegenes Zentrum der Entstehung und ein westliches als Verbreitungsgebiet. All das sieht sehr nach Hilfskonstruktion aus.

Um so dankbarer ist man in dieser Situation, wenn einem dann ein Mann wie Tacitus wenigstens sagen kann, wo die Hethiter später hingeraten sind, wenn man schon nicht weiß, wo sie herkamen. In seiner Beschreibung Germaniens erwähnt dieser römische Historiker auch Volksstämme, die in den letzten Jahrhunderten vor der Zeitenwende zwischen Rhein und Weser auftauchten und sich Chatti nannten. Sie waren ein abgehärtetes und kriegerisches Volk, das den anderen an Kampfkraft überlegen war (Germania 29 ff.). Von diesen Chatten, deren Name sich allmählich zu Katten verwandelte und die sich noch viel später »Hassi« nannten, stammen die Hessen ab.

Das klingt so unglaublich, daß man diese Frage sofort als unsinnig zurückweisen möchte. Aus welchem Grunde sollten die Hethiter nach der Zerstörung ihres Reiches diesen Riesenmarsch an den Rhein gemacht haben? Auf der anderen Seite: solche langen Wanderungen sind möglich und immer wieder vorgekommen. Schließlich sind die indo-europäischen Hethiter ja vorher auch einmal aus dem Norden in das unwirtliche Bergland von Anatolien eingewandert, während andere indo-europäische Stämme bis nach Indien vorstießen.

Nun reicht der Gleichklang der Namen nicht aus, um daraus Beweise abzuleiten. Aber darauf allein sind wir nicht angewiesen. Theodor Bossert, einer der führenden Hethitologen, veröffentlicht in seinem Buch »Alt-Anatolien« eine Karte, auf der alle Fundstellen eingetragen sind, an denen man Gottheiten gefunden hat, die auf einem Stier stehen oder reiten: es ist eine gerade Spur, die von Syrien über Boghazköy die Donau entlang an den Rhein führt, zu einem anderen Teil aber auch nach Italien einschwenkt. Dieser Gott auf dem Stier ist der hethitische Wettergott. Ein besonders schönes Stück aus römischer Zeit, das den hethitischen Wettergott mit allen Attributen (wie Blitzbündel und Doppelaxt) auf dem Stier reitend zeigt, wurde Anfang des Jahrhunderts in Heddernheim, heute ein Stadtteil Frankfurts am Main, gefunden.

Vielleicht hat Werner Speiser zuviel hineingesehen, wenn er 1952 in seinem Buch »Vorderasiatische Kunst« bemerkt, die Hethiter hätten mit ihren Köpfen und kräftigen langen Nasen geradezu »fälisch« ausgesehen – wie Westfalen also –, aber wenn man einmal die Grundthese akzeptiert, kann man auch darüber nachdenken. Schließlich sind auch die Galater in Kleinasien, an die Paulus schrieb, mit den Kelten im Norden Europas verwandt.

So reizvoll diese These ist und so viel sie für sich hat – so komisch ist die Behauptung von Friedrich Cornelius, der im Jahre 1973 entdeckt zu haben glaubte, woher die Hethiter kamen. Cornelius, der sich vor allem mit den Germanen beschäftigt hat, war nämlich aufgefallen, daß die Hethiter manchmal Schubbiluliuma schrieben und dann wieder Schuppiluliuma, daß sie also p und b ebenso austauschen konnten wie g und k. Wenn die Hethiter also ständig harte und weiche Konsonanten verwechselten, so mußte das ein uraltes germanisches Erbe sein, eine »mundartliche Eigentümlichkeit«, die die Hethiter aus »ihrem Heimatland mitgebracht haben«. Und nachdem schon der Sachse Richard Wagner seinen Stabreim »Brülle du Prahler!« vollkommen in Ordnung fand, war es für Friedrich Cornelius nicht schwer, die Urheimat der Hethiter zu finden. Und so teilt er in seiner »Geschichte der Hethiter« mit, daß er die Heimat der Hethiter »im heutigen Sachsen oder Sudetenland« sucht, womit er etwas leichtfertig voraussetzt, daß die Sachsen schon vor über viertausend Jahren so mundfaul und labialschwach waren.

Demnach wären die Hethiter nichts weiter als wanderlustige Sachsen, die achthundert Jahre später auf ihrem Rückmarsch die Heimat verfehlten und statt in Leipzig in Darmstadt ankamen. Die Theorie von Cornelius hat immerhin noch die Pointe, daß der unausstehliche Hugo Winckler aus Gräfenhainichen in Sachsen pietätvollerweise seine eigenen Vorfahren in Boghazköy wiederentdeckt hätte. Und wenn Cornelius recht hätte, dann wäre jene hethitische Königstochter Naptera – oder auch Nabdera –, die der ägyptische Pharao Ramses II. zur Hauptfrau nahm, eine Sächsin gewesen.

Man sieht, daß alle Theorien über die Herkunft der Hethiter und ihr späteres Schicksal zwar die Phantasie anregen, aber keine von ihnen eindeutige Beweise erbringen kann.

Es ist aber ganz amüsant, diese Versuche noch ein wenig zu verfolgen, denn sie zeigen immer wieder das Bemühen, die bisher unbekannten Hethiter nun auch in anderen Völkern wiederzufinden.

So versuchte die Amerikanerin Nora Griffith 1923 den Nachweis, daß schon Teje, die Mutter des ägyptischen Ketzerkönigs Echnaton, eine Hethiterin gewesen sei. Durch sie seien am Hofe Amenophes' III. hethitische Anschauungen und Gewohnheiten eingeführt worden, so daß Echnaton im

Grunde nur den hethitischen Sonnenkult verkündet habe. Diese längst bestehenden verwandtschaftlichen Beziehungen zwischen den Hethiterkönigen und den Pharaonen seien dann auch der Anlaß gewesen, daß Anches-en-Amun nach dem Tode ihres Gatten Tut-ench-Amun den Hethiterkönig Schuppiluliuma um einen seiner Söhne gebeten habe.

Das klingt sehr plausibel. In der Tat hatten die Hethiter, wie wir aus dem Lied Muwatallis sehen konnten, einen Sonnenkult, und bestehende verwandtschaftliche Beziehungen würden erklären, warum sich Anches-en-Amun gerade an den Hethiterkönig wendet. Aber diese schöne Theorie dürfte trotzdem nicht stimmen, denn sonst hätte Schuppiluliuma wohl kaum gemeint, daß ihm so etwas im Leben noch nie vorgekommen sei, und die Ägypter hätten den Königssohn dann möglicherweise auch nicht umgebracht. Außerdem brauchten die Ägypter für die bloße Verehrung eines Sonnengottes keine Anleihen bei den Hethitern zu machen. Bevor Amenophis IV. den Aton-Kult einführte, verehrten sie seit den Anfängen ihrer Geschichte zunächst den Gott Rha, später den Gott Amon als Sonnengott. Und auf die Verehrung des Aton als alleinigen Gott konnte die Vielzahl der hethitischen Götter nicht gerade anregend wirken.

Fand schon Nora Griffith, daß Königin Teje hethitisch aussah, was eine sehr willkürliche Ansicht ist, so konnte es nicht ausbleiben, daß später andere auch Nofretete typisch hethitisch fanden, womit das Ganze ins Absurde überging.

Natürlich sind auch Wissenschaftler wie Anthropologen und Kunstgeschichtler darauf angewiesen, mit Ähnlichkeiten und stilistischen Abhängigkeiten zu arbeiten. Aber je zufälliger die Vergleichmöglichkeit ist und je weniger genau man sagen kann, wer denn nun von wem abhängt oder beeinflußt ist, desto unsicherer ist das Verfahren, und desto skeptischer muß man es einschätzen. Hinzu kommt, daß wir immer nur Abbildungen kennen, die im Stil ihrer Zeit typisiert sind und nur ganz selten individuelle Ähnlichkeit erreichen wollten. Wenn also nicht noch andere Argumente hinzukommen, können derartige Vergleiche selten als Beweise gelten.

Etwas anderes ist es, wenn man Skelette und Schädel aus Gräbern miteinander vergleichen kann; hier wurden inzwischen so exakte Meßmethoden entwickelt und Vergleiche zwischen verschiedenen Rassen angestellt, daß einigermaßen fundierte Aussagen möglich sind.

Auf solche Funde kann man auch bei den Hethitern zurückgreifen. Die Deutsche Orientgesellschaft hat im Jahre 1958 ihre 71. wissenschaftliche Veröffentlichung den hethitischen Grabfunden gewidmet, die man sechs Jahre zuvor in der unmittelbaren Nähe der Hauptstadt Hattuscha unter einem Felsvorsprung gemacht hatte, den man nach dem Namen des Besitzers des benachbarten Feldes Osmankajasi nannte. Auf diesem Friedhof fand man 50 Brandgräber und 22 Skelettbestattungen.

Diese Skelettfunde, zusammen mit einigen anderen Funden in Anatolien, ermöglichten es nun den Forschern, tatsächlich die Hethiter von anderen Rassen zu unterscheiden. In der erwähnten Veröffentlichung heißt es: »Läßt man die Menschentypen der hethitischen Kunst zunächst außer acht und richtet den Blick nur auf die Schädelformen, dann sind die Hethiter in der an sich sonst recht verwirrenden Rassengeschichte des Vorderen Orients in einer auf den ersten Blick jedenfalls einfach erscheinenden Weise typologisch einzuordnen: in der vorhethitischen Periode Anatoliens, in der Kupfersteinzeit und frühen Bronzezeit, sind Schmalschädel zu finden. Mit der mittleren Bronzezeit um 2000 v. Chr. treten im Gebiet des mittleren Anatolien Rundschädel auf, die nach 1200 v. Chr. – mit dem Zusammenbruch des zentralen Hethiterreiches – von Langschädeln abgelöst werden, denen . . . späterhin (in griechischer und besonders römischer Zeit und zwar bis heute) Rundschädel folgen. Der Schluß liegt nahe, in den Hethitern die Träger der Rundschädel zu sehen, die um 2000 v. Chr. als Eindringlinge diese Rundschädel nach Zentralanatolien brachten.«

Diese Sätze bestätigen zweierlei: erstens werden Ankunft und Untergang des Hethitervolkes genau in dem Rahmen jener achthundert Jahre bestätigt, die Archäologen und Historiker errechnet hatten, und zweitens waren die Hethiter tatsächlich ein Fremdvolk und nicht etwa nur ein zu Macht und Ruhm gelangter Stamm, der schon immer in Anatolien ansässig war.

Wenn es nun gelänge, die Wandergeschichte der Rundköpfe zu verfolgen, so könnten wir am Ende mit einem viertausend Jahre alten Schädel in der Hand die Urheimat der Hethiter wiederfinden – ein geradezu unheimlicher Gedanke.

Fast ist es eine Erleichterung, daß hier die Wissenschaft versagt: Rundschädel gibt es an vielen Stellen. So weist die runde Schädelform der Hethiter auf die alpine Rasse hin, während die Derbheit des Schädels, die geringe Höhe des Vorderkopfes und die knöchernen Überaugenbögen eher an die Funde denken lassen, die man besonders zahlreich in der Nähe des Kaspischen Meeres gemacht hat, über dessen Wasserfläche im Osten die Sonne aufgeht.

Vielleicht wird man eines Tages wissen, woher die Hethiter aus dem Dunkel der Geschichte kamen, um in Anatolien ein Großreich zu errichten, das dem Pharaonenreich ebenbürtig war. Vielleicht wird man eines Tages auch Klarheit darüber haben, wo für sie die Sonne aufging, als sie ins Unbekannte aufbrachen.

Solange wir das nicht wissen, müssen wir uns mit der Erkenntnis bescheiden, daß nur 4 Prozent von den 258 gefundenen hethitischen Zähnen kariös waren, daß über 30 Prozent Zähne durch den Steinstaub der Mehlmühlen übermäßig abgeschliffen waren und die abgekauteren Zähne alter Leute weniger Karies aufweisen als die Zähne in jüngeren Gräbern. Je älter die Gräber waren, desto weniger Karies wiesen die Zähne auf. Trotzdem war die Kariesanfälligkeit bei den Hethitern insgesamt mit durchschnittlich 3,5 Prozent höher als zur gleichen Zeit in Europa, wo die Karies – berechnet an rund 4000 gefundenen Zähnen – nur zwei Prozent der Zähne befiel.

Ich finde, es ist fast grotesk, was die Wissenschaft heutzutage an Einzelheiten feststellen kann, während wir bei Fragen, die die Welt wirklich verändert haben – und dazu gehören Eroberungen und Wanderungen, noch mit vielen »Wenn« und »Aber« im dunkeln tappen oder Theorien und Hypothesen aufstellen, die mehr oder weniger einleuchten.

Aber wenn man schon nicht das Woher und Wohin der Hethiter genau feststellen kann, so gibt es doch eine interessante Querverbindung, der nachzugehen sich lohnt, weil wir ihr noch mehrfach begegnen werden.

Etwa zur gleichen Zeit, als man der Herkunft der Hethiter nachspürte und die Keilschrifttexte nach Namen und geographischen Begriffen durchforstete, die vielleicht weiterhelfen könnten, stieß der Schweizer Hethitologe Emil Forrer auf einige Namen, die seine Gedanken in eine ganz andere Richtung lenkten.

Bei den Hethitern wurde ein Volk der Achijawa erwähnt, das irgendwo im Westen wohnte. In diesen Achijawa erkannte Forrer die Achäer wieder – die Achäer aber waren Griechen.

Wurden in den Keilschrifttexten der Hethiter die Griechen erwähnt? Das war hochinteressant, denn dann würden möglicherweise auch Namen aus den griechischen Sagen auftauchen, Namen, die wir vielleicht aus der Ilias oder der Odyssee kennen. Da aber die Ilias des Homer erst um das Jahr 800 vor unserer Zeitrechnung aufgezeichnet wurde, wären die in den Keilschriften erwähnten Griechen eine authentische Bestätigung der späteren griechischen Überlieferung.

Homer hatte die Bezeichnung »Hellenen« als Namen für alle Griechen nur selten gebraucht und meist von Achäern gesprochen, manchmal auch von Argivern (Männer aus Argos) oder den Danaern. Die Achäer saßen an verschiedenen Orten der östlichen Ägäis, einschließlich der Insel Rhodos, die vor der Südwestküste Anatoliens liegt. Es wäre also durchaus möglich gewesen, daß die Hethiter die Griechen unter dem Namen Achäer als Nachbarn kennengelernt hatten. Schließlich lag ja auch Troja, das alte Ilion, an der Westküste Anatoliens.

Und tatsächlich fand Forrer einige Namen, die auch bei Homer im gleichen Zusammenhang erwähnt werden. Da das

Silbensystem der Keilschrift fremde Namen nur ungenau wiedergeben kann und zusätzliche Vokale einfügen muß und da das Griechische ganz früher ein Zeichen für »W« besaß, das später wegfiel, das aber in den hethitischen Keilschrifttexten noch vorkommt, bedurfte es einiger philologischer Ableitungen Forrers, die ich hier auslasse, um auf die griechischen Namen zu kommen.

Das Ergebnis ist jedoch einleuchtend: in »Atarisias«, dem Achijawer, erkannte Forrer Atreus von Achaia, den Vater des Agamemnon und Menelaos, die vor Troja kämpften. Damit nicht genug. Es wurde auch ein »Alaksandu« in den Keilschriften erwähnt, der aus »Wilusa« stammte. Hier springt einem der griechische Alexander sofort in die Augen, und nach Forrer entspricht Wilusa dem alten Ilion, das früher »Wilion« geschrieben wurde: hier hätten wir Alexander/Paris von Troja. Und schließlich fand Forrer gar noch Troja erwähnt: da gab es im Lande Assuwa eine Stadt Taruisa, die er ins Griechische übertrug und Troisa las. Weil im Griechischen ein »s«-Laut zwischen Vokalen verschwindet, wäre dies eine sprachliche Vorform des bekannten Troja.

Für die Richtigkeit dieser Deutung spricht das Land Assuwa, das sich nach den üblichen phonetischen Veränderungen über Asya zu Asia entwickelt hat. Es ist somit genau jener Teil der Welt, den auch Homer Asia nennt (das spätere Lydien nördlich von Troja). Der Begriff für diese Provinz Asia hat sich dann später ausgedehnt auf das jetzige Kleinasien, und schließlich gab er einem ganzen Erdteil seinen Namen, den Homer selbst nie gesehen hat.

Forrer fand noch verschiedene Namen wie »Lazpas«, in dem er Lesbos wiedererkannte, und andere, die umstrittener sind. Denn so einleuchtend einem Forrers Bericht über »vorhomerische Griechen in den Keilschrifttexten von Boghazköy« aus dem Jahre 1924 auch erscheint, so wenig wurde er von anderen Gelehrten sofort akzeptiert, obwohl man nun auch umgekehrt bei Homer die Hethiter erwähnt fand – oder sagen wir: möglicherweise erwähnt fand. Genau im richtigen Zusammenhang werden bei Homer (Odyssee XI, 521) »keteiische Mannen« als Bundesgenossen der Trojaner aufgezählt. Mit diesen Keteiern könnten tatsächlich – diesmal in einer griechischen Verballhornung – die Chattier gemeint sein (der Wechsel zwischen Ch und K ist nicht ungewöhnlich, wie wir von Chatten und Katten wissen), die ja in der Nachbarschaft Trojas wohnten. Wenn das stimmt, dann hätten also die Hethiter am Kampf um Troja teilgenommen, und dann hätten auch die Keilschrifttexte aus gutem Grund jenen Alaksandu von Wilusa gekannt und erwähnt; und der Einwand, Forrer habe die Namen ganz fremder Leute auf Griechen bezogen, wäre dann weniger stark.

Jedenfalls kam es darüber zu einem Streit zwischen Emil Forrer und seinem Kollegen Johannes Friedrich, der mit schneckenhafter Gemächlichkeit ausgetragen wurde, der aber an Bosheit und gegenseitigen Verdächtigungen nichts zu wünschen übrigließ.

Auf Forrers ersten, 22 Seiten langen Artikel vom Frühjahr 1924 antwortete Friedrich bereits nach knappen 19 Monaten im Herbst 1926 und teilte mit, daß Forrers Griechen-Hypothese »in ihrer Hauptsache verfehlt erscheint«; »unbewiesen«, »falsch«, »irreführend« sind die üblichen Urteile, die man in diesem Aufsatz liest.

Das ärgerte Forrer, und kaum war ein Jahr vergangen, hatte er eine Entgegnung von 20 Seiten geschrieben, die auch unverzüglich zwei Jahre später, im Januar 1929, in einem Fachblatt erschien, so daß man mit Fug und Recht von einer fünfjährigen wissenschaftlichen Diskussion sprechen kann, wobei sich jeder der beiden Herren freilich nur einmal zu Wort meldete.

Forrer seinerseits redet von »Behauptungen« Friedrichs, die »ohne genügende Kenntnisse leichtfertig aufgestellt und falsch« seien, und dann geht es so weiter mit »ebenso falsch« und »verfehlt«, daß der Laie sich fragen muß, ob denn zwei Gelehrte überhaupt soviel Fehler machen können, wie es hier den Anschein hat.

Doch man muß sich daran gewöhnen, daß auch Wissenschaftler nicht immer nur nach Wahrheit, sondern auch nach

Ruhm und Ansehen streben. Ein großer Teil des Gelehrtengezänks – und dafür könnte man unendlich viele Beweise bringen – geht wirklich nur um Haarspaltereien. Und ob dann eine These als widerlegt gilt, hängt oft davon ab, welcher der beiden länger lebt.

So wurde Forrers These, die Griechen würden in den hethitischen Keilschriften erwähnt, oft als »zweifelhaft« hingestellt. Aber dieses Verdikt kann man über zahlreiche Erkenntnisse im Bereich der Geisteswissenschaft fällen. Denn wer Fachliteratur auch nur ein wenig kennt, der weiß, daß – zu Recht oder zu Unrecht – fast nichts unwidersprochen bleibt, mögen die »Beweise« auch noch so einleuchtend sein. Forrer jedenfalls behielt am Ende recht.

Bei Forrer kam damals aber eins hinzu: er gehörte zu jenen Wissenschaftlern, die Dinge neu zu sehen vermochten und die deshalb leicht Unruhe stiften, weil sie die gewohnten Vorstellungen durcheinanderbringen. Er war einer jener Gelehrten, die ihre Lebenserfüllung nicht darin sahen, einzelne Hieroglyphen abzumalen, sondern die mit Anregungen von außen Querverbindungen und Überblicke suchten.

Denn die Keilschrift-Griechen waren ja gar nicht Forrers erste Untat. Bereits vorher, im Jahre 1919, hatte Emil Forrer die gesamte Hethitologie gründlich durcheinandergebracht – und ebenfalls recht behalten.

Aber das ist ein neues Kapitel wert.

Die Hethiter sind gar keine Hethiter

Zwei Jahre nach dem Erscheinen von Hroznýs hethitischer Grammatik stellte der Schweizer Sprachforscher Emil Forrer eine entsetzliche Tatsache fest: die Hethiter waren gar nicht die Hethiter.

Er sagte das mit sanften Worten, und unsereiner hätte vielleicht die Tragweite dessen gar nicht bemerkt, was da gesagt wurde.

»Eine Durchsicht sämtlicher Boghazköyfragmente hat ergeben«, schrieb Forrer, »daß in ihnen nicht weniger als acht verschiedene Sprachen vorkommen: außer dem Sumerischen, dem Akkadischen, der bisher als (hethitisch) bezeichneten Sprache, die, wie wir sogleich sehen werden, richtiger kanesisch zu nennen ist, und dem Urindischen das Harrische, das Protohattische, das Luwische und das Balaische.«

Zunächst stellt man einen sehr unübersichtlichen Satzbau fest und ist versucht, nun wirklich erst einmal nachzuzählen, ob man auf acht Sprachen kommt, aber so sind Wissenschaftler. Doch es sind acht – nur kommt in diesen acht Sprachen das Hethitische nicht mehr vor.

Das war nun schon ziemlich schlimm, daß jetzt einer daherkam und behauptete, daß es statt der *einen* hethitischen Sprache nun acht Sprachen geben sollte, nachdem man es endlich geschafft hatte, die hethitischen Texte zu entziffern. Allerdings dominierten in den Texten zwei Sprachen, während die anderen nur in Bruchstücken überliefert waren und keine Rolle spielten. Es war etwa so, als wenn heute eine Stadt wie Stuttgart unterginge und nach 3000 Jahren wieder ausgegraben würde: auch hier würde man sich zweifellos wundern, wie ungeheuer vielsprachig die Bevölkerung war, denn man würde griechische, türkische, spanische und italienische Tafeln in Banken, Straßenbahnen und Bahnhöfen finden und dazu zwei Hauptsprachen: eine fortentwickelte – das Hochdeutsche – und eine Sprache, die bei Walter von der Vogelweide vor der Lautverschiebung stehengeblieben ist und nur von der Urbevölkerung verstanden wird, in der man noch für »ich habe« »i han« und für »wir gehen« »mir ganget« sagt, wobei Wörter wie »ebbes« und »ebber« nur über eine hochdeutsche Bilingue als Synonym für »etwas« und »jemand« erschlossen werden könnten.

Der eigentliche Zündstoff lag also nicht in der Vielzahl der Sprachen, sondern da in dem unübersichtlichen Satz, wo das Wort hethitisch in Klammern steht und wo darauf verwiesen wird, daß das, was man bisher für das Hethitische gehalten hat, eigentlich kanesisch heißen müßte.

Nun kann man entgegnen: wie eine Sprache genannt wird, ist ja völlig gleichgültig, die Hauptsache ist, man weiß, wer welche Sprache spricht. Ob Holländisch oder Niederländisch: es ist jedenfalls die Sprache, die man in Amsterdam spricht.

Aber leider ist das bei den Hethitern nicht so einfach, und zwar aus Gründen, die wir längst wissen: die Hethiter waren ja kein einheitliches, homogenes Volk, sondern setzten sich aus irgendeiner anatolischen Urbevölkerung und den eingewanderten Indo-Europäern zusammen. Die Einwanderer waren die Stärkeren. Sie übernahmen die Macht in Anatolien und bildeten allmählich ein »Weltreich« mit einer eigenen Sprache, die sie mitgebracht und der Urbevölkerung aufgezwungen hatten.

Da die Indo-Europäer sich »Hatti« nannten, in der Hauptstadt Hattuscha lebten und ihre Könige oft den Namen Hattuschili trugen, nahm man natürlich an, daß dieses Wort aus der Sprache der Sieger stammte. Und genau das war falsch.

Es ließ sich in den Keilschrifttexten von Boghazköy nachweisen – und das ist das Verdienst Forrers –, daß immer dann von der Sprache der »Hattili« die Rede war, wenn die nicht-indo-europäische Sprache der Urbevölkerung gemeint ist.

Forrers Feststellung, die nie bezweifelt worden ist, betraf nicht nur Sprachwissenschaftler, sondern grundsätzliche Fragen der Geschichtsforschung und der Völkerpsychologie. Es widersprach aller Erfahrung, daß sich die Sieger plötzlich nach den Besiegten nennen. Als die Römer Germanien eroberten und beherrschten, übernahmen sie ja auch nicht das Germanische und nannten sich Germanen: im Gegenteil, die Germanen übernahmen Worte und Begriffe von den Römern. Und als das Imperium Romanum die griechische Welt in ihren Machtbereich einbezog, fiel es keinem römischen Herrscher ein, sich einen griechischen Namen zuzulegen – wohl aber nannten sich die Griechen auf einmal »Römer« – eine Bezeichnung, die man noch heute im griechischen Volkslied verwendet, wenn von Griechen die Rede ist.

Bei den Hethitern war das genau andersherum, und wir stehen vor der Tatsache, daß wir für die indo-europäischen

Einwanderer überhaupt keinen eigenen Namen haben, denn die Bezeichnung Hattili hatten sie ja von der Urbevölkerung übernommen.

Trotz verschiedener Korrekturversuche der Wissenschaft nennen wir aber auch heute noch diejenigen »Hethiter«, die gar nicht hethitisch sprachen. Die legendäre Urbevölkerung, die nun die eigentlichen Hethiter sind, nannte man daraufhin aus Verzweiflung »Proto-Hattier«, etwa im Sinne von Urhethitern. Weil wissenschaftliche Erkenntnis und das Beharrungsvermögen von Benennungen einander zuwiderlaufen und den Laien auf den ersten Blick verwirren, möchte ich noch einmal rekapitulieren:

Seit 1922 unterscheidet man nach Forrer Hethiter und Proto-Hattier. Hethiter im engeren Sinne nennen wir diejenigen, die zum indo-europäischen Sprachstamm gehören. Es ist das Volk, das zwischen 1200 und 1700 vor der Zeitenwende ein Großreich schuf, das von Anatolien über Syrien bis an die Grenze des ägyptischen Einflußgebietes reichte.

Proto-Hattier nennen wir diejenige Bevölkerung Anatoliens, von der die indo-europäischen Einwanderer den Namen Hethiter übernommen haben.

Wer aber waren denn nun diese Proto-Hattier?

Welches unterlegene Volk war imstande gewesen, den Siegern seinen Namen aufzuprägen? Welches Volk hatte es fertiggebracht, dem indo-europäischen Siegervolk jahrhundertelang die Namen der Könige und Götter zu liefern?

Auf diese Frage gab es keine Antwort. Das Proto-Hattische, also die eigentliche Sprache der Ureinwohner, ist weder indogermanisch noch semitisch noch kaukasisch, soweit man das bisher erkennen kann. Es scheint, daß es sich um eine autochthone Bevölkerung Anatoliens handelte, da ihre Sprache keinerlei Beziehungen zu den Nachbarsprachen hat. Wie dieses Volk lebte und wo die Überreste seiner Kultur gefunden werden konnten, lag im Dunkel. Es gab einige wenige Ausgrabungen aus der Zeit vor der Einwanderung der »Hethiter«, die wenigstens soviel verrieten, daß die Proto-Hattier eine eigenständige und relativ hohe Kultur hatten. Und so bemerkte der Hethitologe Kurt Bittel im Jahre 1945: »Soviel dürfte also bis jetzt feststehen, daß die hochanatolische Kultur ihre Wurzeln in Siedlungen des späten 4. Jahrtausends hat, aus denen sich unter einem noch nicht klar zu übersehenden Gange im einzelnen ihr Höhepunkt im 3. Jahrtausend entwickelt hat.«

Der Übergang vom 4. zum 3. Jahrtausend v. Chr. ist die obere Grenze der historischen Zeit, hinter der Jahreszahlen keine Bedeutung mehr haben, weil man dann nur noch nach Epochen rechnet, die sich ablösen und die man ganz einfach nach dem charakteristischen Material bezeichnete: Eisenzeit, Bronzezeit, Jungsteinzeit, Altsteinzeit, wobei die frühe Bronzezeit und die Jungsteinzeit schon zur Vorgeschichte gehören.

Zu diesen frühen Perioden aber hatte man noch keine Verbindung gefunden, so daß Bittel in seinen »Grundzügen der Vor- und Frühgeschichte Kleinasiens« 1945 schrieb: »Überall dort, wo in großen, langbewohnten Ansiedlungen bis zum gewachsenen Urboden hinunter gegraben worden ist, zeigte es sich, daß die ersten Siedler zur Niederlassung Stellen gewählt hatten, die in der mittleren Steinzeit, von der älteren ganz abgesehen, gänzlich siedlungsfrei waren.«

Da entdeckte der 33jährige englische Archäologe James Mellaart an einem kalten Novembertag des Jahres 1958 kurz vor Einbruch der Dunkelheit in einem abgelegenen Teil der Konja-Ebene (türkisch Konya) einen mit Gras und Steppenraute überwachsenen Hügel, der aus brandgeschwärzten Luftziegelmauern, Knochen, Keramikscherben und Waffen aus Obsidian bestand.

Luftziegel werden aus luftgetrocknetem Lehm hergestellt, der mit Stroh vermischt ist. Einige Frühjahrsregen, und die Ziegel zerfließen. Aber hier hatten die Lehmziegel überdauert – und wie Mellaart bald feststellte, waren sie Tausende von Jahren älter als die ältesten Pyramiden. Mellaart hatte nicht ein einsames Hünengrab entdeckt, dessen riesige Steine auch noch in Tausenden von Jahren da sein werden, wenn die Menschheit vielleicht nicht mehr existiert. Er hatte in der anatolischen Hochebene am Taurusgebirge eine Lehmziegelstadt aus der Steinzeit gefunden. Es war, wie die Ausgrabungen zeigten, neben Jericho die älteste Stadt der Menschheit, die wir bisher gefunden haben – Lehmziegel, die mehr als 8000 Jahre alt waren, bemalt mit Mustern und Szenen und Bildern, aus denen wir heute noch die Wünsche, Ängste und Erlebnisse dieser Menschen aus der Steinzeit wie in einem Bilderbuch ablesen können – bis hin zum Ausbruch eines vorzeitlichen Vulkans, dessen erschreckenden Steinregen sie vor 8000 Jahren auf die Wände malten und dessen toten Kegel man noch heute sehen kann.

Frühere Beschreibungen der Hethiter und ihres Reiches mußten sich mit der Feststellung begnügen, *daß* es vor den indo-europäischen Einwanderern eine proto-hattische Bevölkerung *gab.* Heute können und müssen wir, bevor wir die Geschichte der Hethiter erzählen, bis in die Steinzeit zurückgehen, um die Anfänge zu begreifen. Es ist eine Reise bis an den Anfang dessen, was wir heute »Geschichte« nennen.

IV
Einmal Steinzeit und zurück

Stadt aus der Steinzeit

In den Anfangszeiten der Archäologie suchte man verständlicherweise mehr nach geschichtsträchtigen und illustren Städten wie Babylon, Troja oder Mykene, und manche Ausgräber wie Schliemann waren eher Schatzgräber als Archäologen.

Je weniger man aber auf bekannte Namen fixiert war, desto mehr stiegen die Chancen, auch an unbekannten Stellen und an anscheinend unwichtigen Orten Erkenntnisse über unsere Vergangenheit zu sammeln. Und je mehr sich die Methoden der Archäologie verfeinerten, desto genauer konnte man die Funde auswerten und desto weiter sich in vorhistorische Zeit vorwagen, über die es kein schriftliches Zeugnis gibt.

Es liegt in der Natur der Sache, daß derartige Funde oft dem Zufall überlassen bleiben müssen. Denn so deutlich sich zum Beispiel Hünengräber aus dem Profil der Landschaft abheben, so wenig zeichnen sich normalerweise steinzeitliche Siedlungen in den Bodenschichten ab, obwohl hier besondere Techniken wie Luftbildaufnahmen weiterhelfen können.

Auf der anderen Seite kennt die Archäologie zahlreiche Stellen, wo sie nachgraben und mit Sicherheit etwas finden könnte – wenn genügend Geld und Zeit vorhanden wären. Im Vorderen Orient fallen oft Hügel ins Auge, die aus der Landschaft wie kleine Tafelberge aufsteigen. Diese »Tells« (Hügel) sind oft nichts anderes als Siedlungen und Städte, die im Laufe der Jahrhunderte und Jahrtausende Schicht um Schicht in die Höhe gewachsen sind, so daß sie allmählich einen kleinen Berg bilden. Darum sind viele bekannte Ausgrabungen wie Tell el-Amarna mit dem Begriff »Tell« oder dem entsprechenden Wort in der Sprache des Fundortes verbunden.

Insofern war es kein Wunder, daß der britische Archäologe James Mellaart sich im Jahre 1952 für einen solchen Hügel interessierte. Als Mitglied des British Institute of Archaeology in Ankara hatte er sich vorgenommen, die Ebene von Konja zwischen dem Taurusgebirge und der südlichen Salzsteppe des anatolischen Hochlandes näher zu untersuchen. Es war dies ein Gebiet, das in römischer Zeit zur Provinz Asia gehörte, in der auch der Apostel Paulus missioniert hatte. In der Apostelgeschichte heißt es zum Beispiel im 14. Kapitel: »Es geschah aber zu Ikonium, daß sie gleicherweise in die Synagoge der Juden gingen . . .« – und dieser von den Römern Iconium genannte Ort ist genau jenes Konja der Gegenwart, das zu den ältesten Städten der Türkei gehört und einmal die Hauptstadt der Seldschuken war, die Kaiser Barbarossa auf seinem dritten Kreuzzug im Mai 1190 vor Konja besiegte.

Eine Erkrankung hinderte Mellaart daran, sich den namenlosen Hügel, der etwa 50 km südöstlich von Konja über 900 Meter hoch mitten in einer öden, steppenartigen, wenn auch fruchtbaren Schwemmlandschaft lag, nach einer ersten Inspektion näher anzusehen. Auch in den folgenden Jahren kam er nicht dazu, weil er inzwischen andere Fundstätten ausgrub, die bis in die frühe Steinzeit zurückreichten. So vergingen sechs Jahre, ehe er wieder zu diesem Hügel zurückkehrte.

Genaugenommen war es ein Doppelhügel, zwischen dem ein Fluß hindurchfloß, der vom Taurusgebirge herabkam und sich bald hinter dem Hügel in der abflußlosen Salzsteppe verlor. Dieser Hügel wurde, da jedes Ding seinen Namen haben muß, ganz einfach nach einer Straßengabelung an seinem Nordende Tschatal Hüjük (türkisch Çatal Hüyük) benannt, wobei uns nicht wundert, das Hüjük genau das gleiche bedeutet wie »Tell«, nämlich »Hügel«.

An diesem »Kreuzweghügel« begann der ursprünglich als Ägyptologe ausgebildete James Mellaart im Jahre 1961 eine erste Grabung, die er in den folgenden beiden Jahren fortsetzte. Es war bald klar, daß er in Tschatal Hüjük auf eine steinzeitliche Siedlung getroffen war, aber die große Überraschung bestand darin, daß man hier auf eine richtige Stadt gestoßen war, obwohl die meisten Wissenschaftler damals annahmen, daß die Konja-Ebene während der Jungsteinzeit überhaupt nicht von Menschen bewohnt wurde.

Allein der größere Hügel von Tschatal Hüjük ist auf eine

Länge von fast einem halben Kilometer und einer Breite von etwa 275 Metern besiedelt und bedeckt etwa 13 Hektar. Es ist die größte bisher im Nahen Osten bekannte Fundstätte.

In den drei Jahren zwischen 1961 und 1963 konnte zwar nur etwa ein Dreißigstel des Geländes ausgegraben werden, aber die Funde waren so zahlreich, daß man eine Pause einlegen mußte, um das Material zu sichten und zu präparieren.

James Mellaart benutzte die Pause, um seine wissenschaftlichen Zwischenberichte in der Fachzeitschrift für Anatolische Studien zu einem Buch zusammenzufassen, das 1967 in England unter dem bescheidenen Titel »Çatal Hüyük – a neolithic Town in Anatolia« und im gleichen Jahr in Deutschland unter dem entsprechenden Titel »Çatal Hüyük – Stadt aus der Steinzeit« erschien. Dabei ist diese Ausgrabung in Tschatal Hüjük geeignet, unser bisheriges Wissen über die Steinzeit zu revolutionieren.

Ich werde nun nicht über Einzelheiten der Ausgrabung berichten oder mich an den chronologischen Ablauf der Ausgrabungen halten. Wen das interessiert, der sollte Mellaarts Buch selbst lesen, das sich, wie so oft bei angelsächsischen Autoren, wohltuend von der unsinnigen Fußnotenwirtschaft und Kompliziertheit deutscher wissenschaftlicher Literatur abhebt. Ich möchte vielmehr einzelne Themen herausgreifen, die über Lebensweise, Können, Wissen und Fühlen von Menschen Auskunft geben, die vor 9000 Jahren gelebt haben und zu deren Erben indirekt auch wir gehören.

Wir werden einige Superlative aus einer Zeit kennenlernen, die mehr als 35 Jahrhunderte vor der Entstehung der Hochkulturen an Euphrat und Tigris lag: Tschatal Hüjük ist möglicherweise die älteste bisher gefundene Stadt der Welt; sie ist neben Jericho die bisher größte Stadt der Steinzeit; in Tschatal Hüjük gibt es das bisher älteste Wandgemälde der Menschheit und das älteste Landschaftsgemälde; in Tschatal Hüjük wurden das wohl älteste Stück gewebten Stoffes und die ältesten in einem Haus erhaltenen Altäre gefunden.

Tschatal Hüjük ist wie alle Städte im Lauf der Zeit durch Abfall, Brandschutt und Nivellierungen in die Höhe gewachsen. Wir können das auch heute noch in bewohnten Städten wie Rom, Athen oder Jerusalem beobachten, wo die historischen Stätten aus dem Jahre Null mehrere Meter unter dem heutigen Straßenniveau liegen.

Im Laufe seiner Besiedlung ist Tschatal Hüjük so über 17 Meter in die Höhe gewachsen, wenn man vom jetzigen Niveau der Ebene aus mißt. Stichgrabungen haben aber ergeben, daß man in Tschatal Hüjük sogar 19 Meter und mehr graben muß, um auf die allerunterste Schicht der Besiedelung zu treffen, unter der dann unbebauter Boden zu finden ist. Das ist, und das muß man sich einmal plastisch vorstellen, die Höhe eines sechsstöckigen Hauses. (Zum Vergleich: in Jericho erreicht man bereits nach 13,7 Meter den Urboden.)

Nun ist Tschatal Hüjük nicht jedesmal Schicht um Schicht in der vollen Länge und Breite bebaut worden, so daß man sich das Ganze nicht wie eine Torte mit verschiedenen Schichten vorstellen darf: nach den Rändern zu flachte sich die Stadt vielmehr ab, so daß die Häuser dort terrassenartig aufsteigen. (Da die »Innenstadt« noch nicht ausgegraben ist, kann man über deren Bauweise noch nichts sagen.)

Wollte Mellaart nun erfahren, wie die einzelnen Schichten angelegt waren, so konnte er nicht einfach einen Längsschnitt durch den Hügel machen, wie man das oft zuerst tut, um sich einen Überblick zu verschaffen. Bei diesem Verfahren hätte er zweifellos zu viele Hausgrundrisse in den verschiedenen Schichten zerstört. Er mußte vielmehr waagerecht Schicht um Schicht freilegen, bevor er zur nächsten Schicht durchstoßen konnte. Das ist ein sehr umständliches und zeitraubendes, aber sehr lohnendes Verfahren, da man nur so wirklich Stadtpläne der einzelnen Besiedelungsschichten zeichnen kann.

Insgesamt stellte Mellaart bisher zehn Schichten fest, wobei er die oberste, also jüngste Schicht mit I und die älteste und tiefste mit X bezeichnete. Die Schichten unter X sind noch nicht mit einbezogen, da sie noch nicht datiert sind.

Aber auch die Schicht X reicht schon bis in das Jahr 6500 v. Chr. zurück – und diese Angaben sind nicht hypothetisch, sondern durch die Radiokarbonmethode gesichert.

Das älteste mit der Radiokarbonmethode datierbare Material in Jericho ist dagegen etwas jünger; aber der stratigraphische Befund, also das Verhältnis der einzelnen Schichten zueinander, läßt den Schluß zu, daß man auch Jericho bis ins 8. oder gar 9. Jahrtausend vor der Zeitenwende zurückdatieren kann. Es wird also von den noch unerforschten vier Metern in Tschatal Hüjük abhängen, ob nicht vielleicht doch diese Stadt der Hethiter die älteste Stadt der Welt ist.

Für die einzelnen Besiedelungsschichten ergeben sich nach Mellaart folgende Daten (Radiokarbondaten kursiv. Sämtliche Datenberechnungen beruhen auf einer Halbwertzeit von 5730 Jahren. Zweifelhafte Daten in Klammern):

TSCHATAL HÜJÜK

	0		
	I		
ca. 5720			
	II	*5797 ± 79*	
ca. 5750			
	III		
		5807 ± 94	
ca. 5790			
	IV	*(6329 ± 99)*	
ca. 5830			
	V	*5920 ± 94*	
ca. 5880			
	VI A	*5781 ± 96*	Zerstörung
		5800 ± 93	
		5815 ± 92	Beginn
		5850 ± 94	
ca. 5950			
	VI B	*5908 ± 93*	
		5986 ± 94	Beginn
ca. 6050/6070			
	VII	*6200 ± 97*	(?)
ca. 6200			
	VIII		
ca. 6280			
	IX	*6486 ± 102*	
ca. 6380 (?)			
	X	*6385 ± 101*	
ca. 6500			
	Schichten unter X (noch nicht datiert)		

Man kann also festhalten: Tschatal Hüjük war bereits um 6500 besiedelt und wurde in ununterbrochener Folge bis etwa 5720 bewohnt. Dann brach die Besiedelung plötzlich ab und wurde später auf dem kleineren Nachbarhügel fortgesetzt.

Über den Grund dieses plötzlichen Abbruches wissen wir nichts. Da aber die oberen Schichten Brandspuren aufweisen, liegt die Vermutung nahe, daß eines der vielen Feuer, deren Spuren man in Tschatal Hüjük festgestellt hat, zum Ende der Besiedelung beitrug.

Dieser plötzliche Abbruch ist übrigens für die Ausgrabung ein großer Glücksfall. Jede spätere Besiedelung hätte zumindest in den oberen Schichten vieles zerstört. So aber liegen die Überreste der fast tausend Jahre lang bewohnten Stadt nahezu unberührt vor uns. Wir wissen allerdings nicht, ob um das Jahr 5700 nun wirklich die letzten Bewohner die Stadt verließen. Inzwischen hat es siebentausend Jahre auf diese Stadt geregnet, und mögliche noch jüngere Schichten sind längst hinweggespült worden.

Was aber erhalten blieb, verdanken wir einem zweiten Glücksfall, den der englische Archäologe Sir Leonard Woolley mit einigem Sarkasmus so beschrieb: »Wenn es nach dem Wunsche der Archäologen ginge, würde jede alte Hauptstadt unter dem Ascheregen eines bequem zur Hand liegenden Vulkans begraben worden sein. In Ermangelung eines Vulkans ist eine ordentliche Plünderung mit Feuersbrunst das Beste, was einer Stadt vom Standpunkt des Archäologen aus geschehen kann.«

Was aber nun, um in dem gleichen Tonfall weiterzufahren, zwei Vulkane in der Nachbarschaft Tschatal Hüjüks nicht geschafft haben, das verdanken wir dem Feuer: die Lehmziegelstadt Tschatal Hüjük ist durch verschiedene Feuer so versteinert und konserviert worden, daß sich, wie in einer riesigen Konservendose luftdicht abgeschlossen, Knochen, Farben, Stoff- und Lederreste aus der Steinzeit erhalten haben, so daß wir heute sogar sagen können, in welchen Modefarben die Menschen in der Steinzeit spazierengingen.

Bevor ich nun die verschiedenen Ergebnisse der Ausgrabungen zusammenfasse, möchte ich mich mit einem Begriff näher beschäftigen, den ich auf den letzten Seiten mehrfach gebraucht habe: der Radiokarbonmethode, die auch unter dem Namen C-14-Methode bekannt ist. Zusammen mit diesem neuen Hilfsmittel der Archäologie will ich auch noch einige andere Methoden beschreiben, aus denen die Archäologie ihre geradezu detektivischen Schlüsse ziehen kann.

Moderne Methoden der Archäologie

Eines der Hauptprobleme der Archäologie besteht in der möglichst exakten Datierung der Funde und Schichten. Je näher die Vergangenheit liegt, desto dichter ist das Maschennetz der Zahlen und Bezüge und um so größer ist die Möglichkeit, die Funde genau einzuordnen oder frühere Fehler zu korrigieren: bestimmte Münzen oder bestimmte Scherben können bei der zeitlichen Einordnung einer neuen Ausgrabung helfen, wenn man die Prägezeiten der Münzen oder die Herstellungszeit bestimmter Tonwarentypen kennt oder wenn gefundene schriftliche Aufzeichnungen eine Datierung möglich machen.

Da das historische Datengerüst nur bis etwa zum Jahr 3000 v. Chr. reicht, konnten lange Zeit alle Daten jenseits dieser Zeit nur relativ angegeben werden. Das heißt, man konnte zwar sagen, der eine Fund ist jünger als der andere, aber man konnte keinen der beiden Funde mit Sicherheit in einem bestimmten Jahrzehnt oder Jahrhundert ansiedeln. Deshalb wurde das Alter eines Fundes von verschiedenen Wissenschaftlern oft sehr unterschiedlich eingeschätzt. Manchmal differierten die Angaben um mehrere hundert Jahre. Erst die Entwicklung der Atombombe brachte es mit sich, daß wir seit Ende der vierziger Jahre auch Funde dieser »geschichtslosen« Zeit exakt, das heißt, absolut datieren können.

Wir verdanken diese Entdeckung der sogenannten Radiokarbonmethode des amerikanischen Chemikers Willard Frank Libby, einem Mitarbeiter beim Bau der ersten Atombombe, dann Professor in Berkely, Chikago und Los Angeles, der Ende der vierziger Jahre eine Methode fand, mit der man das Alter organischer Substanzen wie Holz oder Knochen mit erstaunlicher Genauigkeit feststellen konnte. Er erhielt dafür 1960 den Nobelpreis für Chemie.

Die Methode beruht auf der Erkenntnis, daß in allen organischen Substanzen außer normalen Kohlenstoffatomen noch eine besondere Kohlenstoffvariante im Verhältnis von eins zu einer Million vorhanden ist. Während der normale Kohlenstoff die Massenzahl 12 hat und nicht radioaktiv ist, hat dieses abweichende Kohlenstoff-Isotop die Massenzahl 14 und ist radioaktiv. Nach der chemischen Abkürzung für Carbo (Kohle) unterscheidet man daher beide als C-12 und C-14.

Das radioaktive C-14-Isotop ist nicht beständig, sondern zerfällt in einer bestimmten, wenn auch sehr langen Zeit. Der Verlust wird beim lebenden Organismus dadurch ausgeglichen, daß er sich ständig durch den Stoffwechsel dieses Kohlenstoff-Isotops C-14 wieder zuführt, das sich in der Atmosphäre durch den Einfluß kosmischer Strahlen aus Stickstoff bildet. Stirbt der Organismus, so hört die Zufuhr von C-14 auf, und wenn der tote organische Gegenstand auch noch vergraben oder verschüttet liegt, kann auch das ständige Strahlenbombardement aus der Atmosphäre den C-14-Gehalt nicht mehr verändern.

Da man nun errechnet hat, daß jeweils die Hälfte der vorhandenen C-14-Isotopen in einer ganz bestimmten Zeit zerfallen – das ist die sogenannte Halbwertzeit –, kann man aus der Menge des noch vorhandenen C-14-Anteils am Gesamtkohlenstoffgehalt ablesen, wie lange der Zerfallsprozeß bereits im Gange ist oder, mit anderen Worten: seit wann die organische Substanz tot ist.

Man hat damit eine insgesamt zuverlässige Methode zur Altersbestimmung organischer Substanzen gefunden, mit der man das Alter von Gegenständen und fossilen Überresten bis

50000 Jahre vor unserer Zeitrechnung ermitteln kann. Danach ist diese Methode nicht mehr anwendbar, weil dann sämtliche C-14-Isotopen zerfallen sind.

Diese C-14-Methode oder Radiokarbondatierung (zusammengesetzt aus radiare = strahlen und carbo = Kohle) hat den Archäologen seit ihrer Entdeckung unschätzbare Dienste geleistet. Es war die erste objektive Methode, mit der man ein Gerüst absoluter Daten aufbauen konnte, das sich nicht mehr auf die Mutmaßungen einzelner Fachleute zu stützen brauchte. Zahlreiche bisher nur geschätzte Daten konnten so durch die Radiokarbondatierung bestätigt werden, viele andere mußte man kräftig korrigieren. So war es eine große Überraschung, daß die kolumbianische Olmeken-Kultur nach den Messungen mit der Radiokarbonmethode wesentlich älter war, als die Wissenschaftler anzunehmen gewagt hatten, so daß man nun auch eine Verbindung zu den rätselhaften Maya-Glyphen und deren Kalender schaffen konnte, der zwar in sich stimmig war, aber bisher ohne jeden Bezug zu einem fixen Datum in der Luft geschwebt hatte.

Trotz der unbestreitbaren Erfolge hat aber auch diese Methode ihre Tücken.

So hat sich herausgestellt, daß die Halbwertzeit eben doch nicht so genau feststeht, wie man zuerst dachte. Während man früher mit einer Halbwertzeit von 5568 Jahren rechnete, setzte man später die Zerfallszeit mit knapp 6000 Jahren an. Nach neuesten Untersuchungen liegt der genaue Halbwert bei 5730–5760 Jahren. Die früher errechneten Daten sind also in Wirklichkeit um einiges älter, als man annahm. Leider konnte bisher noch keine Einigung auf eine bestimmte Halbwertzeit erreicht werden, weshalb die zugrunde gelegte Halbwertzeit bei Messungen mitgenannt werden muß, um eventuell umrechnen und vergleichen zu können. Auch die Verunreinigung des archäologischen Materials – selbst wenn die Proben nur irgendwann einmal dem Regen ausgesetzt waren – beeinträchtigt das Meßergebnis. Deshalb empfiehlt es sich, möglichst viele Proben der gleichen Schicht in die Untersuchung mit einzubeziehen – sofern man sie hat.

Die C-14-Strahlung ist außerdem sehr ungleichmäßig und vollzieht sich in »Schüben«. Man erhält deshalb beim Test verschiedene Werte, die Phasen stärkerer und schwächerer Aktivität des radioaktiven Materials anzeigen. Dementsprechend läßt sich nur eine obere und untere Zeitgrenze errechnen, in der irgendwo dazwischen die tatsächliche Zeit des Absterbens liegt. Dies wird in den Angaben durch die Toleranzwerte (±) ausgedrückt, die die mögliche Abweichung nach oben und unten angeben. Auch hier gibt es keine absoluten, festen Werte, da mit zunehmendem Alter des Materials die Toleranzgrenze, also die Schwankungsbreite, zunimmt, so daß die Bestimmungszeiten ungenauer werden.

So wie die Ausstrahlung des Testmaterials schwankt, so war umgekehrt seinerseits auch die Einstrahlung Schwankungen unterworfen. Nicht zu allen Zeiten und an allen Orten war offenbar die kosmische Strahlung und somit die Umsetzung von Stickstoff in das Isotop C-14 gleich. Deshalb können bereits die Ausgangswerte verschieden sein.

Die Radiokarbonmethode muß also von Fall zu Fall »geeicht« werden, um ihre Zuverlässigkeit zu überprüfen. Dies geschieht zum Beispiel durch die Dendrochronologie, die »Baumringdatierung«. Sie beruht darauf, daß die Jahresringe der Bäume über Klima und Einstrahlung Auskunft geben. Durch Bäume, deren Wachstumszeiten sich überschneiden, hat man auf diese Weise eine lückenlose »Eichkurve« von etwa 7000 Jahren aufstellen können. Ihre Ergebnisse kann man mit den Ergebnissen der C-14-Methode in Beziehung setzen. Auch das Messen der C-14-Strahlung ist schwierig. Die Strahlung ist, wie man sich vorstellen kann, so schwach, daß es feinster Meßgeräte bedarf, um sie überhaupt erfassen zu können. Man muß deshalb sogar das Testmaterial verdampfen, um überhaupt etwas feststellen zu können. Es versteht sich, daß bei derart empfindlichen Apparaturen auch der geringste Außeneinfluß oder eine unsaubere Versuchsanordnung zu Fehlern führen muß.

Aber selbst wenn kein Zweifel an der Richtigkeit der Radiokarbondatierung besteht, wenn man also weiß, daß ein

Holzstück 5000 Jahre alt ist, so hat man noch keine Garantie dafür, daß das Gebäude, in dem das Holzstück gefunden wurde, auch selbst so alt ist: Holzbalken werden oft wiederverwendet und tauchen deshalb auch in jüngeren Schichten wieder auf.

Trotz all diesen Einschränkungen, von denen einige noch zu den Kinderkrankheiten dieser neuen Methode gehören, ist die Radiokarbondatierung insgesamt zuverlässig, da sie auf meßbaren physikalischen Daten beruht.

Eine andere neue Methode, die sich die Archäologen zunutze gemacht haben, ist die Pollenanalyse. Grenzt es schon ans Wunderbare, daß wir heute im Labor feststellen können, wann in grauer Vorzeit ein bestimmtes Schaf getötet wurde, um aus dessen Wolle einen Stoff zu weben, so scheint es fast unglaublich, daß man heute aus Pollen, das heißt, aus Blütenstaub von Blumen und Bäumen, die vor zehn- oder zwanzigtausend Jahren einmal geblüht haben, Rückschlüsse auf das Klima und die Kultivierung der Landschaft durch den Menschen ziehen kann.

Es war der Schwede Lennart von Post, der herausfand, daß Blütenstaubkörner oder Pollen so gut wie unzerstörbar sind. Ihre Schale gehört zu den härtesten organischen Substanzen auf der Erde, so daß man sie nur aus dem Erdreich zu isolieren braucht, um auch nach Jahrtausenden aus der Menge und Art Rückschlüsse ziehen zu können. Man konnte geradezu Tabellen aufstellen, die genau darüber Auskunft geben, welche Baumarten in den verschiedenen Zeitabschnitten der Vorzeit vorgeherrscht haben, ja man kann sogar auf diese Weise feststellen, was unsere Vorfahren in der Steinzeit gegessen haben, ohne auch nur ein einziges Korn gefunden zu haben. Findet man zum Beispiel in einer unteren Schicht den Blütenstaub von Eichen, Eschen und Linden, so kann man sicher sein, daß die Ausgrabungsstätte vor ihrer Besiedelung in einem dichten Laubwald lag. Findet man in einer jüngeren Schicht den Blütenstaub von Weizen und Gerste und noch dazu von wildem Wegerich, der nur da vorkommt, wo Feldfrüchte angebaut werden, dann kann man davon ausgehen, daß Land urbar gemacht wurde, daß also Bauern dort lebten. Nimmt andererseits in noch jüngeren Schichten der Blütenstaub von Nutzpflanzen ab und der von Haselnuß, Erle und Birke zu, so sind das für den Pollenanalytiker sichere Anzeichen dafür, daß die Bauern das Land aufgegeben haben, denn man weiß aus Erfahrung, daß Erlen, Birken und Haselnuß schnellwachsende Bäume sind, die sich auf freiem Brachland zuerst wieder ansiedeln.

Alle diese Angaben sind freilich nur dann für die Datierung verwertbar, wenn mit peinlichster Genauigkeit festgehalten wird, in welcher Schicht etwas gefunden wurde.

Wer noch nie eine Ausgrabung gesehen hat, kann sich oft nichts unter einer solchen Schicht (lateinisch stratum, Mehrzahl strata) vorstellen, da man auf Ausgrabungsgeländen, die der Öffentlichkeit zugänglich sind, diese Schichten meist nicht mehr zu sehen bekommt.

Das liegt daran, daß die Archäologen meist die oberen Schichten nach genauer Registrierung abtragen, um an die darunterliegenden Schichten heranzukommen. Gräbt man dagegen durch einen Tell oder Hüjük in einer sogenannten Stichgrabung einen senkrechten Schacht querdurch, um sich einen ersten Überblick zu verschaffen, dann erkennt auch der Laie sofort die oft verschieden gefärbten Schichten und Ablagerungen. Im einfachsten Falle sind es Bänder von Tonscherben, die durch Erdreich getrennt sind. Besonders in Niederungen wechseln Überschwemmungen mit Besiedelungsperioden ab. Schon aus der Dicke der jeweiligen Ablagerung kann der Archäologe oft ungefähre Rückschlüsse auf die Länge der Besiedelungszeit ziehen.

In manchen Fällen werden Scherbenschichten auch von dunkleren Ascheresten überlagert. Hier kann man vermuten, daß eine Brandkatastrophe – wie in Tschatal Hüjük – zum Ende einer Besiedelung geführt hat.

Oft aber gehen die Schichten so ineinander über, daß nur der Experte anhand der veränderten Färbung oder Bemalung von Tonscherben oder ähnlichen Kennzeichen die einzelnen Schichten auseinanderhalten kann.

Auch dort, wo Scherben fehlen oder nur selten auftauchen, kann der Archäologe Schichten unterscheiden, indem er ihre Zusammensetzung untersucht und – wie bei den Scherben – nach typischen Erkennungsmerkmalen sucht. Das können, um wieder ein einfaches Beispiel zu nehmen, Münzen sein oder bestimmte Metalle oder typische Formen von Pfeilspitzen und ähnliches. Sie ermöglichen es dann bei der Horizontalgrabung, die Schichten zu identifizieren, auch wenn sie nicht, wie etwa in einem Berggelände, auf einer Höhe liegen.

Diese mechanischen Schichtbestimmungen können auch durch chemische Analysen ergänzt oder gesichert werden. Dort, wo Menschen längere Zeit gelebt und Abfälle weggeworfen haben, ist der Boden zum Beispiel phosphatreicher als anderswo. Auf diese Weise kann man heute sogar noch jahrtausendealte Furten über Flüsse genau lokalisieren, weil das dort angesammelte Vieh vor der Durchquerung mehr Kot hinterließ als auf dem Wege.

Mit derartigen modernen Mitteln kann man aber nicht nur gefundenes Material einordnen, sondern man kann mit ihnen auch umgekehrt im voraus feststellen, wo überhaupt eine Grabung Erfolg verspricht.

Bodenproben, die man auf den Phosphatgehalt untersucht, geben Anhaltspunkte dafür, wo sich überhaupt Siedlungen befanden. Mit der Luftfotografie kann man auch nach Jahrtausenden noch bei bestimmtem Lichteinfallswinkel und mit Hilfe von Ultraviolettaufnahmen nahezu unsichtbare Bodenveränderungen sichtbar machen, unter denen Gebäudereste ruhen. Schon die Bodenverfärbung eines frisch gepflügten Ackers oder die Farbe des Pflanzenwuchses zeigen noch jahrhundertelang an, wo das Erdreich künstlich durch den Menschen verändert wurde. Und mit dem Magnometer, das ursprünglich für die Weltraumforschung entwickelt wurde, kann man jede Veränderung im irdischen Magnetfeld messen, die durch begrabene Trümmer hervorgerufen wird: noch bis zu einer Tiefe von sieben Metern unterscheidet das Gerät Naturstein von gebrannten Ziegeln.

Es wäre reizvoll, diese Methoden näher zu beschreiben, aber das würde uns in ein ganz anderes Gebiet führen. Mir ging es nur darum, zu zeigen, daß moderne Archäologie zwar keine Hexerei ist, daß sie aber heute ganz andere Mittel benutzt als die klassische »Spatenforschung« vergangener Tage. Grub man früher noch sechs Hünengräber an einem Vormittag aus, so braucht man heute für ein einziges Hünengrab drei Wochen, und von Spaten kann kaum noch die Rede sein: Spachtel, Pinsel und Pinzette sind heute die wichtigsten Handwerkszeuge »vor Ort«, bevor der Chemiker und der Physiker im Labor an die Arbeit gehen können, um die »Geschichte von den alten Dingen« – der Archäologie – in nüchterne und verläßliche Tatsachen aufzulösen. Erst dann kann der Historiker versuchen, die Ergebnisse der Archäologie in eine Geschichte der Menschheit umzuwandeln, die uns von Jahr zu Jahr immer tiefer in die Vergangenheit zurückführt.

Ein Archäologe zählt Putzschichten

Weil wir Ausgrabungen immer nur vom Ergebnis her kennen, macht man sich meist nicht klar, daß der Archäologe beim ersten Spatenstich nur vermuten und hoffen kann, daß er etwas findet, daß er aber nicht weiß, was er findet.

Wenn er die ersten Mauerreste freigelegt hat, kann er noch nicht sagen, ob sie zu einem Palast oder zu einem Wohnhaus gehören. Erst allmählich kann er abschätzen, ob seine Vermutungen bestätigt werden oder nicht. Es ist wie bei einem Blinden, den man an eine Plastik heranführt und bittet, durch bloßes Betasten das Aussehen des Gegenstandes zu schildern und womöglich zu »begreifen«, von wem die Plastik stammt.

Als James Mellaart anfing, Tschatal Hüjük auszugraben, war er in der Situation eines solchen Blinden. Er vermutete, eine Siedlung oder gar eine Stadt aus dem Neolithikum auszugraben, aber wie diese Stadt aussehen würde, mußte er erst »ertasten«.

Vergleichsmöglichkeiten gab es kaum. Wir kennen Grundrisse alleinstehender »Wohnungen« der jüngeren Steinzeit, Siedlungen mit einzelnen Häusern, aber keine Großsiedlung oder gar eine Stadt. Auch Jericho half Mellaart nicht weiter, denn dort hatte man in verschiedenen Grabungsperioden Stichgräben angelegt oder punktuell in die Tiefe gegraben, aber nicht waagerecht Schicht um Schicht freigelegt und die Gesamtanlage erforscht.

Was man in Jericho gefunden hatte, waren ungewöhnlich dicke Mauern, die der erste Ausgräber prompt als die berühmten Mauern von Jericho ansah, die die Kinder Israels angeblich durch Posaunenblasen zum Einstürzen gebracht hatten – obwohl davon keine Rede sein kann, weil die gefundenen Mauern wesentlich älter sind und aus einer Zeit stammen, die lange vor der Einwanderung der Israeliten lag. Man fand Turmbauten mit Treppen und Stockwerken – kurz, genau das, was wir uns unter einer alten Wehrstadt vorstellen.

Wenn Mellaart nun gemeint hätte, in der anatolischen Hochebene ein zweites Jericho zu finden, so wäre er bitter enttäuscht worden. Was Mellaart fand, war so weit von der einzig vergleichbaren steinzeitlichen Stadt entfernt wie nur irgend möglich.

Er grub eine fast 9000 Jahre alte Stadt aus der Steinzeit aus, ohne einen einzigen Stein zu finden – von Werkzeug und Kunstgegenständen aus importierten Steinen abgesehen: ausgerechnet die bisher größte Steinzeitsiedlung war in einer Gegend gebaut worden, in der es weit und breit keinen Stein gab, weil es alluviales Schwemmland war.

Bis in die untersten Schichten war Tschatal Hüjük aus Lehmziegeln gebaut, die, mit Stroh vermischt, an der Sonne getrocknet, aber nicht im Feuer gebrannt waren. Diese sogenannten Luftziegel hatten fast durchgehend das gleiche längliche Format, dem die Greifbreite einer Hand zugrunde liegt: 8 cm hoch, 16 cm breit und 32 cm lang – jede Zahl also das Doppelte des vorhergehenden Maßes. Nur in den jüngeren Schichten wurde die Länge der Ziegel um das Doppelte auf rund 65 cm verlängert. Es war erkennbar, daß die Lehmziegel in hölzernen Formen hergestellt wurden, die mit großer Genauigkeit angefertigt waren.

Verbunden waren die Ziegellagen mit Mörtel, der oft fast die Dicke der Ziegel selbst erreichte und dem Asche und Knochenreste, also Abfall, beigemischt war.

Mit Erstaunen registriert man, daß sich bis heute in der Mauertechnik nicht viel verändert hat oder, besser: daß man schon in der Steinzeit wußte, was auch heute noch als richtig gilt: die Mauern waren in vielen Fällen im Fugenversatz gesetzt. Das heißt, man setzte nicht Ziegel über Ziegel, so daß senkrechte Mörtelfugen entstanden, die im Zweifelsfall Bruchlinien bilden konnten, sondern versetzte die Ziegel treppenförmig übereinander, um besseren Halt zu gewinnen.

Trotzdem waren die Ziegel nicht die tragenden Elemente der Häuser. Und dies war eine neue Überraschung: Tschatal Hüjük war eine Stadt aus Fachwerkhäusern, gebaut nach dem gleichen System wie die alten Fachwerkhäuser in Europa. Hier wie dort ist das hölzerne Fachwerkgerüst das eigentlich tragende Element, während Ziegel und Lehm nur die Füllung zwischen den Holzbalken bilden.

Wenn man glaubt, daß damals einfach Baumstämme wie bei amerikanischen Blockhütten ineinander verkeilt oder verzahnt wurden, dann unterliegt man den Vorstellungen, die man sich landläufig von den Menschen der Steinzeit macht, die nach Lesebuchart im Bärenfell am Feuer sitzen, Kinder säugen und riesige Bisonkeulen ins Feuer halten. Die Balken in Tschatal Hüjük waren sauber viereckig zugeschnitten. Sogar die genauen Formate kennt man – sie sind noch heute in den Wänden nachmeßbar, die eine Feuersbrunst versteinerte, während das Holzmaßwerk herausbrannte und als negativer Raum stehenblieb.

Wenn die Bewohner von Tschatal Hüjük in der baumlosen Konja-Ebene Fachwerkhäuser errichteten, dann konnte dies nur bedeuten, daß sie selbst nicht aus dieser Gegend stammten; sie mußten aus einem waldreichen Gebiet gekommen sein

– wie etwa dem benachbarten Taurusgebirge. Wenn dem aber so ist, dann muß man umlernen. Bisher hatte man angenommen, daß die kulturelle Entwicklung eher im Flachland, in Flußoasen des »Fruchtbaren Halbmondes«, also dem Gebiet zwischen Euphrat und Tigris, dem Jordan und dem Nil, einsetzte. Diese Vorstellung wurde nun korrigiert: fast gleichzeitig mit Jericho nahe dem tiefsten Punkt der Erde am Jordan entstand im Neolithikum eine noch größere Stadt auf einer rauhen Hochebene, deren Bewohner ihrerseits wieder aus noch höheren Waldregionen kamen. Die einen bauten mit Steinen, die anderen mit Holz und Lehmziegeln.

Noch eine zweite Erkenntnis läßt sich aus dem bisher Gefundenen ableiten. Wir beobachten immer wieder in Tschatal Hüjük, daß alte Traditionen auch dann beibehalten wurden, wenn sie längst überholt waren. So hat man zum Beispiel nach dem großen Brand in der Schicht VI um das Jahr 5880 die Lehmziegelmauern verstärkt, bis sie so dick waren, daß sie selbst trugen. Trotzdem hat man aber nie auf das Holzgerüst verzichtet, auch wenn es keine eigentliche Stützfunktion mehr hatte.

Genau das gleiche traditionelle System finden wir ganz woanders und mehr als dreitausend Jahre später wieder: auch der Palast von Knossos, das sagenhafte Labyrinth des Minotaurus, verwendet noch die Fachwerkbauweise, obwohl man längst gelernt hatte, riesige Steinquader zuzuschneiden und solide Steinmauern zu errichten.

Evans, der Ausgräber von Knossos, hat an einigen Stellen diese Bauweise rekonstruiert und mit einer damals umstrittenen Betonbauweise deutlich gemacht, daß die tragenden Elemente seinerzeit aus Holz waren, obwohl andere Teile des Palastes ohne Holz hochgemauert waren. Ihre Bestätigung fand diese Rekonstruktion in den fünfziger Jahren, als man auf dem westlichen Peloponnes den sogenannten »Nestorpalast« entdeckte und sorgsam ausgrub.

Auch dieser Palast des Nestor – den man mit jenem Nestor in Verbindung bringt, der um 1200 an der Eroberung Trojas teilnahm – war noch wie in der guten alten Steinzeit im Fachwerkbau errichtet. Wir wissen dies so genau, weil auch der Nestorpalast durch ein Feuer zerstört und dadurch konserviert wurde. Und so sieht man auch heute noch im Gemäuer die rechteckigen Hohlräume für die Holzbalken, die die Wände stützten und das obere Stockwerk trugen.

In Kreta hatte man genügend Steine und besaß um das Jahr 2000 auch die nötige Handfertigkeit, um Bauten aus Stein zu errichten, dasselbe gilt 800 Jahre später für den Nestorpalast. Wenn man trotz alledem an der Fachwerkbauweise festhielt – und wenn sie nur Attrappe war –, so kann das nur damit erklärt werden, daß sich bei den Bewohnern von Tschatal Hüjük und den Erbauern des Palastes von Knossos und des Nestorpalastes die Erinnerung an die mit Holz errichteten Häuser der Vergangenheit erhalten hatte, während wir zum Beispiel in Jericho keine solchen Beziehungen nachweisen können. Die Frage ist also: hängt die Kultur Kretas ursprünglich eher mit den im Norden liegenden Waldgebieten zusammen als mit den räumlich näher liegenden Kulturen des Orients? Es wäre leichtfertig, hier eine Antwort zu versuchen. Die Kultur Kretas weist genauso nach Kleinasien wie nach Ägypten. Nur kommt jetzt ein neuer Aspekt hinzu, den man bedenken muß und der noch durch einige andere Tatsachen gestützt wird.

Die nächste Überraschung, die Mellaart erlebte, war der eigenartige Stadtplan von Tschatal Hüjük: Es war eine Stadt ohne Straßen. Wie eine Reihe von Einfamilienhäusern war ein Haus an das andere geklebt, nur daß hinter der Reihe weder Garten noch Straßen waren, sondern die nächste Hausreihe Wand an Wand stand. Bei den Ausgrabungen wurde klar, daß die Häuser auch untereinander keine Verbindung hatten, sondern in sich abgeschlossene Zellen bildeten. Nur in einer ganz jungen Schicht um das Jahr 5700 v. Chr. ist an einer einzigen Stelle in der Schicht II ein ganz schmaler Zugang in einen Hof zu erkennen – alle übrigen bisher ausgegrabenen Schichten der Stadt bestehen aus straßenlosen Waben.

Nun kann man sich alles mögliche vorstellen, aber nicht einen halben Kilometer lang Häuser, fast 300 Meter tief gestaffelt, die überhaupt nicht zugänglich sind. Selbst Bienenwaben haben ja irgendeinen Zugang.

James Mellaart fand die Lösung in einem 10–12,5 cm breiten Kantenabdruck im oberen Teil der erhaltenen Zimmerwände. Dieser Abdruck war regelmäßig in der Nähe der Feuerstelle, dort also, wo erfahrungsgemäß der Rauchabzug liegt. Konnte es sein, daß diese rund zehn Zentimeter breite Scharte von einem losen Balken herrührte, der gegen die Wand gelehnt war und dort schabte? Wann aber drückt ein solcher Balken seine Abdrücke präzise und scharf in den Wandbewurf? – Hinterher klingen die Erklärungen immer recht plausibel, wenn jemand erst einmal einen Einfall gehabt hat. Mellaart jedenfalls glaubte, daß hier eine behauene Baumleiter gelehnt haben müsse, die mit jedem Fußtritt ihre scharfen Kanten in den Putz grub.

Das aber ergab ein »Stadtbild«, wie wir es von den indianischen Pueblos kennen, jenen Siedlungen, die nur über die Dächer mit Leitern zu erreichen sind, die wieder nach innen in die Häuser führen. Es gibt offenbar Erfindungen, die mehrmals und zu verschiedenen Zeiten gemacht werden.

Der Gedanke, der bei den Pueblos und in Tschatal Hüjük dahintersteckt, ist offensichtlich der gleiche: will man eine Stadt gegen Feinde verteidigen, so muß sie unzugänglich sein. Das kann man, wie in Jericho, durch schützende Mauern erreichen. Wo man aber keine festen Mauern bauen kann, weil man keine Steine hat, muß man die Unzugänglichkeit auf andere Weise erreichen.

Die Lösung, die die Steinzeitmenschen von Tschatal Hüjük fanden, war taktisch genial. Sie konnten ihre Lehmziegelstadt, die ein paar tüchtige Regengüsse in Schlamm auflösen konnte, nur verteidigen, wenn sie die fehlenden Ringmauern durch Hunderte von kleinen Hindernissen ersetzten. So bauten sie Wohnraum an Wohnraum zu einem weglosen Konglomerat zusammen, so daß der Feind Mauer um Mauer durchschlagen mußte, um vorwärts zu kommen, und jedesmal auf eine verteidigungsbereite Familie stieß, ohne eine weiterführende Straße zu finden.

In veränderter Form finden wir die gleiche Idee im Labyrinth von Knossos wieder. Hier gab es zwar Wege, aber sie waren so angelegt, daß man schon den berühmten Faden der Ariadne haben mußte, um aus dem Gewirr der Zimmer und Gänge wieder herauszufinden – alle anderen liefen in ihr Verderben. Und wer in das Gewirr von Tschatal Hüjük eindrang, fand den Tod in den Hunderten von Mauern: Irrwege, in denen man die Orientierung verlor, und Häuser ohne durchlaufende Straßen – das war am Ende gleich.

Mellaart fand jedenfalls keine Anzeichen dafür, daß Tschatal Hüjük in seiner achthundertjährigen Geschichte jemals erobert oder geplündert worden ist – es sei denn, man sieht in dem großen Feuer in der Schicht VI die Folge einer kriegerischen Auseinandersetzung. Beim Neuaufbau wurden nämlich verschiedene Kleinigkeiten, wie die Herdform und die Ziegelgröße, geändert. Auf der anderen Seite blieben entscheidende Einrichtungsformen unverändert, so daß man kaum mit einer anderen Bewohnerschaft rechnen kann.

Wahrscheinlich ist der Brand deshalb auf die Holzbauweise zurückzuführen, denn nicht nur das Fachwerkgerüst der Wände bestand aus Holz, sondern auch die Flachdächer der Häuser. Es läßt sich rekonstruieren, daß sie aus Baumstämmen bestanden, die mit Schilf und Lehm abgedichtet waren. Brach hier einmal ein Feuer aus, so war nicht viel zu retten, da Haus an Haus lag und nur wenige unbebaute Höfe vorhanden waren.

Die straßenlose Bauweise hatte aber – von der Verteidigung abgesehen – noch einen zweiten großen Vorteil. Die Hauswände stützten sich gegenseitig, und die Fläche, die den Witterungseinflüssen ausgesetzt war, beschränkte sich auf ein Minimum.

Zwar halten luftgetrocknete Ziegel länger, als man denkt, und man braucht nicht bis in die Steinzeit zurückzugehen, um das festzustellen. Noch heute findet man überall in Asien, im Orient und bis nach Griechenland hinein Lehmziegelhäuser, die seit Jahrzehnten bewohnt sind und die man auf den ersten Blick nicht von Steinhäusern unterscheiden kann. Nur da, wo die weiße Farbe der Häuser nicht erneuert wurde und die Lehmziegel dem Regen ausgesetzt sind, sieht man die charakteristisch ausgewaschenen und zerfaserten Lehmziegel, weil die Lehmziegel damals wie heute mit Stroh vermischt sind.

Deshalb werden Lehmziegelhäuser auch nicht nur aus Schönheitsgründen geweißelt oder um die Sonnenstrahlen zu reflektieren. Die typisch weiße Farbe südländischer Dörfer dient vielmehr als Schutzschicht, die den Lehmziegeln Dauer verleiht.

So war auch in Tschatal Hüjük jede Fläche innen und außen mit einer feinen, weißen und zähen Schicht aus Ton überzogen, den man dort in der Gegend findet und der noch heute verwendet wird, so daß die steinzeitliche Stadt hell und freundlich aussah wie ein heutiges griechisches Bergdorf.

Dieser Putz mußte natürlich immer wieder erneuert werden, und Mellaart stellte fest, daß die Bewohner von Tschatal Hüjük ihre Häuser recht fleißig gestrichen haben. Man kann die einzelnen Putzschichten nämlich zählen, und wenn man will, einzeln voneinander ablösen. So zählte er in der Schicht VII bis zu 120 Tonlagen, während die Schicht VI B im Durchschnitt bis zu 100 Lagen hatte. Es gab aber auch Schichten mit nur 30 oder 60 Malschichten.

Offensichtlich hing die Zahl der Putzlagen mit dem Alter der jeweiligen Schicht zusammen, denn die Zahl der Anstriche innerhalb einer Schicht war fast gleich, unterschied sich aber oft erheblich von Schicht zu Schicht.

Wenn man nun davon ausging, daß die Häuser nach den Regengüssen des Winters jedes Jahr im Frühjahr neu gestrichen wurden, so brauchte man nur die Putzlagen zu zählen, um das Alter der Gebäude zu erfahren. Die Häuser der Schicht VI B hätten demnach hundert Jahre gestanden, die der darunterliegenden Schicht VII sogar 120 Jahre!

Vorausgesetzt, daß diese Annahme richtig ist, hatte Mellaart plötzlich einen Kalender zur Hand, wie er ihn sich nicht genauer wünschen konnte. Man brauchte jetzt nur noch die Putzlagen der einzelnen Schichten zusammenzuzählen und hatte das Alter Tschatal Hüjüks auf das Verläßlichste addiert, zuverlässiger, als dies je bei einem prähistorischen Fund möglich war.

Mellaart machte die Probe mit der Radiokarbondatierung. Das Ergebnis: jeder Anstrich entsprach tatsächlich einem Jahr. Aber da ihm das ohnehin selbstverständlich war, drehte er den Spieß um und erklärte, mit Hilfe der Putzschichten könne man endlich auch einmal die Genauigkeit der Radiokarbondatierung überprüfen – und das ist genauso richtig.

Auf diese Weise rekonstruierte man eine achthundertjährige Stadtgeschichte, die selbst wieder acht Jahrtausende zurückliegt. Dabei ist es durchaus nicht selbstverständlich, von einer Stadt aus der Steinzeit zu sprechen. Eine Stadtbevölkerung setzt eine differenzierte Gesellschaft voraus, die Aufgaben verteilt und zwischen verschiedenen Berufen unterscheidet. Das Leben in einer Stadt bedeutet, daß es nicht nur Bauern gibt, die sich selbst ernähren, sondern auch eine Bevölkerungsschicht, die nicht mehr darauf angewiesen ist, selbst zu säen und zu ernten, weil sie die benötigten Produkte durch Tausch erwirbt.

Natürlich war man sich schon frühzeitig darüber klar, daß eines Tages aus Jägern und Nomaden seßhafte Bauern geworden sein mußten, die ihrerseits wieder Städter hervorbrachten. Daß wir aber schon um das Jahr 6500 vor der Zeitenwende eine so »fertige« Stadt vorfinden, das ist das wirklich Neue und Erstaunliche.

Tschatal Hüjük ist ein Beispiel jener »Neolithischen Revolution«, deren umwälzende Bedeutung uns noch nicht völlig bewußt ist. Hunderttausende von Jahren waren die Menschen der Vorzeit wandernde Jäger. Selbst unser »moderner« Vorfahre, der Cromagnon-Mensch, dessen Schädel und Gang sich deutlich vom Affen unterscheiden und der schon differenzierte Werkzeuge herstellte und benutzte, war 30000 Jahre lang ein nomadisierender Jäger und Sammler.

Plötzlich aber, um das Jahr 9000 vor der Zeitenwende, wurde aus dem Jäger ein seßhafter Bauer und Viehzüchter. Dieser Vorgang dauerte kaum 2000 Jahre. Das mag lang erscheinen. Aber wenn man dreihundert Jahre lang eine Lebensform unverändert beibehält und dann in zwanzig Jahren radikal ändert – und das ist genau die Relation –, dann kann man wohl mit Recht von einer Revolution sprechen.

Warum sich diese Neolithische Revolution gerade zu dieser Zeit vollzog und was sie für Auswirkungen hatte, will ich im nächsten Kapitel schildern, bevor ich auf die Lebensbedingungen in einer Steinzeitstadt zurückkomme.

Die Neolithische Revolution

Der Begriff »Neolithische Revolution« wurde in den fünfziger Jahren von dem australo-britischen Vorgeschichtler Vere Gordon Childe (1892–1957) geprägt, der als führender Vertreter seines Faches nacheinander in Edinburgh und London als Professor lehrte.

Dieser Zentralbegriff der modernen Vorgeschichtsforschung bezeichnet jene Wende, an der der Mensch zum erstenmal in seiner Geschichte auf die Idee kam, einzelne Tiere oder ganze Herden einzufangen und sich als »lebende Fleisch- und Wollevorräte« zu halten, woraus sich dann die Tierzucht entwickelte. Parallel dazu trat eine systematische Lebensmittelproduktion an die Stelle des Sammelns und Jagens, die zum seßhaften Bauerntum führte. Dieser Vorgang war im 9. Jahrtausend in vollem Gange und etwa 7500 v. Chr. im wesentlichen abgeschlossen.

Das Entscheidende an dieser Entwicklung ist, daß sich erst jetzt differenzierte Gesellschaftsstrukturen entwickeln konnten. Nomaden und Jäger waren praktisch unabhängige Einzelwesen, die aus Sicherheitsgründen im Verband zusammenlebten. Jeder konnte das gleiche, der eine besser, der andere schlechter: Jagen, Sammeln, Verwerten – mehr wurde nicht verlangt.

Mit der Entwicklung der menschlichen Handfertigkeiten und der Werkzeugproduktion von Steinkeilen, Äxten, der

Bearbeitung von Knochen und der Verwertung tierischer Produkte begann sich die lose Gemeinschaft in »Spezialisten« aufzuteilen. Sie aber nützten nur dann der Gemeinschaft, wenn die Gemeinschaft auch ihnen half, wenn also der Bauer den Handwerker mit ernährte und der Handwerker dem Bauern die Arbeit durch neue Werkzeuge erleichterte.

Erst auf dieser ökonomischen Basis war die Differenzierung der Gesellschaftsstrukturen möglich, die wir heute als selbstverständlich ansehen, die aber eines Tages erst einmal geschaffen werden mußte.

Daß dies erst vor rund 12000 Jahren geschah – gemessen an der Entwicklung des Menschen nur ein Sekundenbruchteil –, kann man sich nicht deutlich genug vor Augen führen. Nach einem geradezu endlosen Anlauf über Hunderttausende von Jahren hin ist dieser »Sprung nach vorn« so plötzlich gekommen, daß er wie eine Revolution wirkte. Wenn auch diese Revolution, wie jede andere auch, ihre Ansätze, Begründungen und Motive schon früher in kleinerem Maßstab gezeigt haben muß: Umstürze kommen zwar über Nacht, die Voraussetzungen dafür jedoch entstehen schon lange vorher.

Allerdings gibt es Vorgeschichtler, die den Begriff der Neolithischen Revolution ablehnen, obwohl sie den Tatbestand selbst anerkennen. Der Grund dafür ist weniger eine unterschiedliche wissenschaftliche Erkenntnis als vielmehr eine andere Weltanschauung: Gordon Childe verwendete die marxistische Terminologie und deutete die Menschheitsentwicklung im marxistischen Sinne von den Produktionsverhältnissen her. Dies wurde in den fünfziger Jahren noch weithin aus ideologischen Gründen abgelehnt, während man heute erkennt, daß die Marxsche Geschichtsphilosophie durchaus geeignet ist, zumindest gewisse Phasen und Vorgänge sachgerecht zu erklären.

Auf jeden Fall muß man sich mit dem Begriff und dem Wesen der Neolithischen Revolution vertraut machen, weil ein Teil der archäologischen Erforschung der Vorzeit in Gegenden vorangetrieben wird, die von der marxistischen Weltanschauung geprägt sind und wo deshalb diese Interpretation als

Selbstverständlichkeit betrachtet wird (etwa bei der Steinzeitsiedlung Lepenski Vir an der Donau in den Südkarpaten, die nach Tschatal Hüjük eine der interessantesten Ausgrabungen ist).

Aber unabhängig von vorgegebenen Theorien der einen oder anderen Seite hat sich der Begriff der Neolithischen Revolution inzwischen weitgehend durchgesetzt, weil er sachlich zutrifft.

Die Frage ist, warum diese einschneidende Änderung in der Lebensweise just zu diesem Zeitpunkt kam und nicht früher oder später. Es ist doch nicht einzusehen, warum sich unsere Vorfahren nicht schon viel früher einige harmlose Schafe gefangen haben sollen und dabei entdeckten, daß sie sich ohne viel Zutun ganz von allein vermehrten und die umständliche Jagd nach Hirschen und Stieren unnötig machten. Und wer liest nicht in jedem Hundebuch, daß der Hund »seit alters« der Freund des Menschen gewesen sei.

Hier muß man aber bedenken, daß bestimmte äußere Umstände mit bestimmten seelischen und intellektuellen Entwicklungen zusammentreffen müssen, um jenes »Aha-Erlebnis« auszulösen, das jeder Entdeckung und Erfindung zugrunde liegt. Außerdem muß auch eine Notwendigkeit vorliegen, die Entdeckung auszunützen.

Dieser Zwang war aber bis zum Beginn der Neolithischen Revolution offenbar nicht gegeben. Solange es die geringe Bevölkerungsdichte zuließ, wanderten unsere Vorfahren umher, um immer dort zu ernten, wo sie nicht gesät hatten. Es war die Zeit der sogenannten »Erntevölker«, in der man es am bequemsten empfand, immer dorthin zu ziehen, wo man gerade Früchte oder Samen sammeln oder ernten konnte. In warmen Zonen konnte dies schon Seßhaftigkeit bedeuten, wenn die Natur in der näheren Umgebung genügend hergab. Der Unterschied zum Bauern bestand nur darin, daß man nicht säte, sondern lediglich erntete.

Aus dieser ersten Form der Ortsgebundenheit entwickelten sich die Ansätze zum Feldbau. Zunächst war es am leichtesten, den Knollenbau zu pflegen. Knollenfrüchte können im warmen Klima normalerweise jederzeit gesetzt und geerntet werden, so daß man auch hier mit einem Minimalaufwand von Arbeit zu essen hatte, ohne Vorratswirtschaft betreiben zu müssen.

Erst dann kam der Körnerbau. Er verlangte eine wesentlich höhere geistige Leistung, weil er Vorratswirtschaft und Enthaltsamkeit voraussetzte: Auch in einem schlechten Erntejahr durfte nicht alles aufgegessen werden, um noch Saatgut übrigzubehalten. Man mußte, um es modern zu sagen, »Konsumverzicht« leisten können. Ein zweites kam hinzu: Körnerfrüchte waren nicht wie Knollengewächse sofort durch Kochen verwendbar, sondern mußten zubereitet werden. Man brauchte Werkzeug, in diesem Falle also Mörser. Der Getreideanbau setzte also einen bestimmten technischen Entwicklungsstand voraus.

Rein theoretisch, wenn auch vielleicht nicht immer in der Praxis, kann man nun noch die Entwicklung zum intensiven Feldbau mit Düngung, Bewässerung und Pflug auseinanderhalten. Erst als dies alles zusammengekommen war, wurde der Mensch zum wirklichen »Ackerbauer«, der durch seine Vorratswirtschaft und Technik mehr oder weniger vom Zufall der Nahrungssuche unabhängig war.

Das wesentliche Kennzeichen der Neolithischen Revolution besteht also nach allem darin, daß der Mensch vom Sammler zum Produzenten wurde. Das freilich konnte er nur werden, wenn Klima und Landschaft ihm dazu die Möglichkeit boten.

Hier nun gerieten die Gelehrten wieder aneinander. Nachdem sich die Archäologen zunächst am meisten mit dem »fruchtbaren Halbmond« zwischen Euphrat, Tigris und Jordan beschäftigt und uralte Kulturen zutage gefördert hatten, war man der Meinung gewesen, nicht nur die Kultur, sondern auch die Ackerbaukultur stamme aus diesem Gebiet. Diese Ansicht mußte man, nicht zuletzt durch die Ausgrabungen in Tschatal Hüjük, korrigieren. Und als man die Siedlung von Lepenski Vir entdeckt hatte, die sich durchaus eigenständig um das Jahr 5700 vor der Zeitenwende (also gerade nach dem Ende Tschatal Hüjüks) zu entwickeln begann, sprach man sogar von einem »fruchtbaren Halbmond« im Donaugebiet, obwohl diese Siedlung Einflüsse oder, vielleicht vorsichtiger: Beziehungen nach Osten hin erkennen ließ. Jericho und die Natoufienkultur (heute ebenfalls auf dem Gebiet Israels) schienen mit Lepenski Vir lose zusammenzuhängen.

Neuerdings vertritt man daher die Auffassung, daß sich die Neolithische Revolution an mehreren Stellen gleichzeitig vollzog und sich dann nach Westen und Nordwesten ausgebreitet habe. Dieses Vordringen nach Norden hängt mit der allmählichen Erwärmung nach der letzten Eiszeit zusammen. Zwar herrschte in Mitteleuropa schon seit einiger Zeit ein gemäßigtes Klima, das jedoch zwischen 9000 und 8000 durch einen Kälterückfall unterbrochen wurde, insgesamt kann man jedoch vermuten, daß der kulturelle Fortschritt in den klimatisch begünstigten Regionen begann und sich dann allmählich auf die Gebiete mit schwierigeren Lebensbedingungen ausweitete. Wir wollen nun sehen, wie man in Tschatal Hüjük nach dieser Neolithischen Revolution lebte.

Leben in der Steinzeit

Es scheint, daß sich die Geschichte nach Zeiten fast unmerkbarer Entwicklung plötzlich im Sprung vorwärts bewegt. Nach dem Ende der letzten Eiszeit vor 10000 Jahren mit ihren völlig anderen Lebensbedingungen und nur knapp nach der Neolithischen Revolution mit ihren Umwälzungen in der Gesellschaftsstruktur finden wir in Tschatal Hüjük eine »fertige« Stadt, die bereits auf festen Traditionen aufbaute.

Die »Hethiter« der Steinzeit – oft wahre Riesen von fast 1,80 m Länge bei einer Durchschnittsgröße von 1,50 – 1,60 m – lebten bereits, wenn man so will, in genormten Einzimmerappartements, die je nach der Größe des Hauptraumes noch Nebenräume für die Vorräte hatten. Die meisten dieser

Wohnräume umfassen zwischen 25 und 27 qm, das bedeutet Räume im Verhältnis von 6 mal 4,5 m; sie sind also größer als viele »Wohnzimmer« unserer modernen Häuser. Daneben gab es noch große Räume bis zu 48 qm, aber auch, je nach Familiengröße, kleinere mit nur 11,25 qm Wohnfläche.

Dieser Raum ist zugleich Küche, Wohnzimmer und Schlafraum, und zwar nach einem festgelegten Schema, das weder in den verschiedenen Schichten noch innerhalb der einzelnen Familien jemals verändert worden ist. Mit einem einzigen Hausbauschema kann man also eine ganze Stadt beschreiben.

Ein Drittel des Raumes gehörte zur Küche. Dort befanden sich, etwas erhöht und mit einem Rand versehen, ein viereckiger offener Herd und ein Ofen, der zur besseren Wärmespeicherung in die Wand eingebaut war, aber keinen eigenen Abzug besaß. Neben dem Ofen befand sich eine tiefe Nische, in der man offenbar das Brennmaterial stapelte. Über dem Herd und Ofen war dann im Dach das Abzugsloch für den Rauch, das zugleich als »Tür« den einzigen Zugang zur Wohnung bildete.

An zwei Wänden des Raumes waren außerhalb des Küchenbezirkes in L-Form erhöhte Plattformen. Sie waren häufig mit einer gerundeten Einfassung versehen und dienten zum Sitzen, Arbeiten und Schlafen. Es sind die Urbilder des türkischen Diwans, und sie wurden genau wie dieser mit Bastmatten und Fellen belegt. Nach der Küche zu war die Plattform zu einer Sitzbank erhöht, aber auch das Rechteck, das sich im Berührungspunkt der beiden Diwans befindet, hatte seine besondere Umrandung.

Je nach Größe der Familie befanden sich an den freien Wänden mehrere löcherartige Türen zu den fensterlosen Nebengelassen, in denen die Vorräte aufbewahrt wurden. Der Wohnraum selbst hatte vermutlich gegenüber dem Hauptbett querliegende Fenster unter der Zimmerdecke, die bei dem terrassenförmigen Bau der Häuser jeweils über dem Dach des darunterliegenden Hauses angebracht waren.

Damit wäre sozusagen das »Mobiliar« beschrieben, das einer Großstadtfamilie am Ende der Steinzeit zur Verfügung

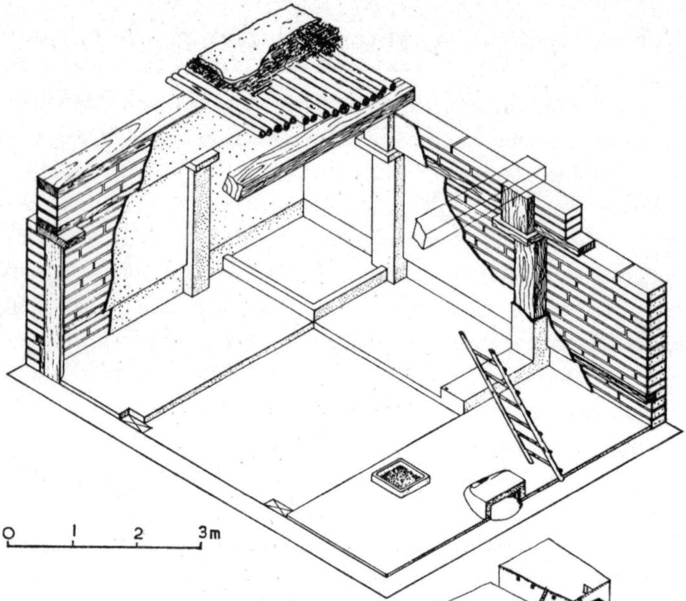

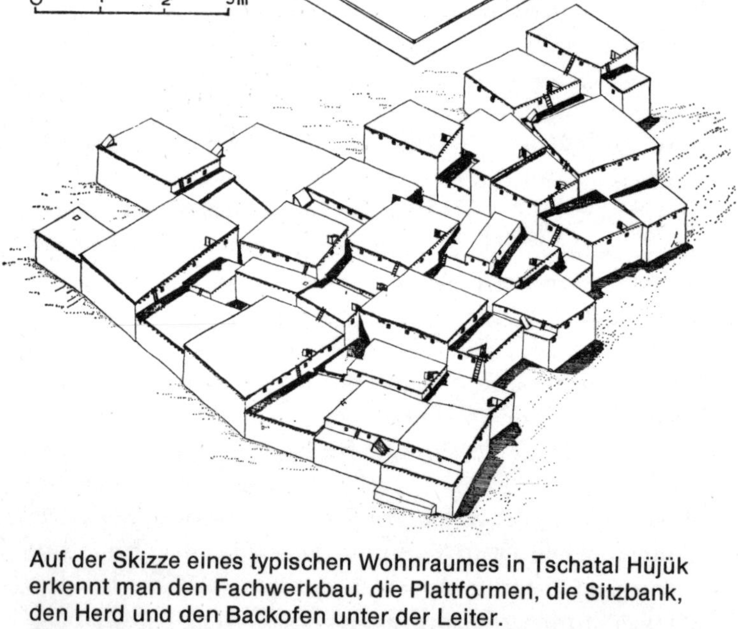

Auf der Skizze eines typischen Wohnraumes in Tschatal Hüjük erkennt man den Fachwerkbau, die Plattformen, die Sitzbank, den Herd und den Backofen unter der Leiter.
Ohne Straßen erheben sich die Häuser von Tschatal Hüjük in Terrassen übereinander und sind nur über die Dächer mit Leitern zugänglich. (Schematische Rekonstruktion eines Ausschnittes aus der Schicht VI, ca. 5800 v. Chr.)

stand. Hätte James Mellaart nicht mehr als das gefunden, so wären immerhin die schon vorher gefundenen Steinzeitsiedlungen bis hinauf zu den Hebrideninseln, um eine weitere vermehrt worden. Aber auf den Wänden von Tschatal Hüjük hatten sich auch noch Gemälde erhalten, und in jedem Wohnraum befanden sich Altäre. Den Gesamteindruck einer Wohnung in Tschatal Hüjük darf man sich deshalb nicht so kahl und nüchtern vorstellen, wie dies eine Zeichnung suggeriert. Jedes Zimmer war eine Mischung aus Wohnraum und Heiligtum – und daraus erklärt sich vielleicht die achthundert Jahre lang starr beibehaltene Anordnung innerhalb der Räume: Altäre verlangen ihren bestimmten Platz, und alles andere hat sich danach zu richten.

Ich werde über die Gemälde und die Altäre später noch berichten. Hier möchte ich erst einmal zeigen, daß man aufgrund der rekonstruierten religiösen Traditionen heute noch genau sagen kann, auf welchem Diwan der Mann und auf welchem die Frau geschlafen hat.

Die Frau schlief stets auf dem größeren Diwan nächst der Küche, während der Mann auf der wesentlich kleineren sein Nachtlager hatte, der Rest der »Betten« war für die Kinder bestimmt.

Rechnet man nun nach der Größe der damaligen Menschen aus, wieviel Leute in so einer Wohnung schlafen konnten, so stellt man verblüfft fest, daß kein Wohnraum für mehr als acht Menschen gedacht war, das heißt also, für eine Familie mit sechs Kindern. Mellaart meint sogar, daß in den meisten Fällen die Familie kleiner war.

Das widerspricht unseren Vorstellungen vom Kinderreichtum in der Vorgeschichte, zumal ja noch im letzten Jahrhundert bei uns Familien mit zwölf und mehr Kindern keine Seltenheit waren. Wie läßt sich das erklären?

Eine Möglichkeit finden wir in den Gräbern angedeutet: die meisten Menschen starben damals im Alter von 40 Jahren und darunter. Aber auch dann könnten die Familien leicht aus zehn und mehr Kindern bestanden haben. Sicherlich war die Kindersterblichkeit hoch – aber in den Gräbern finden wir nicht so viele Kinderskelette, wie man nach dieser Erwartung annehmen müßte.

Nimmt man an, daß die älteren Kinder schon bald eine eigene Familie gründeten, um im Elternhaus Platz für die nachrückenden Geschwister zu schaffen, so gerät man mit seiner Rechnerei bald ins Gedränge, wenn man von einem jährlich eintreffenden Nachwuchs ausgeht. Dieser Nachwuchs mußte die heiratsfähigen Geschwister überholen.

Trieben also die Menschen in der Steinzeit bereits Familienplanung? Die simple Tatsache, daß nicht mehr als sechs Kinder in einer Wohnung von Tschatal Hüjük Platz hatten, könnte eine solche Vermutung nahelegen.

Aber vielleicht hat Mellaart nur falsch gerechnet und auf den Betten drängelten sich mehr Kinder, als der Archäologe für möglich hielt? Oder vielleicht war die Kindersterblichkeit doch so hoch, daß eine Familie insgesamt nie mehr als sechs lebende Kinder hatte?

Auch das kann man heute noch, achttausend Jahre später, nachprüfen. Und dabei erfahren wir auch, warum wir so genau wissen, wo sich das Bett der Frau und wo sich das des Mannes befand. So makaber es heute für uns klingt: jede Familie in Tschatal Hüjük begrub ihre Toten nach Geschlechtern getrennt unter ihren Betten im Wohnzimmer. Unter dem einen Diwan lagen stets nur männliche Gerippe: das war logischerweise der Schlafplatz des Mannes; unter dem anderen waren nur Frauen- und Kinderskelette: dort schlief die Frau. Und deshalb wissen wir auch, wie groß eine Familie war: die Lebenden und die Toten blieben im gleichen Raum beieinander, die Lebenden schliefen auf den Toten.

Wer bereit war, die »Hethiter« von Tschatal Hüjük für »Menschen wie du und ich« zu halten, der spürt hier plötzlich eine Schranke. Wir können uns vorstellen und sogar rekonstruieren, wie die Menschen damals Werkzeuge erfanden, wir können uns, wenn wir uns bemühen, in die primitive Welt von damals zurückversetzen, aber es fällt uns schwer, eine Vorstellungswelt zu begreifen und zu verstehen, in der das Wohnhaus zugleich Heiligtum und Friedhof war. Was ging in den Menschen damals vor, daß sie mit ihren Toten zusammenblieben?

Ich will hier, wo wir unvermutet auf eine erste Schranke gestoßen sind, nur die Fragen stellen. Vielleicht finden wir später eine Antwort.

Ich kehre also zum steinzeitlichen Städteleben zurück. Auch wenn wir manche Probleme nicht lösen können, weil bisher nur ein Teil Tschatal Hüjüks ausgegraben ist – zum Beispiel fand man bisher ebensowenig eine Kanalisation wie hygienische Vorrichtungen oder Brunnen –, so können wir doch ziemlich genau den Stand von Handel, Wandel, Kunst und Religion nachzeichnen.

Was aß man also zum Beispiel in Tschatal Hüjük? Wer noch immer die halbwilden Biologiebuchgermanen um das Höhlenfeuer sitzen und an halbgaren Rehkeulen knabbern sieht, der wird hier enttäuscht werden. In Tschatal Hüjük ließen sich 14 kultivierte Pflanzenarten nachweisen, die der Ernährung dienten. Die wichtigsten Feldfrüchte waren die Spelzweizenarten Emmer und Einkorn. Um das Jahr 6000 tauchten dann auch Saatweizen und Nacktgerste auf. Es gab Feld- und Purpurerbsen, Linsen, zwei Wickenarten und das Hirtentäschelkraut, aber auch das salzliebende Erysimum sisymbrioides, aus dem man Pflanzenfett gewann. Da außerdem noch einige andere salzliebende Kräuter vorkommen, beweist dies, daß die Ebene von Konja schon vor 8000 Jahren als Ausläufer der zentralanatolischen Salzsteppe einen hohen Salzgehalt aufwies. Aus dem Bergland, also vermutlich aus dem Taurusgebirge im Süden Tschatal Hüjüks, hatte man unter anderem Mandeln, Eicheln und Pistazien, Äpfel, Wacholder und Sadar, die Frucht des Zürgelbaumes, eingeführt. Diese Sadarfrucht fand sich schon in den ältesten Schichten der Stadt und wurde offensichtlich zur Herstellung von Wein verwendet. Neben Wein kannte man sicher auch Bier, das, nach späteren heiligen Texten, in großen Mengen den Göttern geopfert wurde.

Aus einem Wandgemälde, auf dem Mellaart Insekten erkannte, die um Blumen herumfliegen, kann man schließen, daß man damals möglicherweise auch schon den Honig kannte. Vielleicht haben die Bewohner von Tschatal Hüjük aber auch Süßstoff aus Baumrinden gewonnen, wie dies die Nomaden in Südanatolien auch heute noch tun. Nimmt man noch hinzu, was man als Grabbeigaben fand – Beeren, Eier, Fleischgerichte –, ergibt sich eine recht bunte Speisekarte.

Bereits in den ältesten Schichten Tschatal Hüjüks lassen sich domestizierte Schafe und Ziegen nachweisen, während man nicht sicher ist, ob der Auerochse um diese Zeit schon gezähmt war. Auf jeden Fall gehörte er zur Jagdbeute, die es damals reichlich in der Konja-Ebene gab: Auerochsen, Rothirsche, Wildschweine, Wölfe, Füchse, Gazellen, Esel und Leoparden sind eindeutig nachgewiesen, und zur Abwechslung aß man auch einmal Schildkröten: auch sie fand man im »Müll« jener Tage.

Daß der Hund in Tschatal Hüjük schon Hausgenosse und Jagdhund war, wissen wir von einem Wandgemälde etwa aus der Zeit um 5700 v. Chr., das eine Jagdszene zeigt. Außer Hirschen ist darauf auch ein Hund zu sehen, der auf den ersten Blick einem Dackel ähnelt.

Nach den neugierigen Fragen nach Wohnung und Essen nun zur Kleidung: Was zog man in dieser Periode der Steinzeit an?

Als Tschatal Hüjük kurz nach dem Jahre 6000 niederbrannte (Schicht VI), war die Hitze so groß, daß selbst die Gewänder der im Lehm der Schlafbänke vergrabenen Skelette verglühten. Nur unter Hirnschalen und größeren Knochen blieben verkohlte Stoffreste übrig. Es sind unscheinbare Fetzen, grob gewebt wie Sackleinwand, und man muß sich erst einen Ruck geben: diese Fetzen gehören zu den ältesten Kleidungsstücken der Menschheit, die man bisher gefunden hat: Stoffe mit Fransen und Kordeln, Stoffe, die schon damals mit groben Stichen ausgebessert und geflickt worden waren. In einem achttausend Jahre alten Schädel fand man sogar ein Stück feingewebtes Tuch. Es sind zarte, dünne Fäden aus Wolle oder Angoraziegenwolle, genau weiß man es nicht, mit Sicherheit ist dieses Tuch aber nicht aus Leinen, das heißt aus Flachsfasern, denn Flachs wurde noch nicht angebaut.

Da man in den bisher ausgegrabenen Häusern Tschatal Hüjüks weder Webspindeln noch jene Websteine gefunden hat, die man beim Weben zum Beschweren der Fäden brauchte, kann man annehmen, daß schon damals eine spezialisierte Weberzunft existierte, deren Quartier wir noch nicht gefunden haben. Diese kleine Weber-Industrie Tschatal Hüjüks dürfte auch in »großem Stil«, wenn man das Wort »groß« nicht allzu wörtlich nimmt, die Färbetechnik von Stoffen entwickelt und angewandt haben, besser jedenfalls als der einzelne Familienverband.

Wir haben dafür nur indirekte Beweise. Aber wenn man Schmuckperlen findet, deren Durchbohrung noch heute rote Farbspuren zeigt, obwohl die chemische Zusammensetzung der Steine keinerlei rote Farbe enthält, so kann man sicher sein, daß zumindest eine gediegene Rotfärbung von Fäden und Stoffen möglich war. Das stimmt auch mit den Wandgemälden überein, auf denen Göttinnen und Frauengestalten in leuchtend gemusterten roten Gewändern dargestellt wurden. Noch heute sind in der Umgebung Tschatal Hüjüks einige der am meisten verbreiteten Wildpflanzen Krapp (Färberröte), Färberwaid und Färberwau, die ein tiefes Rot, ein sattes Blau und ein intensives Gelb erzeugen.

Man kann sogar verschiedene Webarten feststellen. Neben der einfachen Technik, jeweils einen Faden zu unterschlagen und zu überweben, finden sich Schal- und Fischnetzgewebe. Ebenso fand man Bänder aus Tuch, und eine junge Frau, die man in einer Kultstätte der Schicht VI A beerdigt fand, trug einen Streifenrock, dessen Streifenenden – schon in der Steinzeit! – mit kleinen Kupferzylindern beschwert waren. Das war nicht nur in bezug auf die Mode eine Sensation, denn schließlich durfte es die Metallbearbeitung in der Steinzeit ja eigentlich noch gar nicht geben – genau darin besteht ja der landläufige Unterschied zwischen Steinzeit und Bronzezeit.

Aus Wandgemälden und erhaltenen Druckstempeln können wir sogar entnehmen, daß man die Technik des Stoffdrukkes kannte, so daß man farbige Muster auf Stoffe aufprägen konnte.

Daneben trug man natürlich auch Pelze von verschiedenen Tieren. Besonders Männer sind, wenn auch vielleicht nur bei kultischen Anlässen, mit Leopardenfellen bekleidet, die sie als Schurz trugen.

Schuhe wurden bisher noch nicht gefunden, aber das mag Zufall sein. In der kalten Jahreszeit wird man wohl nicht barfuß herumgelaufen sein. Denn daß man Leder nicht nur gerben, sondern auch schon bearbeiten und nähen konnte, beweist eine lederne Messerscheide, die in einem Grab gefunden wurde. – Damit kämen wir zu dem, was die Bewohner von Tschatal Hüjük an Waren und Erzeugnissen hergestellt haben. Durch den großen Brand in der Schicht VI wurden steinzeitliche »Industrieerzeugnisse« konserviert, die bisher einmalig sind und die das Bild kräftig zurechtrückten, das man sich bisher von der Steinzeitkultur gemacht hatte.

»Viel zu oft ist der Archäologe gezwungen«, schreibt Mellaart, »eine Kultur nach ein paar zerborstenen Töpfen zu bewerten, nach Werkzeugen und Waffen aus Stein und Bein, die ein denkbar falsches oder unvollständiges Bild liefern können. In Tschatal Hüjük wird klar, daß das Handwerk des Webers und das des Holzarbeiters viel mehr galten als das des Töpfers oder des Knochenschnitzers«, und Mellaart fährt fort: »Man mag sich durchaus mit Verwunderung fragen, ob wohl die betreffenden beiden Handwerksarten unter den Errungenschaften der Jungsteinzeit nicht allgemein unterbewertet (oder zumindest noch nicht in der ihnen gemäßen Weise dargestellt) worden sind.«

Außer Kleiderstoffen stellten die Bewohner von Tschatal Hüjük auch Matten und Teppiche her, die kulturgeschichtlich fast noch interessanter sind als die uralten Stoffreste. Die Binsenmatten, teils aus Abdrücken auf den Lehmunterlagen rekonstruierbar, zum Teil aber auch noch im Original erhalten, sind meist in einer Bindung von vier Ketten- und vier Schuß-»Fäden« geflochten, wobei die »Fäden« aus oft kaum millimeterstarken Binsen oder Gräsern bestanden. In einigen Fällen konnte man sogar das Muster der Matten feststellen, das eigentümlich diagonal zum Teppichrand verlief: es waren die gleichen Muster, die heute noch, mehr als 8000 Jahre später, in der Konja-Ebene und in Südanatolien verwendet werden – einer der Beweise dafür, wie beharrlich einmal gefundene Formen weitergegeben werden und wie eng wir heute noch mit vergangenen Kulturen früherer Tage zusammenhängen.

Die gleiche Traditionstreue finden wir auch bei den Teppichen. Sie sind uns allerdings nicht erhalten. Mellaart glaubt aber zu wissen, wie sie ausgesehen haben – ja, er bringt sogar Farbfotos dieser Steinzeitteppiche!

Die Räume von Tschatal Hüjük waren nämlich nicht nur mit Figuren und Szenen bemalt, sondern zeigten auch auf größeren Flächen farbige Muster, die – so Mellaart – die Wandteppiche ersetzten, indem man sie genau nachmalte. Hier nun springt die Parallele zum heute noch im Orient hergestellten Kelim sofort ins Auge.

Im Unterschied zum Knüpfteppich ist der Kelim ein Webteppich oder, genauer: ein Flechtteppich. Das Wesentliche der Kelimtechnik besteht darin, daß die Schußfäden nicht in der ganzen Teppichbreite von Rand zu Rand durchgeführt werden, sondern nur so weit, wie die Farbe des Musters es verlangt. Wo zwei verschiedenfarbige Fäden aufeinandertreffen, werden beide Enden so weit in die entgegengesetzte Richtung zurückgezogen, wie es die Befestigung des Fadens erforderlich macht. Kelimteppiche erkennt man also an den charakteristischen Schlitzen, die das jeweilige Muster einrahmen. Und genau diese Schlitze sind auf den gemalten Wandteppichen in Tschatal Hüjük deutlich zu erkennen, ebenso die Geradlinigkeit der Muster, die durch die Webtechnik bedingt ist.

Da sind inzwischen Weltreiche zusammengebrochen, da gab es Bronzezeit und Eisenzeit, dann das technische Zeitalter, da sind Menschen inzwischen auf den Mond geflogen – aber wenn ich in Bagdad, Berlin oder New York einen Kelimteppich im Laden kaufe, könnte ich auch genausogut die Zeit um 8000 Jahre zurückstellen und den gleichen Teppich einem alten »Hethiter« in Tschatal Hüjük abhandeln – eine seltsame Mischung von Tradition und Fortschritt, von Steinzeit und Gegenwart.

Auch die Formen der hölzernen Schüsseln, Löffel und Kästen haben sich bis in die Gegenwart wenig verändert. Entgegen unserer Vorstellung wurde in der Steinzeit die Holzbearbeitung besonders gepflegt. Wie wir schon von der Baugeschichte her wissen, wurden alle Stämme und Pfosten viereckig zugehauen, ganz gleich, ob sie aus Wacholder oder aus harter Eiche waren. Das entsprechende Werkzeug – polierte Grünsteinäxte und Grünsteinmeißel – wurde in großen Mengen gefunden.

Aber auch die Gebrauchsgegenstände des täglichen Lebens waren zunächst ausschließlich aus Holz, obwohl man bis in die untersten Schichten auch Keramikscherben fand. So fand man Teller, Schüsseln und Näpfe aus Holz, sogar Speisegeschirre von 50 cm Länge mit geschnitzten Henkeln und sogar einen 8000 Jahre alten hölzernen Eierbecher – vollendet in seiner Form und sauber und dünnwandig aus Tannenholz hergestellt, wie ihn ein Drechsler heute nicht besser machen könnte. Eine besondere Spezialität waren viereckige oder ovale Holzkästchen mit gut schließenden Deckeln, die sich, wenn auch verkohlt, bis heute erhalten haben.

Von diesen Vorbildern aus Holz hat sich die Keramik bis in die jüngsten Schichten hinein nicht gelöst. Noch in Schicht II (etwa 5700 v. Chr.) sind zahlreiche Tongefäße eckig wie Holzkästen oder haben sogar noch hölzerne Füße, so daß Mellaart meinte, die Töpferei in Tschatal Hüjük habe gegenüber der Holzbearbeitung nur eine untergeordnete Rolle gespielt.

»Im allgemeinen hat man die Bedeutung der keramischen Produktion für die Jungsteinzeit vielleicht sehr überschätzt«, schreibt er und weist darauf hin, daß die Erfindung der Keramik zwar ein technischer Fortschritt war, der sich besonders beim Kochen als nützlich erwies, daß die Keramik aber sonst wegen ihrer Zerbrechlichkeit im Alltagsleben nicht die Rolle gespielt haben könnte, die man ihr bisher zugeschrieben hatte. Erst mit der Verbesserung der Brenntechnik haben sich gut geformte und oft auch recht bunt bemalte Tonwaren durchgesetzt.

Aus Ton wurden von Anfang an Tier- und Menschenfiguren geknetet. Mindestens von Schicht VI an, das heißt also um 6000 v. Chr., brannte man auch Perlen, Anhänger und Siegel aus Ton.

Allmählich fragt man sich, wo denn nun die typischen Steinzeitprodukte bleiben, nach denen schließlich ein riesengroßer Zeitraum der Menschheitsgeschichte benannt ist. Nun, es gibt sie in der Tat in großen Mengen: es sind Werkzeuge wie Hämmer, Meißel und Beile – aber im Vergleich zu den anderen Funden wirken sie geradezu banal.

Was aber höchst erstaunlich ist, ist die hohe Qualität und Fertigkeit des Werkzeugs und mancher anderer Produkte. Da gibt es Spiegel aus Obsidian, einem harten vulkanischen Glas, die so glatt geschliffen sind, daß man nicht den kleinsten Kratzer darauf entdecken kann. Da gibt es Schmuckperlen aus Stein, die eine so schmale Bohrung haben, daß keine heutige Stahlnadel hindurchpaßt: es scheint tatsächlich, daß wir die handwerklichen Fähigkeiten der sogenannten Steinzeitmenschen weit unterschätzt und die Neuerungen der nachfolgenden, uns bekannten Kulturen entschieden zu hoch bewertet haben.

Sah es bisher so aus, als ob die Babylonier, Sumerer, Phönizier, Ägypter und Kreter sozusagen aus dem Nichts, aus dem berühmten »Dunkel der Geschichte« heraus, plötzlich im vollen Glanz ihrer Hochkultur auftauchten, so erkennt man jetzt, daß vor ihnen Völker existierten, die nachweislich differenzierte Fertigkeiten besaßen, die wir ihnen nicht zugetraut haben.

Das Verblüffende ist auch, daß die Bewohner von Tschatal Hüjük in einer Welt von Dingen lebten, die es bei ihnen in der Konja-Ebene überhaupt nicht gab. Zu den Voraussetzungen ihrer handwerklichen Fähigkeiten gehörte notwendigerweise ein ausgedehnter Handel. Sogar das Bauholz, wie Eiche und Wacholder, wuchs nicht in der Ebene, sondern mußte von den Bergen geholt werden. Das Tannenholz stammt sicher aus dem Taurusgebirge. Alabaster kam aus der Gegend von Kayseri, Marmor aus Westanatolien. Jeder einzelne Stein mußte von weit her herangeschleppt werden, um überhaupt Werkzeuge herstellen zu können, erst recht der Feuerstein, den man zu Klingen verarbeitete. Wo die Bergkristalle Jaspis und Apatit herkommen, weiß man bis heute noch nicht. Der Handel mit den Mittelmeervölkern ist auf jeden Fall durch die Überreste von bestimmten Schneckenarten nachgewiesen.

Die meisten Klingen und Waffen in Tschatal Hüjük bestanden allerdings aus Obsidian, den man zwar nicht gerade vor der Tür, aber wenigstens einige stramme Fußmärsche entfernt am Rande der Konja-Ebene fand: dort liegen einige Vulkane, die damals zum Teil noch tätig waren – der Mekke Dag, der Karaca Dag, der doppelgipflige Kegel des Hasan Dag und, ganz im Norden und am weitesten entfernt, der riesige Erciyes Dag.

Von diesen feuerspeienden Bergen bezog man das vulkanische Glasgestein Obsidian. Es ist aber unwahrscheinlich, daß die Erfahrung weniger Generationen ausgereicht hat, diesen Stein zu glasklaren Spiegeln zu schleifen. Wir können nur annehmen und vermuten, daß die handwerkliche Tradition der Bewohner von Tschatal Hüjük noch viel weiter zurückreicht, als wir bisher glaubten. Denn hier verstand man auch schon lange vor Beginn der Bronzezeit bereits, Metall zu schmelzen: ich erinnere an die Kupferröllchen an den Fransen des Frauenkleides.

Natürlich könnte man annehmen, daß nicht die Leute von Tschatal Hüjük das Kupfer geschmolzen haben, sondern daß sie es von dem berühmten unbekannten Dritten von irgendwoher erhalten haben (was das Problem des Kupfers in der Steinzeit freilich nicht löst). Aber auch hier kann man genauer sein: Man hat in Tschatal Hüjük Erzschlacke gefunden, aus dem Kupfer herausgeglüht worden war. Das heißt, daß man bereits einige tausend Jahre vor Beginn der eigentlichen Bronzezeit – ich sage es noch einmal: einige tausend Jahre vorher! – Metall gewonnen hat. In Tschatal Hüjük fanden sich Kupfer und geschmolzenes Blei in Schichten, die wir eindeutig der frühen Jungsteinzeit zurechnen. In Suberde, einer Fundstätte in der Nähe von Tschatal Hüjük, fand man sogar eine

4 cm lange Kupferahle. Sie zeigt, daß man Metall nicht nur für Schmuckzwecke, sondern bereits als Werkzeug benutzte.

Müssen wir also unsere Zeitangaben für den Beginn der Bronzezeit in die Steinzeit verlegen?

Nun hat die Verwendung von Kupfer mit Bronze zunächst noch nichts zu tun, denn Bronze ist eine Legierung aus Kupfer und Zinn, die ganz andere Eigenschaften hat als die Metalle, aus denen es sich zusammensetzt. Und auch längst vor Beginn der sogenannten »Eisenzeit« war das Eisen bekannt und wurde geschmolzen, ohne daß wir deswegen die Eisenzeit früher ansetzen.

Solange also neue Metalle so selten sind, daß man sie als kostbaren Schmuck und nur gelegentlich als Werkzeug benutzt, benennt man eine Epoche nicht nach diesem Metall. Denn seine Seltenheit beruht darauf, daß man auf Zufallsfunde angewiesen war und noch keine Erzlager in großem Stil auszubeuten verstand.

Erst mit der Ausbeutung durch regelrechte Bergwerke kann das Schmuckmetall zum Gebrauchsmetall werden. Erst die allgemeine Verbreitung und Benutzung eines bestimmten Metalls als alltägliches Handwerkszeug gibt einer Epoche ihren Namen. Dabei müssen wir uns klarmachen, daß zwischen der Entdeckung und der Verwertung früher mehr Zeit verging als heute.

Ich möchte diese Gelegenheit benutzen, um den Begriff der Steinzeit, den ich bisher der Einfachheit halber verwendet habe, ein wenig zu differenzieren.

Es war der Kurator des Dänischen Nationalmuseums in Kopenhagen, Christian Thomsen (gestorben 1865), der die Vorgeschichte so einteilte, wie wir sie in groben Zügen in der Schule gelernt haben. Bei ihm gab es die Steinzeit, Bronzezeit und Eisenzeit, und damit war Schluß. Heute reicht dieses Dreiperiodensystem längst nicht mehr aus.

Die Steinzeit wurde später in eine Altsteinzeit (Paläolithikum) und eine Jungsteinzeit (Neolithikum) unterteilt, aber auch das war noch nicht das Ende, denn die Altsteinzeit wurde noch einmal in eine ältere und eine jüngere Phase unterteilt, die man Altpaläolithikum und Jungpaläolithikum nannte, und zwischen Paläolithikum und Neolithikum grenzte man noch die Mittlere Steinzeit (das Mesolithikum) ab. Schließlich erzwangen die Kupferfunde am Ende der Jungsteinzeit noch eine weitere Differenzierung: die Kupfersteinzeit, das Chalkolithikum.

Nach dieser Skala hätte ich also, statt allgemein von der »Steinzeit« zu reden, den Begriff Chalkolithikum verwenden müssen, weil neben der Steinbearbeitung in Tschatal Hüjük und anderswo bereits Metalle verwendet wurden. Aber ich hätte ebensogut von der Holzsteinzeit oder Keramiksteinzeit sprechen können, denn seit den Funden von Tschatal Hüjük trifft die Bezeichnung Chalkolithikum auch nicht mehr das Wesentliche; denn man hat die alten Perioden nach dem benannt, was übrigblieb, nicht nach dem, was üblich war. Da Steine und Metalle nun einmal länger erhalten bleiben als Holz, Stoffe oder Leder, wenn nicht Brandkatastrophen das Vergängliche archivieren, kam man zu Bezeichnungen, die keineswegs immer vom vorherrschenden Material abgeleitet sind.

Vermutlich wird man eines Tages alle diese Bezeichnungen ändern müssen, wenn neue Maßstäbe festliegen. Vorläufig kann man nur warnen, sich allzusehr auf die Angaben in Lexika und Spezialliteratur zu verlassen: jeder gibt andere Zahlen an, und die Zahlen, die am häufigsten übereinstimmen, müssen nicht die richtigen sein. Zu viele Gesichtspunkte machen eine genaue Festlegung unmöglich, zumal für Nordeuropa andere Zeiten gelten als für Kleinasien oder China, je nachdem, wie schnell eine Erfindung weiterwanderte und wie gut die Handelswege waren. »*Die* Steinzeit« und »*die* Bronzezeit« gab es nicht, es gab nur in bestimmten Gegenden zu bestimmten, aber nicht unbedingt übereinstimmenden Zeiten die allgemeine Verwendung von Steinen, Holz oder bestimmten Metallen für Werkzeuge und Haushaltsgegenstände.

Kunst der Steinzeit – Magie der Vorfahren

Ganz gleich, ob wir eine Periode nun Steinzeit, Jungsteinzeit oder Chalkolithikum nennen: wir sind immer in der Versuchung, uns die Welt von damals in den Kategorien von heute vorzustellen, nur eben primitiver.

Diese Projektion nach rückwärts funktioniert ganz normal bei Dingen, deren Zweck deutlich erkennbar ist oder die wir heute noch in gleicher Weise benutzen können. Werkzeuge wie Äxte oder Pflüge sind im Prinzip über die Jahrtausende unverändert geblieben, lediglich das Material hat gewechselt. Ob aus Feuerstein oder Eisen: Pfeilspitzen erkennt man sofort, weil sie im Mittelalter nicht anders ausgesehen haben als in der Steinzeit.

Und wenn wir heute zurückversetzt würden in eine Wohnung in Tschatal Hüjük, so brauchten wir weder auf Töpfe, Tassen, Krüge, Teller, Eierbecher und den Teppich zu verzichten – alles, was wir heute in verfeinerter Form benutzen, war in seinen Urformen auch damals schon da. Der Unterschied zu damals liegt lediglich in dem »Mehr« an Zivilisation (wie z.B. Fensterglas, bessere Heizmöglichkeiten und neue Lichtquellen), das wir Fortschritt nennen.

Dieser Fortschrittsgedanke und daher auch die Möglichkeit, von heute auf damals zu schließen, hat seine Grenzen aber genau da, wo zwar die Gegenstände heute wie damals die gleichen sind, wo aber ihre Funktionen gewechselt haben.

Wir hängen zum Beispiel heute Bilder zum Schmuck an die Wand, weil sie uns gefallen oder gar, weil sie »schön« sind. Der gleiche röhrende Hirsch, den manche noch heute über dem Sofa hängen haben, kommt auch schon in Tschatal Hüjük vor oder auf den noch viel älteren Höhlenmalereien in Südfrankreich. Der entscheidende Unterschied ist nur der, daß die Bilder in der Steinzeit nicht zum Schmuck dienten, sondern trotz ihrer Ähnlichkeit mit Werken der heutigen Kunst eine ganz andere Funktion hatten. Bei den Steinzeithöhlen in Südfrankreich leuchtet das sogar ein. Denn welchen Zweck hätte es haben sollen, eine stockdunkle Höhle auch an Stellen mit Tierbildern zu »schmücken«, die mit Holzfeuern kaum erleuchtet werden konnten? Und in Tschatal Hüjük könnte man sich fragen, was für einen makabren Geschmack unsere Vorfahren gehabt haben müssen, wenn sie sich riesige Bilder an die Wände malten, auf denen Geier auf kopflosen Leichen herumhacken.

Aber bereits die Frage ist falsch gestellt. Walter Torbrügge schreibt in seinem Kunstband »Europäische Vorzeit«: »Prähistorische Kunst ist nach Maßstäben zu beurteilen, die sich aus der Ursache für die Schöpfung ergeben. Ästhetische Wirkung scheint selten bezweckt, doch kann die Absicht niemals ausgeschlossen werden.«

Wir treffen hier, wie schon beim Totenkult, auf eine Schranke, die wir nicht einfach durch Vergleiche und Rückschlüsse zwischen heute und damals verstehen lernen. Hier geht es nicht um eine Weiterentwicklung vom Primitiven zum Höheren (wie bei Werkzeugen) oder um unterschiedliche Kunstrichtungen vom Abstrakten zum Konkreten oder umgekehrt. Hier geht es um etwas grundsätzlich anderes.

Geht man davon aus, wie die Bilder der Vorzeit auf uns wirken, so hat man sich angewöhnt, sie unter »Kunst« zu rechnen, wobei der einfachste Nenner für »Kunst« all das Gestaltete meint, was über die unmittelbaren Lebensbedürfnisse und die Funktion des jeweiligen Gegenstandes hinausgeht: der Zweck eines tönernen Kochtopfes verlangt nicht, daß Linien, Muster und Figuren eingeritzt oder aufgemalt werden. Dieses Nicht-Notwendige aber ist der Spielraum der Kunst über rein funktionalen Nutzen eines Gegenstandes hinaus.

Gehen wir aber davon aus, *warum* die Steinzeitmenschen ihre Bilder gemalt und ihre Tonstatuetten geschaffen haben, so heißt das Stichwort nicht Kunst, sondern Religion.

Wir dürfen dabei unter Religion nicht Glaubenssätze und Dogmen verstehen, auch nicht den Glauben an einen Gott, wie wir das vom Christentum her kennen. Wir haben es vielmehr mit Urformen der Religion zu tun, die noch ganz im

Magisch-Mythischen verwurzelt sind und die wir eher über die Psychologie verstehen lernen als durch das, was man im weitesten Sinne Theologie nennen könnte.

Weil Kunst und Religion die großen Klammern sind, die das prähistorische Anatolien mit dem Reich jener Hethiter verbinden, die sich das Volk der Tausend Götter nannten, sollten wir jetzt einen scheinbaren Umweg in die Religionspsychologie machen, bevor wir zur »Kunst« zurückkehren. Wir werden später merken, daß dieser Exkurs auch die Voraussetzungen dafür liefert, daß wir die Schranke überwinden können, vor der wir mit unserem Denken und Empfinden bei dem absonderlichen Totenkult in Tschatal Hüjük stehen.

Das Tremendum und das Fascinosum

Es geschieht selten genug, daß ein wissenschaftliches Buch über ein Spezialproblem eine zweite oder dritte Auflage erlebt. Oft ist der Verlag froh, wenn er ein paar hundert Stück verkaufen kann. Ein solches Schicksal konnte auch der Religionshistoriker Rudolf Otto für sein 200-Seiten-Buch mit dem Titel »Das Heilige – Über das Irrationale in der Idee des Göttlichen und sein Verhältnis zum Rationalen« erwarten, das im Jahre 1917, mitten im Ersten Weltkrieg, erschien. Es kam anders: Das Buch mit dem umständlichen Titel wurde zum stillen Bestseller und erlebte bisher 30 Auflagen. Noch 54 Jahre nach seinem Erscheinen gab es im Jahre 1971 einen Neudruck.

Rudolf Otto hatte die religiöse Ursituation auf zwei Gefühlserlebnisse zurückgeführt. Das eine war das Erlebnis des Grauens, der Angst vor etwas Überwältigendem, Schauervollem, das Otto mit dem lateinischen Wort für »Schrecken, Zittern« mit »Tremendum« bezeichnete. Ein bekanntes Beispiel, wie aus dem Erleben des schauervollen und (damals) nicht erklärbaren Naturereignisses ein Gott werden konnte, ist jene mythische Gestalt, die unserem Donnerstag den Namen gab. Da die Germanen sich das Gewitter nicht erklären konnten, machten sie aus dem Naturereignis, das ihnen Schrecken einflößte, eine Macht, die stärker war als der Mensch. Diese Macht stellte man sich als eine Person vor, die in einem Wagen am Himmel entlangfuhr und mit einem riesigen Hammer auf die Wolken schlug, daß die Blitze nur so flogen. Dieser Gewittergott Donar war der wichtigste germanische Gott und entspricht dem blitzeschleudernden Zeus der Griechen, der offensichtlich am Anfang auch ein personifizierter Schrecken war: die Namen wechseln, die Ursachen bleiben die gleichen. Denn, so Otto: »Nicht aus natürlichem Fürchten, auch nicht aus einer vermeintlichen ›Weltangst‹ ist Religion geboren. Denn Grauen ist nicht natürliche gewöhnliche Furcht, sondern selbst schon ein erstes Sich-Erregen und Wittern des Mysteriösen, wenn auch zunächst noch in der rohen Form des ›Unheimlichen‹ – sei es Gespensterfurcht, panischer Schrecken oder das Erleben des Übermächtigen in der Natur.«

Das zweite Urerleben ist die Verwunderung, die Ehrfurcht, das Staunen, das ebenfalls einen Schauer hervorrufen kann. Otto nennt diese Ehrfurcht vor dem »Wunder-Vollen«, die zur Andacht führen und in Bann schlagen kann, das »Fascinosum«, also das Faszinierende, und er weist von Anfang an darauf hin, daß das Tremendum und das Fascinosum positive und negative Seite ein und desselben Gefühls der »schlechthinnigen Abhängigkeit« ist, die Schleiermacher als das Kennzeichen des Religiösen benannt hatte. Rudolf Otto spricht daher auch von der »Kontrastharmonie« und dem Doppelcharakter dieser beiden Erlebnisse, die er in dem Begriff des »Numinosen« zusammenfaßt.

Dieses Numinosum, dieses »Walten der Gottheit«, erlebten die Menschen am Anfang ihrer Geschichte in allem, was sie umgab: als Strafe und Schrecken bei Erdbeben und Gewittern, als Segen beim Wiedererwachen der Natur im Frühling, beim Sonnenaufgang oder bei den lebensrettenden Regen und Überschwemmungen (wie am Nil). Das alles geschah nicht mechanisch nach bestimmten Gesetzen oder Abfolgen, sondern war von göttlichen Wesen verursacht. So gab es für alles

Die Geschichte der proto-hattischen Bevölkerung Anatoliens, von der die einwandernden Hethiter vieles übernahmen, geht bis in die Steinzeit zurück. Auf einem etwa 8000 Jahre alten Wandgemälde aus Tschatal Hüjük greifen riesige Geier kopflose Menschen an. Es ist das früheste erhaltene Bild eines eigentümlichen Totenkults (Nachzeichnung aus einem Heiligtum der Schicht VII von Tschatal Hüjük).

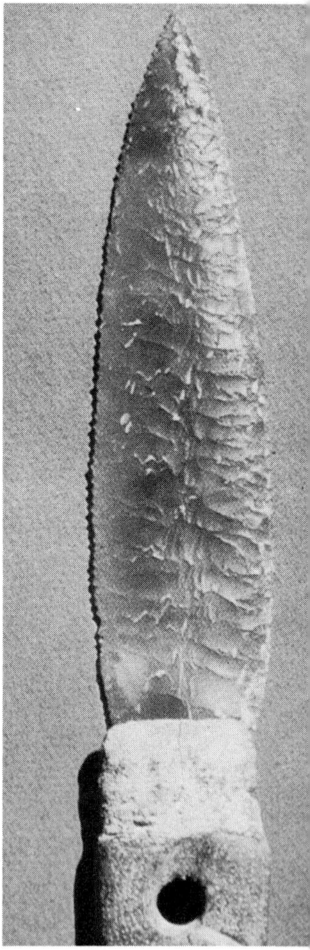

Oben: eine 7000 Jahre alte Jagdszene aus Tschatal Hüjük (Schicht III), die bogenschießende Jäger in Leopardenfellen zwischen riesigen Hirschen zeigt. Links unten: Schmuck aus der Steinzeit. Rechts: ein Feuersteindolch mit kunstvollem Knochengriff. Die Funde stammen aus der Schicht VI und sind etwa 8000 Jahre alt.

Oben: das älteste bisher gefundene Landschaftsgemälde der Menschheit. Es zeigt im Vordergrund die Stadt Tschatal Hüjük und im Hintergrund den Ausbruch des benachbarten Vulkans von Hasan Dag. Unten: In Tschatal Hüjük wurden die Toten unter den Schlafstätten der Lebenden bestattet – Männer unter dem Männerbett, Frauen unter der Frauenschlafstatt.

Holz war in Anatolien das Baumaterial der Steinzeit. Eine Feuersbrunst in Tschatal Hüjük konservierte die Fachwerkbauweise: die tragenden Balken brannten heraus, die Lehmziegelwände und der Putz blieben durch den Brand erhalten (Schicht VI).

eigene Gottheiten: Flußgötter für die Wasserläufe, Götter für die Berge, Nymphen als Baumgottheiten.

Die Vorstellung, daß sämtliche Gegenstände auf geheimnisvolle Weise belebt sind, nennt man Animismus. Das Wort kommt vom Lateinischen »anima«, die Seele, weil man sich die unbelebten Naturvorgänge »belebt«, beseelt, also von Wesen ausgeführt dachte.

Mit dem Tremendum und Fascinosum verwandt sind noch zwei andere Grunderlebnisse, die Rudolf Otto nicht behandelt hat, die aber ebenso zur Ausprägung von Religionen geführt haben.

Das eine Urerleben – mit dem Tremendum verwandt – ist der Tod. Aus dem Erlebnis des unerbittlichen Endes und der Frage nach dem Danach sind zwei konträre Formen der Religion entstanden. Die eine hat die Lehre von der Wiedergeburt zum Inhalt, die dem Menschen die Möglichkeit gibt, so oft wiedergeboren zu werden, bis er die erforderliche Vollkommenheit erreicht hat, um ins Nirwana, das Nichts, eingehen zu können.

Andere Religionen postulieren aus der Tatsache des Todes die Unsterblichkeit der Seele. Mit dem Tode ist nicht alles aus, sondern die Seele wird in einer anderen Welt weiterleben können, dem Totenreich. Die Gestorbenen waren nicht eigentlich tot (daher gab man ihnen Essen mit auf den Weg und opferte ihnen auch noch später), sie lebten nur in einer anderen Welt.

Aus dem Gedanken des Totenreiches entwickelte sich noch eine Variante, der der Gedanke der Gerechtigkeit zugrunde liegt: hatte man auf Erden das Menschenmögliche geleistet, so kam die Seele zu Gott in den Himmel; hatte man sich nicht nach den Geboten der Gottheit gerichtet, wurde man bestraft. Das diesseitige Leben wurde so als Bewährungsprobe für das eigentliche Sein nach dem Tode empfunden.

Das vierte Grunderleben, das zu einer Religion führen kann und das dem Fascinosum verwandt ist, ist die oft als gottgleich empfundene Ekstase der Sexualität, mit der es dem Menschen gegeben ist, wie Gott Leben zu schaffen.

Im Gegensatz zu heute empfand man früher reichen Kindersegen als realen Nutzen. Nur eine große Gemeinschaft war stark genug, den Gegner abzuwehren, und nur zahlreiche Kinder sicherten die Erhaltung der Familie und des Volkes. Bei Tier und Mensch hing von der Fortpflanzungsfähigkeit Entscheidendes ab. Daher entstanden die sogenannten Fruchtbarkeitskulte, für die das Geschlechtliche göttlichen Charakter annahm. Diese vier Grunderlebnisse in sich sind aber noch keine Religion. Die Gefühle von Angst, Ehrfurcht und Liebe bilden lediglich die Voraussetzung dafür. Ein entscheidendes Moment muß noch dazukommen, damit eine Religion daraus werden kann.

Ich hatte gesagt, daß man sich die Welt als belebt, beseelt dachte, daß also bestimmte Wesen für all das verantwortlich waren, was an Unerklärlichem oder Selbstverständlichem geschah. Wenn aber jemand verantwortlich war, dann konnte man diesen Jemand auch um etwas bitten: den Fruchtbarkeitsgott um Kindersegen, den Erntegott um Regen, den Donnergott, daß er seine Blitze woanders hinschleuderte.

Um nun die Gottheit günstig zu stimmen, schenkte man ihr etwas: man opfert, um den Gott wohlwollend zu stimmen und zu beeinflussen. Genau in diesem Moment fängt Religion an, wenn der Mensch versucht, die Macht über sich, von der er sich abhängig fühlt, durch Gebete und Opfer und bestimmtes Wohlverhalten zu beeinflussen. Kein Mensch möchte nur ausgeliefert sein, jeder möchte sein Schicksal lenken und zum Guten wenden können.

Um das eigene Schicksal in die gewünschte Richtung zu zwingen, gab es aber noch eine andere Möglichkeit als das Opfer. Wenn der Mensch gleich stark war wie die andere Macht, so brauchte man ja nicht zu bitten und zu betteln, sondern konnte seinen Willen durchsetzen. Auf dieser Trotzreaktion des Menschen beruht der Glaube an die Magie, an die Möglichkeit, mit Zaubersprüchen und Beschwörungen die unsichtbaren Mächte zu zwingen.

Wir lächeln heute darüber und interpretieren Teufelsbeschwörungen, auch wenn sie in Goethes Faust stehen, als

Märchen und Gleichnisse. Wir lächeln über die Angst primitiver Völker vor dem »Bösen Blick«. Wir staunen über den Glauben an die Wortmagie, auf dessen Wirksamkeit der Fluch baut, und nehmen gar nicht mehr wahr, daß der biblische Schöpfungsbericht ebenfalls auf Wortmagie beruht: »Und Gott sprach, es werde Licht – und es ward Licht.«

Wir verstehen nicht, warum Rumpelstilzchen nur so lange seine Macht behielt, als niemand seinen Namen wußte: auch das ist Magie, wenn man Gewalt über ein Ding oder einen Menschen gewinnt, weil man seinen Namen kennt. Auf diesem Wissen bestimmter Worte und Formeln beruht das Zaubern – vielleicht einer der Gründe, weshalb der Gott der Juden verbot »seinen Namen unnützlich zu führen«, wie es in den Zehn Geboten heißt.

Für uns ist solche Magie reiner Aberglaube, früher aber sah man diese magischen Kräfte als Realitäten an. Sie waren Möglichkeit und Mittel, Mitmenschen und unsichtbaren Kräften seinen Willen aufzuzwingen oder zumindest den Versuch zu unternehmen. Gelang dies nicht, so hatte man lediglich die Formel nicht richtig aufgesagt, oder das Beschwörungsritual enthielt einen Fehler – vielleicht einer der Gründe, weshalb religiöse Handlungen auch heute noch so ungeheuer zählebig sind, weil in ihnen immer noch ein Rest Magie steckt, die zum Beispiel den Priester befähigt, durch die Worte »Dies ist mein Leib, dies ist mein Blut . . .« die tatsächliche Gegenwart Christi in der »Wandlung« herbeizuzwingen.

Rückt uns so die Steinzeit im Christentum näher, so kann man umgekehrt auch aus dem Wissen der Gegenwart den Ansatzpunkt des Magischen besser erklären als früher. Die Begriffe wechseln, die Tatbestände bleiben: man braucht keine »unsichtbaren Kräfte« zu mobilisieren, um die Magie zu begreifen. Wer es einmal an sich oder bei anderen erlebt hat, wie man durch das bloße Wort eines Arztes in der Hypnose bewegungsunfähig gemacht werden kann, oder wer einmal gesehen oder erlebt hat, wie man durch autogenes Training, einer Art Selbsthypnose, durch bloße Wortformulierungen Körperpartien absolut schmerzunempfindlich machen und

Handlungstabus setzen kann, die der Betreffende wie ein religiöses Gebot nur mit Ängsten und Überwindungen übertreten kann, wenn überhaupt – der wird eher ein Gefühl für den Ursprung sogenannter magischer Kräfte haben als andere, auch wenn wir heute nicht mehr von Magie reden.

Ich möchte dies auch nur als Vorstellungshilfe für diejenigen anführen, die diesen Phänomenen nicht ablehnend gegenüberstehen. Aber so unbestreitbar wie es heute noch geradezu unheimliche Suggestionswirkungen gibt, so unbestreitbar ist es – und darauf sollte es auch für den Skeptiker ankommen –, daß unsere Vorfahren allgemein an diese Phänomene geglaubt haben. Sonst hätte man wohl kaum dem gesprochenen Fluch- oder Segenswort durch die Jahrtausende hin eine solche verbindliche Wirkung zugeschrieben und bald auch das Zaubern, Beschwören und Beten sein lassen, wenn man nicht irgendwo ihre Wirkung erkannt hätte – und wenn es nur in der Einbildung war. Nimmt man aber an, daß Beschwörung, Fluch und Segensspruch tatsächlich beim betroffenen Menschen eine psychische Reaktion und damit eine Wirkung auslösten, so mag der Fehler der Magie darin zu sehen sein, daß man die Wirkung auch auf die »Götter« ausdehnte, wobei eine Wirkung dem Zufall eines Orakels gleichkam.

Um solche magischen Beziehungen festzustellen, muß man nicht bis in die Steinzeit zurückgehen. Noch heute ist für religiös eingestellte Menschen der griechisch- und russisch-orthodoxen Kirche eine Ikone nicht nur ein gemaltes Heiligenbild, sondern ein »Fenster des Himmels«: es ist wirklich der Heilige selbst, der dort im Bild erscheint. In dem Moment, in dem der Maler das Bild malt, geschieht wie beim Abendmahl eine Wandlung und Beschwörung: das Bild zeigt nicht nur den Heiligen, sondern es selbst wird heilig, weil es der Heilige *ist*, den man auf dem Bild sieht.

Wenn wir diesen Vorgang zumindest gedanklich im logischen Ablauf nachvollziehen können, ist es Zeit, nun wieder zur Kunst der Steinzeit zurückzukehren, obwohl ich Lust hätte, über den geradezu unsterblichen Steinzeitmenschen in uns noch etwas nachzudenken.

Wir haben aber jetzt den Übergang, um den Satz noch einmal mit einem neuen Verständnis lesen zu können, wonach die prähistorische Kunst nur nach denjenigen Maßstäben beurteilt werden darf, die sich aus den Ursachen für deren Schöpfung ergeben, und nicht nach Gesichtspunkten der Ästhetik. Die Ursachen der frühen Malerei aber waren Magie. Ich will das deutlich machen.

Das Bild als Zauber

Wir sagen noch heute bei einer Porträtaufnahme: Ja, das ist ja der und der. Dabei wissen wir genau, daß er es in Wirklichkeit nicht *ist*, sondern daß wir nur das Abbild einer Person vor uns haben. Das magische Denken unserer Vorfahren kennt diesen Unterschied aber nicht. So, wie man Macht über Rumpelstilzchen gewinnt, wenn man seinen Namen weiß, so gewinnt man auch Macht über Dinge, die man nachbilden oder nachmalen kann. Bis ins moderne Hebräisch hinein ist das Wort für »Sache«, »Ding« mit dem Wort für »sagen, reden« verwandt. Und deshalb ist es eine typisch abendländische Streiterei, ob es nun heißt: »Dies ist mein Leib« oder »Dies bedeutet meinen Leib«: im Hebräischen steht nur da: »Das mein Leib« – mag man es nun magisch deuten oder nicht.

Mit diesem »es ist« oder »es geschehe« tat der Mensch nichts anderes, als was die Götter auch tun konnten, deren Macht er fürchtete. Wenn Gott, wie der Schöpfungsmythos der Bibel erzählt, den Menschen aus Lehm »nach seinem Bilde« formte und ihn damit zu seinem Geschöpf machte, so konnte auch der Mensch »seine Geschöpfe« herstellen und beherrschen, in dem er sie nachformte und benannte.

In dieser magischen Beziehung zwischen Bild und Abbild, zwischen »ist« und »bedeutet« liegt der Ursprung aller Götterbilder der Frühzeit und damit zugleich der Ursprung aller »Kunst« überhaupt. Denn was wir heute als Kunst der Steinzeit bezeichnen, war Beschwörung, nichts anderes. Wenn man ein Tier abbilden konnte, hatte man es auf magische Weise in der Hand, und eine gemalte Jagdszene zog den glücklichen Jagdausgang nach sich.

In Tschatal Hüjük finden wir daher, wie in den Höhlenzeichnungen der Steinzeit, zahlreiche Jagdszenen, die das vorwegnahmen, was der Mensch sich erhoffte: den Sieg über die großen und gefährlichen Tiere wie Stier oder Hirsch.

Eine der jüngsten Malereien, die »nur« aus dem Jahre 5800 v. Chr. stammen, fand man in der Schicht III A. Dieses fast 8000 Jahre alte Jagdbild, mehr als anderthalb Meter lang, war viermal sorgfältig mit jeder neuen Putzschicht erneuert worden.

Man erkennt fünf oder sechs Männer in verschiedener Größe, die mit Bogen, Schleudern oder Keulen bewaffnet sind. Möglicherweise benutzt der Mann, der auf dem untersten Hirsch kniet, sogar ein Lasso. Ein Teil der Männer ist offensichtlich unbekleidet, während andere einen Lendenschurz tragen, der waagerecht vom Körper absteht. Die Herde von Rothirschen besteht aus drei Hirschen, zwei Hindinnen und zwei Hirschkälbern, die vor den Jägern fliehen. Ein Hirsch ist bereits von zwei Männern zu Boden geworfen worden und wird gerade getötet – insgesamt also eine recht lebendige Szene, die uns nebenbei Auskunft über Bewaffnung und Jagdtechnik unserer Vorfahren gibt.

Daß die Menschenfiguren unterschiedlich groß sind, zeigt symbolisch die Bedeutung, die »Größe« der Personen an. Auf mittelalterlichen Bildern genauso wie auf Kinderzeichnungen unserer Tage werden die wichtigen Personen größer abgebildet als die anderen. Wir können also mit Sicherheit sagen, daß die große Figur links im Bild der Anführer der Jäger ist.

Aus dieser unperspektivischen Größenangabe können wir aber auch auf den Eindruck der »Größe« schließen, den Tiere wie der Stier bei den Menschen jener Zeit erweckten. In einem Kultraum der gleichen Schicht III A findet sich eine Malerei von fast sechs Meter Länge, die sich über drei Wände erstreckt und die von einem 2,05 Meter langen Stier beherrscht wird, um den winzige Jäger herumschwärmen. Ähnlich ist das Verhältnis bei den Hirschen auf der Nachbarwand.

Sieht man sich diese rekonstruierte Strichzeichnung im sorgfältig nachgezeichneten und ergänzten Ausschnitt an – es ist die Menschengruppe zwischen Stier und den Hirschen in der Ecke des Raumes –, so erkennt man, daß es sich zumindest bei dieser Gruppe nicht um eine Jagdszene handelt, sondern um einen Jagdtanz, der sicherlich beschwörenden Charakter hat: die Figuren wenden sich springend, hüpfend und stehend nach verschiedenen Seiten. Mellaart vermutet, daß der Tanz das Jagdglück sichern soll, das sich auf der gleichen Wand rechts nebenan dargestellt findet.

Offensichtlich folgt der Tanz einem Ritual, denn bei näherem Hinsehen entdeckt man eine Gliederung in drei übereinanderstehenden Reihen, wobei die drei Gestalten in der mittleren Reihe größer, also bedeutender sind als die anderen. Obwohl fast alle mit einem Leopardenfell als Schurz bekleidet sind, unterscheiden sich zwei Gestalten aus der mittleren Reihe zusätzlich dadurch, daß sie nicht durchgehend rot, sondern rot-weiß oder ganz weiß gemalt sind.

Es sind diese beiden Gestalten, die sich noch durch ein weiteres Merkmal von den anderen unterscheiden: sie sind kopflos. Nicht, daß die Köpfe auf der Putzmalerei nicht erhalten waren – sie waren von Anfang an kopflos gemalt.

Kannte man die Jagdzauberbilder schon von anderen Steinzeitmalereien, so sind die kopflosen Menschen, die sich anscheinend normal unter den Lebenden bewegen, bisher nur für Tschatal Hüjük charakteristisch. Dort treffen wir sie öfters auf Bildern an, besonders aber in der Schicht VII und VIII (um 6200 v. Chr.), wo es jene eigenartigen, schon erwähnten Geierbilder sind, die nun vollends deutlich machen, daß diese frühen Malereien nichts mit Schmuck oder Ästhetik, sondern mit der Bewältigung religiöser Vorstellungen zu tun haben.

Es sind erschreckende Bilder, wenn man sich vorstellt, daß die Geier (vermutlich Gänsegeier, wie es sie heute noch in der Konja-Ebene gibt) in Originalgröße mit einer Flügelspannweite von ca. 1,50 m in dem Heiligtum abgebildet sind. Die Geier sind es, wie man aus der Größe gegenüber den Menschen ablesen kann, die nicht nur optisch, sondern auch von der Szene selbst her die Handlung bestimmen. Sie hacken auf kopflose Gestalten ein, die ihnen ausgeliefert sind. Auf einem der ältesten Geierbilder aus der Schicht VIII kann man sogar erkennen, wie ein Mann mit einem Lasso versucht, die Geier von der kopflosen Gestalt fernzuhalten.

Es ist kaum anzunehmen, daß diese Bilder eine reale Szene darstellen, in der Menschen von Geiern angegriffen werden. Weder Raubvögel, erst recht nicht Geier, greifen Menschen ohne Not an. Schließlich fehlt auf den Bildern nicht nur der Kopf auf den Schultern, er fehlt überhaupt. Die Kopflosigkeit hat also offenbar nichts mit einer Art Köpfung zu tun, sondern steht für etwas anderes.

Hier hilft der Geier weiter. Geier sind aasfressende Vögel. Wenn auf den Bildern Geier auf Menschen herumhacken, sind sie demnach bereits tot. Die Kopflosigkeit würde dann also anzeigen, daß ein Mensch tot oder dem Tod geweiht ist.

Jetzt können wir vielleicht auch das Bild mit dem Jagdzaubertanz besser verstehen. Die beiden kopflosen Gestalten bedeuten also tote Anführer – Menschen, die bei der Jagd umgekommen sind oder – vom Maler vorausgenommen – auf der nächsten Jagd möglicherweise umkommen werden und sich deshalb jetzt noch wie Lebende bewegen.

Warum aber die Geier? Die Toten, auf denen die Geier herumhacken, sind alle in der typischen Haltung gemalt, wie man sie aus den Gräbern unter den Lehmbetten ausgegraben hat. Das legt die Vermutung nahe, daß die Geier etwas mit dem Toten- und Beerdigungsritual zu tun haben könnten.

Nun war ja von Anfang an der Gedanke abstoßend, daß man verwesende Leichen unter dem Bett im Wohnzimmer begrub. Das hat aber, wie wir jetzt aus den Bildern sehen können, tatsächlich nie stattgefunden. Die Lösung liegt in der Kombination beider Tatsachen: wohl wurden die Toten in den Häusern bestattet, aber nur die Skelette. Aus den Gemälden erfahren wir, was vorher geschah: die Toten wurden offensichtlich an besonderen Stellen ausgesetzt, damit die Geier ihre Arbeit tun konnten. Wenn man das Bild richtig deutet, das man in der Schicht VI fand, benutzte man dazu besondere

Leichenhäuser, die aus Schilf und leichtem Material gebaut waren. Die Totenschädel unter dem giebeligen Schilfhaus legen diese Deutung jedenfalls nahe.

Eine solche Form der Entfleischung (Exkarnation) vor der Skelettbestattung mag uns seltsam vorkommen, ist aber längst nicht so ungewöhnlich gewesen. Die »Türme des Schweigens«, die wir von den in frühhistorischer Zeit von Persien nach Indien eingewanderten Parsen kennen, sind nichts anderes als solche Stätten der Exkarnation, über denen die Geier mit ihren »Todesschwingen« schweben, wie man sie heute noch in der indischen Stadt Bombay beobachten kann.

Erstaunlich ist eher, daß diese Form der Doppelbestattung schon so früh belegbar ist, denn nun können wir sogar geradezu philosophische Rückschlüsse ziehen, wie sich die Menschen vor 8000 Jahren eingeschätzt haben und wo sie ihr Wesen, ihr Selbst, ihre Seele vermutet haben.

Wie so oft ist auch hier die Sprache verräterisch, weil sie auch in anscheinend neuen Wörtern Uraltes bewahrt. So hängt zum Beispiel das neuhebräische Wort für (staatliche oder persönliche) Selbständigkeit und Unabhängigkeit mit dem hebräischen Wort für das Wesen des Menschen, seinem eigentlichen Selbst-Sein zusammen. Dieses Wort, das noch am ehesten unserer »Seele« entspricht, kommt von dem Wort »ezem«, das nichts anderes als Knochen bedeutet. Will man also sagen, daß man sein ureigenes Wesen meint, so sagt man noch heute »azmi« – meine Knochen. Darin drückt sich der uralte Gedanke aus, daß das Wesentliche, weil Beständigste am Menschen die Knochen sind, während das Fleisch vergänglich ist.

Nur aus dieser Gedankenwelt heraus versteht man übrigens das Bibelwort »Das Wort ward Fleisch« und die »fleischlichen Gelüste« nicht nur so oberflächlich, wie man es im Religionsunterricht lernt. Daß das Wort Fleisch ward, ist kein altertümlicher Ausdruck für die Vorstellung, daß ein Gott Mensch wurde, sondern daß sich dieser Gott dem Vergänglichen, ja dem Unwesentlichen aussetzt, was manchem Theologen einen Dämpfer aufsetzen sollte.

Wenn nun die Leute von Tschatal Hüjük tatsächlich ihre Toten aussetzten, bis das vergängliche Fleisch verschwunden war, um dann nur noch die Knochen zu bestatten, so können wir vielleicht jetzt diese Schranke übersteigen, die uns am Anfang von der Vorstellung einer Totenbestattung im Haus trennte; was sie unter ihren Betten beisetzten, waren nicht die Leichen, sondern das »Unvergängliche«, die Knochen.

Schon damals also haben die Menschen den Gedanken an die Unsterblichkeit mit dem Totenkult verbunden und damit vielleicht schon eine differenziertere Religion gehabt, als wir bisher annehmen konnten. Dem entspricht auch die Tatsache, daß man in dem etwa gleichaltrigen Jericho Menschenschädel gefunden hat, die durch Muscheln in den Augen und durch Bemalung wie lebende Gesichter hergerichtet waren.

Daß es damals bereits ein eigenes Totenritual gab, läßt sich aus einer anderen Wandmalerei in Tschatal Hüjük ablesen. Während sonst die Geier anatomisch richtig abgebildet sind, haben auf einem Wandbild die Geier keine Krallen, sondern normale Menschenfüße. Mellaart zieht daraus den einleuchtenden Schluß, daß auf dem Bild nicht wirkliche Geier dargestellt sind, sondern »vielmehr Menschen, die, als Geier verkleidet, etwas ausführen, das offensichtlich ein Bestattungsritus ist«. Wir hätten, wenn diese Deutung stimmt, hier einen Übergang zu den Fetischtänzen primitiver Völker.

Es läßt sich nun sogar erschließen, wann die Skelette in den Häusern beigesetzt wurden. Mellaart fiel nämlich auf, daß Skelette in den gleichen Schichten einen verschiedenen Grad der Exkarnation zeigten, also offensichtlich nicht alle gleich lang den Geiern ausgesetzt waren. Da nun die Häuser regelmäßig im Frühjahr neu verputzt und bemalt wurden, liegt der Schluß nahe, daß man diesen Zeitpunkt benutzte, um die Toten des vergangenen Jahres alle gleichzeitig in den Häusern zu bestatten, um dann wieder eine neue Putzschicht aufzulegen.

Wenn diese Schlußfolgerungen, die man aus den Wandbildern gezogen hat, im wesentlichen stimmen, so hätten wir bisher schon eine ganze Menge über Motive, Ansichten und Verhalten der Steinzeitmenschen erfahren.

Aber das ist noch nicht alles. Denn so wie Kunst und Magie ursprünglich zusammenhängen, so gibt es auch eine Beziehung zwischen Totenkult und Kunst, die uns neue Zusammenhänge vermitteln kann. Davon berichte ich später.

Vorher aber möchte ich aus der Vielzahl der erhaltenen Wandbilder noch eines erwähnen, das einzigartig in seiner Art ist: es ist das älteste Landschaftsgemälde der Welt, das wir bisher kennen. Es ist möglicherweise auch eines der wenigen Bilder aus der Steinzeit, deren religiös-magischer Bezug nicht unmittelbar nachzuweisen ist.

Das Bild stammt aus der Schicht VII, also etwa aus dem Jahre 6200 vor unserer Zeitrechnung.

James Mellaart beschreibt die Landschaft so: »Im Vordergrund zeigt sich eine Stadt mit rechteckigen Häusern verschiedener Größe, wobei deutlich innere Strukturen angedeutet sind, die an Čatal Hüyük denken lassen. Die Häuserreihen ziehen sich . . . terrassisch zur Höhe eines Hügels hinauf.

Hinter der Stadt erhebt sich ein zweizipfliger Berg. Im Verhältnis zur Stadt ist er sehr klein dargestellt, als ob er weit entfernt wäre. Seine Flanken sind von Punkten bedeckt, und von seiner Grundfläche gehen parallele Linien aus. Weitere Linien brechen aus dem höheren seiner beiden Gipfel hervor, und weitere Punkte sind über seinen rechten Abhang hinaus sowie in horizontalen Linien oberhalb seines Gipfels verteilt, eingestreut sind waagerechte und senkrechte Linien. Ein deutlicheres Bild eines Vulkanausbruchs hätte man kaum entwerfen können: das Feuer, das aus seinem Gipfel hervorbricht, die Lavaströme, die sich aus Öffnungen an seinem Fuß ergießen, Wolken von Rauch und glühender Asche, die über seinem Gipfel hängen und sich auf die Abhänge des Vulkans sowie über diese hinaus abregnen – all dies findet sich in unserer Malerei vereint.«

Wenn man diese Beschreibung Mellaarts mit dem Bild vergleicht, so staunt man über die Phantasie eines Archäologen. In einem Würfelmuster erkennt er Tschatal Hüjük, und bei dem Rest des Bildes wäre wohl keiner von uns auf die Idee gekommen, darin einen feuerspeienden Berg zu erkennen.

Das Verblüffende ist nur, daß man von Tschatal Hüjük aus Mellaart sofort versteht. Es ist nicht schwer, den lokalen Bezug herzustellen: am Ostende der Konja-Ebene liegt in Sichtweite von Tschatal Hüjük der einzige doppelgipflige Vulkan Zentralanatoliens, der 3253 m hohe Hasan Dag, und man hat festgestellt, daß er erst im 2. Jahrtausend vor der Zeitenwende erloschen ist.

Die Bewohner von Tschatal Hüjük werden sicherlich Zeuge eines Vulkanausbruches gewesen sein, eines Ereignisses, das sie mit Schrecken erfüllt haben muß. Es spricht vieles für die Höhe der steinzeitlichen Kultur, daß Menschen des Chalkolithikums die Fähigkeit hatten, ein solches Ereignis im Bild festzuhalten. Insofern entspräche dieses Bild einem Dokumentarfoto unserer Tage.

Aber auch hier kann man am Ende doch Züge entdecken, die ins Magische führen. Mellaart schreibt: »Diese Vulkane, insbesondere der Hasan Dag, waren für Ćatal Hüjük die Quelle so manchen Rohmaterials, besonders gilt dies für Obsidian – sie waren eine Quelle, welcher der Ort vielleicht einen Großteil seines Wohlstandes verdankte. Man darf annehmen, daß das betreffende Material nicht nur wegen seiner großen Schneidkraft, seiner Transparenz, seiner Fähigkeit zu spiegeln und seines pechschwarzen Aussehens so hoch im Kurs stand. Sein vulkanischer und damit chtonischer Ursprung verband es mit der Unterwelt, dem Ort der Toten. Es war wahrhaftig ein Geschenk der Mutter Erde und deshalb voll magischer Kraft.

Diese Überlegungen mögen erklären helfen, warum ein Künstler damals im siebenten Jahrtausend vor Christus mit Čatal Hüjük im Vordergrund in einem von dessen Heiligtümern das ehrfurchtgebietende Wunder einer vulkanischen Eruption festhielt.«

Auch dieses erste Landschaftsbild der Menschheitsgeschichte wäre dann ein Kultbild, dem das Erleben des Tremendum und Fascinosum zugrunde läge. Man muß dieser Deutung Mellaarts nicht folgen. Aber wir werden sehen, daß sich noch rund viertausend Jahre später die Könige der Hethiter nach heiligen Bergen benennen werden.

Totenkult und Ewigkeit

Die Tatsache, daß wir einen wesentlichen Teil der menschlichen Frühgeschichte nur aus Gräbern und deren Beigaben kennen, hat einen religiösen Hintergrund. Er wird uns bis zu der Frage führen, ob wir Städte wie Tschatal Hüjük überhaupt als eine Stadt der Lebenden verstehen dürfen oder nicht vielleicht als eine Totenstadt, zumindest aber eine Mischung aus beiden.

Es scheint, daß die Menschen von Anfang an – im Unterschied zum Tier – den Tod nicht einfach als ein Ende aufgefaßt haben. Schon die Neandertaler haben vor 40000 Jahren ihren Toten Grabbeigaben mitgegeben. Diese Opfer dienen als Beweis dafür, daß man bereits damals religiöse Vorstellungen mit dem Tode verband. Wir wissen natürlich nicht, was diese Jenseitsvorstellungen zum Inhalt hatten. Erst spätere Mythologien aus geschichtlicher Zeit, die aber sicher auf alte Quellen zurückgehen, bringen die bekannten Bilder vom Totenreich, in denen die Schatten der Lebenden existieren. Vorherrschend ist dabei die Idee der »Unterwelt«, die sich im christlichen Denken später zur unterirdischen Hölle entwickelte.

Die Bestattungssitten selbst haben im Laufe der Zeit entsprechend der Einstellung gegenüber den Toten gewechselt.

Im Natoufien (einer Steinzeitkultur im Karmelgebiet), in Jericho, wie auch in Tschatal Hüjük und dem etwas späteren Lepenski Vir, aber auch auf Zypern und anderen Orten wurden die Toten im Haus beerdigt. Dabei war die sogenannte Sekundärbestattung üblich, d.h. also, erst erfolgte die Exkarnation, und später wurden lediglich die Knochen bestattet. Es gibt zahlreiche Belege dafür, daß dabei oft auch nicht das ganze Skelett, sondern nur einzelne Teile, wie z.B. der Schädel, beigesetzt wurden. Uralt ist auch die Idee, unter der Fußschwelle eines neuen Hauses das Skelett eines Kindes zu begraben, das wohl als Opfer gedacht war.

Die Beisetzung der Toten im Wohnbezirk setzt voraus, daß man die Toten nicht als feindlich empfand. Sie blieben auch nach ihrem Tode ein Teil der Familie. J. Zehetmaier faßte das in seinem Buch »Leichenverbrennung und Leichenbestattung im alten Hellas« im Jahre 1907 ein wenig betulich so zusammen:

»Nach uralter indogermanischer Sitte ward auch hier der Tote innerhalb der menschlichen Wohnstätte in die Erde gebettet. Der teure Verstorbene, der im Leben den Seinen so nahe stand, mußte auch im Tode unter ihnen weilen und Leid und Freud, Speise und Trank mit der Familie teilen. Als Lebender hatte er unter dem Dach der einfachen Rundhütte in zusammengekauerter Stellung der nächtlichen Ruhe gepflegt, als Toter mochte er in derselben Lage den ewigen Schlummer schlafen unter dem häuslichen Herd.«

Diese positive Einstellung zu den Toten muß eines Tages mit Gefühlen der Angst oder der Feindseligkeit vermischt worden sein. Man befürchtete, die Toten könnten wiederkehren und irgendwelche Rache nehmen. Man begann deshalb, die Toten mit schweren Steinplatten zuzudecken oder in Steingräbern beizusetzen – eine Steinzeitsitte, die wir noch heute in abgeschwächter Form in den Grabsteinen unserer Friedhöfe wiederfinden.

Noch immer begrub man die Toten im Wohnhaus, aber man ging eines Tages dazu über, nicht mehr mit den Toten zusammen zu leben. Lepenski Vir ist ein Beispiel dafür: »Hatte man einen Toten in einem Hausheiligtum beigesetzt, wurde das betreffende Haus nicht mehr als Wohnung Lebender benutzt«, schreibt der Archäologe Dragoslav Srejovic. Er vermutet sogar, daß die Bewohner anfingen, ihre Toten zu täuschen, indem sie normale Wohnhäuser bauten, aber von Anfang an nur Tote darin beisetzten, um selbst woanders zu wohnen.

Zum Schluß schreibt Srejovic: »So legen neue Untersuchungen des archäologischen Materials von Lepenski Vir die Vermutung nahe, daß es sich bei diesen Baulichkeiten nicht um wirkliche Häuser, sondern um Kultschreine handelte.«

Man unterschied also zu jener Zeit zwischen Wohnhäusern für die Lebenden und Wohnungen für die Toten, die sozusagen für ewig dort wohnten.

Das hatte eine doppelte Folge. Dadurch, daß Tote und Lebende wegen des möglichen magischen Einflusses der Toten getrennt wurden, entstand die Urform des Friedhofes, den wir heute vor allem mit hygienischen Argumenten begründen. Diese Totenstädte waren rein äußerlich den Siedlungen der Lebenden nachgebildet, und es ist für den Archäologen nicht immer einfach, hier eine klare Entscheidung zu treffen und seinen Fund eindeutig zu bestimmen.

Wir werden bei Tschatal Hüjük noch auf das Problem stoßen, das die vielen »Priesterwohnungen« und Kulträume in der Stadt bilden.

Zum anderen war es das Bestreben der Lebenden, ihren Toten möglichst lange eine irdische Heimstatt zu sichern. Da die Toten im Totenreich nicht noch einmal starben, ergab sich die Notwendigkeit, sozusagen Häuser für die Ewigkeit zu bauen, das heißt Kultschreine, die die Generationen überdauerten. Aus diesem Grunde stoßen wir bei Ausgrabungen aus prähistorischer Zeit fast nur auf Gräber und Grabanlagen: sie, und nicht die Häuser der Lebenden, haben die Jahrtausende überdauert.

Um einige bekannte Beispiele zu nennen: von der ägyptischen Kultur wüßten wir sehr viel weniger, wenn nicht Grabmäler – die Pyramiden – erhalten geblieben wären, also Bauten für die »Ewigkeit« und nicht zum Bewohnen durch die lebende Generation.

Nicht für die Lebenden schleppte man in Europa unter unendlichen Mühen riesige Findlingsblöcke zu einem Steinhaus zusammen, sondern für die Toten, die man in diesen »Hünengräbern« beisetzte. Von Mykene, der Burg des Agamemnon, sind uns nur Mauerreste erhalten – als einziger Innenraum bis zum letzten Schlußstein hinauf steht aber heute noch dort das sogenannte Schatzhaus des Atreus – ein Grabmal. Und wenn der Geologe H. G. Wunderlich recht hat – und einiges spricht für seine These –, dann war auch der Palast von Knossos eine Totenstadt und keine Stadt der Lebenden.

Ich kann in diesem gedrängten und notwendigerweise stark vereinfachten Überblick nicht auf Einzelheiten eingehen. Mir kommt es vielmehr darauf an, die enge Verbindung von Totenkult und Kultur, von Grabmal und Architektur, von dauerhaften Bauten und dem Gedanken der Ewigkeit soweit deutlich zu machen, wie es für unseren Zusammenhang nötig ist. Denn hatten wir bisher nur die Erdbestattung in und außerhalb des Hauses gefunden, so beobachten wir am Ende der Steinzeit plötzlich eine vollkommen neue und geradezu revolutionierende Form der Bestattung: die Verbrennung.

Nach allem, was ich bisher über das Verhältnis der Lebenden zu den Toten gesagt habe, muß die Verbrennung der Toten einen Bruch mit einer Tradition und Denkwelt bedeutet haben.

War man bisher darauf aus, wenigstens das Wesentliche am Menschen, seine Knochen, zu erhalten und aufzubewahren, wenn man nicht schon den ganzen Menschen durch Einbalsamieren »am Leben« erhalten konnte, wie dies die Ägypter verstanden, so mußte die Verbrennung des Leichnams ja geradezu das Gegenteil bedeuten: sich auf radikale und brutale Weise von den Toten zu trennen und sie völlig zu vernichten, indem man sogar ihre Knochen, sozusagen ihre »Seele«, verbrannte.

Es wäre nun denkbar, daß die Menschen jener Zeit glaubten, sich auf diese Weise von dem jetzt befürchteten bösen und magischen Einfluß der Toten zu befreien. Man könnte auch vermuten, daß eine vergeistigtere Auffassung vom Leben nach dem Tode den Gedanken mit sich brachte, auf den irdischen Leib ganz zu verzichten – eine Vermutung, bei der wir aber wahrscheinlich heutige Vorstellungen in die Vergangenheit projizieren.

Vieles spricht aber dafür, daß in dem veränderten Bestattungsbrauch eine ganz andere Mentalität zum Ausdruck kommt, die ihrerseits wiederum ihren Grund in äußeren Bedingungen hat.

Wir haben ja bisher stillschweigend vorausgesetzt, daß Tote immer im Haus oder außerhalb in einem Scheinhaus beerdigt wurden. Bei einem Nomaden- oder Hirtenvolk fällt diese Voraussetzung aber weg: warum sollten Wandervölker den Toten feste Häuser bauen, wenn sie selbst keine hatten? Und warum sollten sie sich von den Toten trennen, indem sie sie begruben und selbst weiterzogen? Hier war die Verbrennung und die Aufbewahrung der Asche die einzige Möglichkeit, die Toten mit auf die Wanderung zu nehmen. Der Wunsch, mit dem Toten in der Sippe vereint zu bleiben, ist also gleich. Verschieden ist die Einstellung zur »Seele« des Toten.

Worauf will ich hinaus? Für die semitischen Völker lag das Bleibende am Menschen in den Knochen. Da sich derartige Einstellungen, zumal bei zunehmender Seßhaftigkeit, kaum ändern, wäre die Leichenverbrennung ein Zeichen dafür, daß ein anderes Volk aus einem anderen Kulturkreis mit einer anderen Einstellung die Oberherrschaft gewann.

Und tatsächlich findet gerade in Anatolien genau zu jenem Zeitpunkt der Übergang von der Erdbestattung zur Feuerverbrennung statt, zu dem wir die Einwanderung neuer und in jedem Fall nichtsemitischer Völker feststellen können. In der Nähe von Hattuscha, der späteren Hauptstadt der Hethiter, fand man Erdbestattung und Feuerbestattung nebeneinander.

Soweit man jedenfalls bisher durch Funde nachweisen konnte, setzte sich Verbrennung der Toten erst später durch. Erst in der Bronzezeit Ungarns ist sie von größerer Bedeutung. In der Jüngeren Bronzezeit kommt es dann zu einer weitverbreiteten Urnenfeldkultur, die eine Gruppe untereinander verwandter europäischer Kulturen seit dem frühen 2. Jahrtausend v. Chr. verbindet. Seit dem 13. Jahrhundert waren Urnenfelder auch im östlichen Mitteleuropa verbreitet, von dort breitete sich die Sitte nach Westen und Norden aus. Im 11. Jahrhundert vor der Zeitenwende wird die Urnenbestattung und ihre typische Keramik westlich des Rheins nachgewiesen, um 750 hat sie Südfrankreich erreicht. Zwischen dem 11. und 9. Jahrhundert war die Brandbestattung auch im

Mittelmeergebiet heimisch geworden, zu Beginn der Eisenzeit war sie bei Griechen und Römern üblich.

Erst durch das Christentum, das ja aus dem semitischen Kulturkreis kam, wurde die Totenverbrennung wieder durch die Erdbestattung ersetzt.

Der Umgang mit den Toten läßt also Rückschlüsse auf sich verändernde Kulturen und Kulturkreise zu, wobei die Vorstellung, daß die Toten in irgendeiner Form weiterleben, allen gemeinsam ist, denn auch bei der Urnenbestattung hielt man daran fest, den Toten Gaben mit ins Grab zu geben.

Ein Auferstehungsglaube im christlichen Sinne ist damit nicht notwendigerweise verbunden. Dem Judentum zum Beispiel war der Gedanke einer Auferstehung der Toten fremd, auch wenn er zur Zeit Jesu von einzelnen diskutiert und vertreten wurde.

Wir sollten daher vorsichtig sein und die Begräbnisbräuche und das Verhältnis des prähistorischen Menschen zu seinen Toten nicht nach unseren heutigen Maßstäben beurteilen. Festhalten sollten wir dagegen die engen Verbindungen von Totenkult, Kultur und Religion, die von Anfang an bestanden haben. Darum finden wir Geburt und Tod gleichermaßen in den Kulträumen Tschatal Hüjüks dargestellt.

Götter der Steinzeit

Die enge Verbindung von Magie und »Kunst« ist in Tschatal Hüjük nicht nur bei den Gemälden erkennbar, auch wenn man die Einmaligkeit dieser Wandbilder gar nicht oft genug betonen kann. Als James Mellaart die Stadt auszugraben begann, stieß er bald auf Figuren aus gebranntem Lehm, aus Speckstein oder bearbeitetem Tropfstein, wie man sie auch von anderen steinzeitlichen Funden her kennt. Es sind jene üppigen Frauengestalten, die in der Kunstgeschichte etwas ironisch nach ihrem Fundort »Venus von ...« genannt werden. Dabei führt die Bezeichnung Venus in die falsche Richtung: nicht die Schönheit der Frau sollte dargestellt, sondern deren Fruchtbarkeit bewirkt werden.

Die Statuetten waren keine Porträts und schon gar nicht Pin-up-girls der Steinzeit, sondern dienten dem Zauber. Indem man diejenigen Körperteile wie Brüste, Hüften und Schamteile besonders hervorhob, die mit der Fruchtbarkeit verbunden sind, glaubte man auf magische Weise dadurch auch Fruchtbarkeit hervorrufen zu können. Eine Frau, die eine solche Figur ansah, glaubte danach selbst fruchtbar zu werden. Dahinter steckt der Gedanke der magischen Teilhabe: weil ein Fruchtbarkeitssymbol nicht nur etwas *zeigt*, sondern wie eine Ikone das Dargestellte auch *ist*, glaubte der Betrachter, dieses »Sein« auch auf sich übertragen zu können – übrigens eine Vorstellung, die noch in unseren Tagen lebendig ist, wenn abergläubische Leute schwangeren Müttern raten, bestimmte Dinge nicht anzusehen, weil dieses »Versehen« auf das Kind übergehen könnte.

Ein solches Zauberbild wirkt aber wie ein Amulett auch unabhängig vom Betrachter. So fand Mellaart die Statuette einer gebärenden Frau in einem Kornbehälter. Offensichtlich sollte durch diesen sogenannten »Sympathiezauber« der Ernteertrag gesteigert werden. (Der Sympathiezauber ist das positive Gegenstück zum Bannfluch oder der Verhexung.)

Wir wissen nicht, ob die Menschen damals solche Statuetten bereits als selbständige Götter mit eigenem Namen betrachteten oder ob sie nur Symbole für ihre Wirkungseigenschaften waren, so daß eine Statuette gegen die andere ausgetauscht werden konnte, sofern nur die Fruchtbarkeit betont und gemeint war.

Sicher ist aber, daß sich aus diesen Fruchtbarkeitssymbolen im Laufe der Geschichte verschiedene Göttergestalten mit deutlich unterschiedlichen Eigenschaften entwickelt haben. So entstand aus dem Bild der fruchtbaren Frau in Griechenland die Göttin »Ge« oder »Gäa«, die in unserer Sprache noch als »Mutter Erde« weiterlebt, weil die Erde in ihrer Fruchtbarkeit all das hervorbringt, was der Mensch zum Leben braucht. Stand dagegen die weibliche Schönheit und Jugend im Vordergrund, wurde sie zur Aphrodite oder Venus. Betonte man die Fruchtbarkeit im allgemeinen, besonders auch des Getreides, so nannte man die Muttergottheit oder Korn-Mutter »Demeter«, lateinisch »Ceres«.

Daneben gab es auch noch das Bedürfnis, den Begriff Mutter und Mädchen in Gestalt der »beiden Herrinnen« zu verbinden. Von dieser »Großen Göttin«, der »Kybele«, erzählen die griechischen Knossostexte und in Mykene wurde eine Elfenbeinskulptur von ihr gefunden. Aber auch in Tschatal Hüjük scheint es eine derartige Vorstellung schon gegeben zu haben. Dort grub man die eigenartige Doppelfigur einer Göttin aus, die zwei Köpfe, zwei Paar Brüste, aber nur ein Armpaar hat. Es ist daher wohl nicht falsch, wenn man in dieser Figur bereits die Vorform der späteren Kybele sieht.

Interessanterweise kann man an diesen Statuetten auch noch eine andere Entwicklung ablesen, nämlich den Übergang vom Patriarchat zum Matriarchat. Er beweist nebenbei, daß auch religiöse Vorstellungen von gesellschaftlichen und wirtschaftlichen Bedingungen abhängig sind.

Bis in die Schicht IV hinein, also bis etwa zum Jahre 5900, finden wir neben den weiblichen Figuren auch männliche Nachbildungen, wenn auch weit weniger zahlreich: acht Götterbildern stehen 33 Darstellungen von Göttinnen gegenüber. Nach dieser Zeit gibt es dann nur noch weibliche Figuren, das heißt, Muttergottheiten.

Dieser Wandel spiegelt, zeitlich etwas verspätet, jene Veränderung wider, die wir bereits kennen: es ist die Neolithische Revolution, in deren Verlauf die Menschen vom Nomaden und Jäger zum seßhaften Bauern wurden. In der Jagdgesellschaft der älteren und mittleren Steinzeit hingen Bestand und Glück der Gemeinschaft von der Tapferkeit und Ausdauer des Mannes ab, der die Beute erjagen mußte. Infolgedessen war der Mann das Symbol des Überlebens. In dem Augenblick aber, in dem die Menschen dazu übergingen, Tiere zu zähmen und Korn zu säen, also selbst zu produzieren, gewann die Frau in dem Maße Einfluß, wie der Mann ihn als bloßer Feldarbeiter und Holzfäller innerhalb der Gesellschaft verlor.

Säen und ernten, empfangen und gebären entsprachen einander. Die weibliche Fruchtbarkeit korrespondierte mit der Fruchtbarkeit der Tiere und des Bodens.

Dieser Wechsel drückt sich auch in den Kultfiguren aus. In steinzeitlichen Fundstätten, die zeitlich etwas jünger sind als Tschatal Hüjük, wie im anatolischen Hacilar, fehlen männliche Statuetten bereits ganz: das Matriarchat hatte sich durchgesetzt und führte zur Vorherrschaft der weiblichen Götter.

In der griechischen Mythologie war es auch nicht ein Gott, sondern die Urmutter Gäa, die aus dem Chaos entstand und die ohne männlichen Partner Uranos, Ourea und Pontos – also Himmel, Berge und Meer – gebar, während die Bibel von einem patriarchalischen Weltbild ausgeht und ein männlicher Gott zuerst einen Mann und erst danach die Frau schafft.

Daß dann später doch wieder die männlichen Gottheiten auftauchen und sich sogar als Hauptgottheiten durchsetzen, hatte seinen Grund in der nächsten soziologischen Veränderung, wobei diesmal die irdischen Verhältnisse noch direkter an den Himmel projiziert wurden: nachdem der jeweils Stärkste durch den dauernd herrschenden König abgelöst worden war, der das Geschick der ganzen Gemeinschaft bestimmte, war es nur folgerichtig, daß auch die Göttinnen und Götter ihren obersten Herrscher – sei es Zeus, Wotan oder Marduk – erhielten.

In Tschatal Hüjük ist diese Entwicklung noch nicht eingetreten. Neben den weiblichen Gottheiten, die nicht nur als Skulpturen zwischen 3 und 20 cm Höhe, sondern auch an den Wänden als große Halbreliefs in Gips als Schwangere und Gebärende auftauchten, wird der Haupteindruck dort von einem ganz anderen Kult bestimmt: dem Stierkult.

Dabei ist der Stierkult keine besondere Eigenheit Tschatal Hüjüks, wohl aber das früheste Beispiel eines Kultes, der länger als jeder andere Kult, mindestens 7000 Jahre lang, lebendig war und der von Indien bis in den europäischen Norden hinauf eine größere Verbreitung gefunden hat als jede andere religiöse Verehrung. Zeus, der als Stier Europa entführt, das

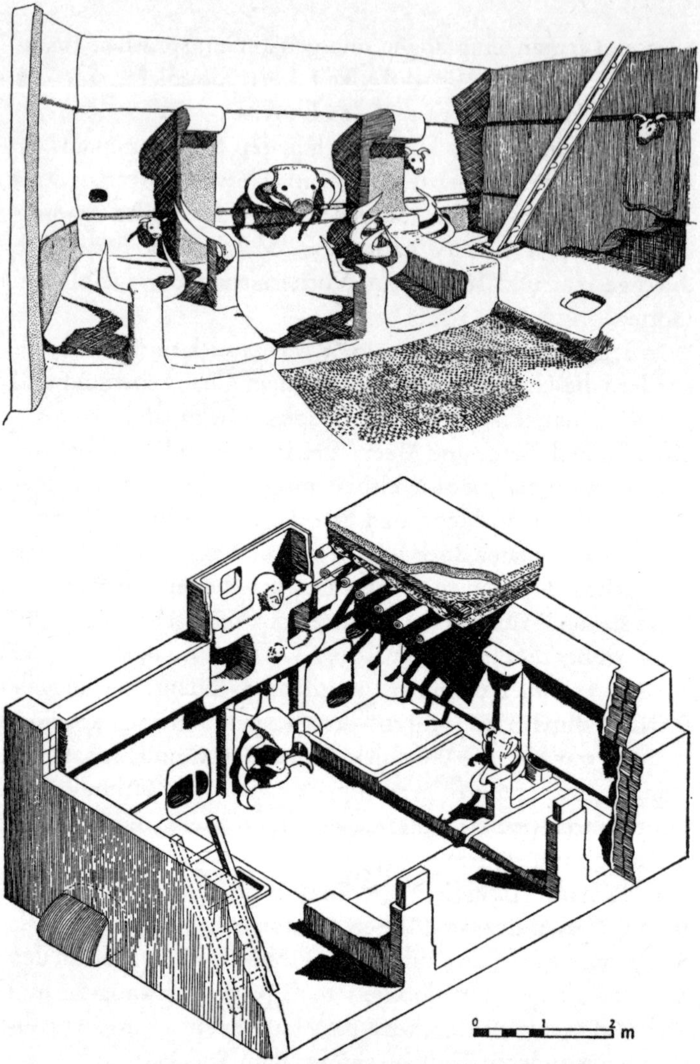

In den zahlreichen Kulträumen von Tschatal Hüjük wurde der Stier verehrt. Modellierte Stierköpfe, in die zum Teil echte Hörner eingesetzt waren, sowie Bänke mit Hörnerpaaren tauchen immer wieder auf.
Auf dem Bild unten das Relief einer Frau in Gebärhaltung, die einen Stier gebiert. (Kultstätten aus der Schicht VI, ca. 5800 v. Chr.)

Goldene Kalb der Bibel, die Verehrung der (gehörnten) heiligen Kühe Indiens und die Hörnerhelme der Germanen: sie alle sind Ausdruck dieses Kultes, den die Ägypter ebenso kannten wie das minoische Kreta, dessen Stiermensch das Labyrinth von Knossos beherrschte.

Es ist auch dieser Stierkult, der das proto-hattische Anatolien mit dem Reich der Hethiter verbindet. Wir werden ihm also später noch einmal wiederbegegnen.

Aus dem steinzeitlichen Tschatal Hüjük kennen wir aus der relativ jungen Schicht III A das Bild eines über zwei Meter großen Stiers. Er entspricht in seiner Darstellung den anderen steinzeitlichen Höhlenmalereien, die dem magischen Jagdzauber dienten. Die Abbildung eines Stieres oder Hirsches war dabei aber noch kein Akt der Verehrung.

Anders ist es mit den Stiersymbolen, die in großer Zahl in Tschatal Hüjük gefunden wurden, von denen ich nur einige Beispiele auswählen kann. Dabei lassen sich zwei Arten der Stiersymbolik unterscheiden. In der Mehrzahl der Fälle ist der ganze Kopf eines Stieres aus Lehm plastisch nachgebildet und oft mit echten Stierhörnern bestückt. In solchen Fällen sind die Stierköpfe häufig in Reihen nebeneinander und übereinander in die Wände eingelassen, so daß sie wie die Geweihsammlungen eines Jägers aussehen. Zum Teil sind die Köpfe mit geometrischen Mustern bemalt, oder man erkennt einen farbigen menschlichen Handabdruck über dem Maul.

Die zweite Form der Darstellung verzichtet vollkommen auf die Wiedergabe des Tieres und zeigt nur die Abstraktion eines Stieres: hierbei werden die Hörner der Stiere in Sockel eingelassen. Manchmal sind diese Sockel zu einer Bank verlängert, in der hintereinander bis zu sechs Hornpaare angebracht sind.

Daß es sich hier nicht um eine bloße Sammlung von Jagdtrophäen handelt, also um soundsoviel erlegte Stiere, geht aus anderen Kulträumen hervor, wo die Stierköpfe nur einen Teil der Kultgegenstände darstellen. Zusammen mit einem riesigen Geierbild finden wir in einem Kultraum der Schicht VII zum Beispiel Stierbilder und Menschenschädel vereint, die offenbar in einer uns nicht mehr verständlichen Beziehung zueinander stehen, die aber ebenso in einen kultischen Zusammenhang gehören wie das für einen Nichtchristen völlig unverständliche und anscheinend beziehungslose Nebeneinander von Kruzifix, Hostie und Ewigem Lämpchen in einer katholischen Kirche. Wir können lediglich feststellen, daß der Stierkult auch mit dem Totenkult verbunden sein kann.

Einfacher zu deuten ist eine andere Szene, die wir in einem Kultraum der Schicht VI A finden: es ist die symbolische Darstellung der Geburt eines Stieres. Dabei sucht man aber vergeblich nach der Kuh, die den Stier gebiert. Statt dessen sieht man eine menschliche Gestalt mit abgespreizten Armen und Beinen. Aus anderen Halbreliefs aus Tschatal Hüjük wissen wir, daß mit dieser Haltung die Geburtshaltung der Frau dargestellt wird. Daß es sich um eine Frau und dazu noch um eine schwangere handelt, wissen wir ebenfalls aus zahlreichen anderen Beispielen: der vorgewölbte kugelförmige Bauch ist das Erkennungszeichen. Unmittelbar unter der Gebärenden erkennt man nun den Kopf eines Stieres. Es ist also die Frau, die einen Stier gebiert – eine so seltsame Vorstellung, daß man diese Zuordnung für zufällig halten könnte, wenn diese Geburtsszene nicht noch mehrfach in Tschatal Hüjük gefunden worden wäre und wenn man nicht aus den Mythen der Völker längst wüßte, mit welch einer Selbstverständlichkeit man damals von der Vermischung von Tier und Mensch sprach.

Göttervater Zeus hatte auf diesem Gebiet einige Erfahrung, zum Beispiel besuchte er die aitiolische Königstochter Leda in der Gestalt eines Schwans. Das Ergebnis war, daß Frau Leda ein Ei legte, aus dem dann die schöne Helena, die spätere Königin von Sparta, ausgebrütet wurde. Auf ähnliche Verbindungen zwischen Mensch und Tier gehen auch die seltsamen Fabel- und Mischwesen zurück wie jener Stiermensch mit dem Leib eines Mannes und dem Kopf eines Stieres.

Wir brauchen nicht anzunehmen, daß es die Menschen damals nicht besser wußten. Auch damals schon brachten Schafe immer nur Schafe und Menschen immer nur Menschen zur Welt und keine Eier. Wenn sie trotzdem das Unmögliche als möglich darstellten, wollten sie offenbar einen Sinnzusammenhang verdeutlichen, der über das Gezeigte hinausging. Um bei Leda und dem Schwan zu bleiben: nicht die Pfiffigkeit des Zeus ist das Wesentliche an der Geschichte, sondern Ziel und Zweck der Erzählung ist es, die göttliche Abkunft der Helena deutlich zu machen; je wunderbarer die Umstände, desto besser.

Wie der Traum setzt der Mythos Gedanken in Bilder um. Auch im Traum kann das offensichtlich Unmögliche als möglich erlebt und, in Bilder umgesetzt, gesehen werden, wobei man bei Träumen oft noch das Gefühl hat, Realität zu erleben.

Aus der Traumanalyse wissen wir, daß diese Traumbilder nur der Ausdruck eines dahinterstehenden Gedankens sind, wobei sich die Bildsprache des Traumes oft der gleichen Symbole bedient wie der Mythos und die bildhafte Sprache, die unter »links« nicht nur die Gegenrichtung von rechts versteht, sondern gleichzeitig auch im übertragenen Sinne das »Un-Rechte«, das Falsche, ausdrückt. Sigmund Freud unterscheidet daher zwischen der Traumfassade und dem dahintersteckenden Traumgedanken.

Die Frage ist jetzt also, ob wir den eigentlichen Sinn des Stierkultes bereits erfassen können, wenn wir lediglich beschreiben, was wir sehen. Es könnte ja sein, daß der Stierkult einen anderen Gedanken ausdrückt, als wir zunächst annehmen, wenn wir zu Stier Zeugungskraft assoziieren und deshalb meinen, der Stierkult sei vielleicht ein Fruchtbarkeitskult. Wir werden uns mit diesem Thema noch ausführlicher beschäftigen, wenn wir auch den Stierkult der Hethiter kennengelernt haben.

Aber im Zusammenhang mit dem religiösen Kult muß ich jetzt noch ein Problem ansprechen, über das sich die Gelehrten nicht einig sind und das veranschaulicht, daß viele Schlußfolgerungen der Archäologen eben nur auf Deutungen beruhen.

Als James Mellaart sich daran machte, die Zahl der ausgegrabenen Wohnungen und die Zahl der Heiligtümer miteinander zu vergleichen, kam er auf ein Zahlenverhältnis, das ihn stutzen ließ.

Als sicher nachgewiesene Kultstätten, die also nicht zum Wohnen dienten, zählte er 48 Häuser. Bei weiteren 15 Häusern vermutete er, daß sie Kultstätten gewesen seien. Diesen insgesamt 63 Kultstätten standen aber nur 103 Wohnungen gegenüber. Das hieß also, jedes dritte Haus in Tschatal Hüjük war eine Art Tempel. Und so schreibt Mellaart auch ein wenig zaghaft: »So will es scheinen, daß auf je zwei Häuser eine Kultstätte kommt.«

Selbst wenn man nur die sicher nachgewiesenen Kultstätten den Wohnhäusern einschließlich der vermuteten Kultstätten gegenüberstellt, ist das Verhältnis von 48 zu 118 seltsam genug. Sollte man tatsächlich annehmen, daß die Leute von Tschatal Hüjük eine für ihre Verhältnisse große Stadt gebaut hatten, die nur etwa zur Hälfte zum Wohnen diente? Oder war Mellaart, wie er schließlich vermutete, zufällig gerade auf das Priesterviertel gestoßen, das die Häufung der Kultstätten erklären würde?

Wenn es aber stimmte, daß wirklich 63 Kultstätten nur 103 Wohnungen gegenüberstanden, dann konnte man fragen, ob Tschatal Hüjük denn überhaupt zum Bewohnen gedacht war. War Tschatal Hüjük am Ende eine Totenstadt wie Lepenski Vir?

Vielleicht verstehen wir aber einfach den Begriff der Kultstätte falsch und sehen überall Tempel, wo gar keine waren. Aus der Tatsache, daß Katholiken und Orthodoxe einen »Herrgottswinkel« im Zimmer haben, würde der Kenner ja auch nicht schließen, daß dies geweihte Räume seien, in denen kein Alltagsleben stattfinde.

Die Schwierigkeit ist die, daß sämtliche Häuser in Tschatal Hüjük nach dem gleichen Plan gebaut und eingerichtet sind. Selbst die Räume, die Mellaart für Kultstätten hält, unterscheiden sich in nichts von Wohnräumen. Auch die Kulträume haben Lehmbetten über Eck, den Feuerherd und die Treppe an der Südseite sowie Türen zu den Vorratsräumen. In den Wohnräumen gibt es ebenso Wandbilder und, wenn auch seltener, Stierhörner wie in den Kulträumen. In den Kulträumen wiederum wurde der Herd genauso benutzt wie in den Wohnzimmern. Man fand Kornreste, Eierschalen und Kinderspielzeug in den Kulträumen, in denen aber keinerlei Vorrichtungen für Opfer vorhanden waren: es fehlten Altäre und Tische zum Ausbluten der Opfer, wie man sie in anderen frühzeitlichen Stätten, wie z. B. in Beycesultan, gefunden hatte. Es fehlten auch Gruben für das Opferblut und Abfallstellen für die Tierknochen – und schließlich war zu fragen, wie man bei der Bauweise von Tschatal Hüjük denn überhaupt Opfertiere über die Dächer hätte transportieren wollen.

All das scheint der Vorstellung von besonderen Kulträumen zu widersprechen. Was für eigene Kulträume spricht, läßt sich eigentlich nur am zusätzlichen Inventar ablesen. So sind die Wandgemälde in den angeblichen Kulträumen besonders sorgfältig gearbeitet. Wir finden hier Gipsreliefs und Stierhörner, die in Bänke eingelassen sind, so daß sie den vorhandenen Raum stark einengen. In den angeblichen Kultstätten waren auch mehr Kultstatuen als anderswo. Typisch scheint auch zu sein, daß Votivfiguren in den Wänden steckten und daß Menschenschädel auf Sockeln im Raum standen oder unter den Stierbildern lagen. »All diese Merkmale finden sich in gewöhnlichen Wohnhäusern nicht«, schreibt daher Mellaart und zieht den Schluß: »Treten mehrere von ihnen gemeinsam auf, so bleibt kaum ein Zweifel, daß das Gebäude, in dem sie sich fanden, als Kultraum oder Heiligtum diente.«

Einen zusätzlichen Hinweis sieht er darin, daß von elf sogenannten »Rot-Ockerbestattungen« (wobei die Knochen aus kultischen Gründen rot bemalt sind) sechs in eindeutig als Kultstätten erkannten Gebäuden gefunden wurden und drei in stark beschädigten Gebäuden, die aber wegen ihrer Reliefreste ebenfalls Kulträume gewesen sein dürften. Umgekehrt fand sich keine einzige Rot-Ockerbestattung in reinen Wohnhäusern.

Auch die Grabbeigaben könnten einen Schluß zulassen: so wurden Obsidianspiegel vor allem in Kulträumen bei Frauenbestattungen und Gürtelschließen aus geglätteten Knochen als Grabbeigaben für Männer ausschließlich in »Heiligtümern« gefunden.

Wenn man nicht annehmen will, daß sich die Ausstattung der Räume und die Qualität der Beigaben nach der sozialen Stellung oder dem Reichtum des einzelnen richteten, so spricht wirklich einiges dafür, daß die Kulträume zumindest »besondere Räume« waren. Warum aber wurden dann die Toten ebenso in Wohnhäusern und nicht nur in Kulträumen begraben?

Schon Oswald Spengler hatte in seinem »Untergang des Abendlandes« die These aufgestellt, der Palast von Knossos sei eine Totenstadt gewesen, in der lediglich diejenigen gewohnt hätten, die mit dem Totenkult zu tun hatten. Der Geologe H. G. Wunderlich hat diese These im Jahre 1972 wieder aufgegriffen und sie mit recht einleuchtenden Argumenten zu erhärten versucht.

Auch die Steinzeitsiedlung Lepenski Vir im Donaugebiet war offensichtlich eine Nekropole und keine Wohnstadt.

Sollte diese Annahme richtig sein, so könnte die auffällige Häufung von Kultschreinen und Heiligtümern auch in Tschatal Hüjük den Gedanken nahelegen, daß wir eine steinzeitliche Nekropole vor uns haben.

Eine andere Lösung schlagen neuerdings zwei Berliner Gelehrte vor. Ernst Heinrich, der lange Zeit die deutschen Ausgrabungen in Uruk-Warka geleitet hat und jetzt wieder als Leiter des Grabungsstabes der Deutschen Orientgesellschaft in Syrien tätig ist, und Ursula Seidl, Mitarbeiterin des Deutschen Archäologischen Instituts, stellten die These auf, die Kultstätten oder Heiligtümer Tschatal Hüjüks seien ursprünglich einzelne »Siedlungskerne« gewesen, die voneinander isoliert gestanden hätten. Um diese Stammeshäuser der einzelnen Sippen wären dann die einzelnen Wohnungen gebaut worden, bis sie zu einer Stadt zusammengewachsen seien. Aus Ehrfurcht vor dem früheren Familienbesitz und weil dort der Ahnenkult am längsten gepflegt worden sei, hätten sich diese Stammhäuser im Laufe der Zeit dann zu Sippenkultstätten entwickelt, aus denen spätere Tempel und Kultstätten für die ganze Gemeinschaft wurden.

So plausibel der Gedanke des Sippenheiligtums ist – er würde die Vielzahl der Heiligtümer erklären –, so wenig leuchtet mir die Überlegung ein, daß aus einzelnen wachsenden Baukernen am Ende ein so klarer und übersichtlicher Stadtplan entstehen konnte, wie ihn Tschatal Hüjük aufweist. Ich frage mich auch, wie denn die einzelnen Häuser zusammenwachsen sollten, wenn die Heiligtümer schon Wand an Wand lagen. Das Ergebnis wäre ja auch hier, daß am Ende niemand mehr in Tschatal Hüjük wohnen konnte, wenn die Heiligtümer so dicht gedrängt standen.

Aber möglicherweise verstanden die Steinzeitmenschen unter Heiligtum nicht das gleiche wie wir. In einer Welt, in der jeder Baum, jeder Wasserlauf und jeder Stein belebt gedacht wurde, hat es vielleicht noch gar keine Trennung zwischen Heiligem und Profanem gegeben. So, wie man die Toten im Wohnraum beerdigte, so hat man vielleicht auch im Heiligtum gelebt: es ist noch ein langer Weg zum Allerheiligsten eines Tempels, das nur der Auserwählte betreten darf.

Offensichtlich haben wir hier wieder eine Schranke erreicht. Wir wissen, daß es in Tschatal Hüjük einen Totenkult gab, daß man Fruchtbarkeitsgöttinnen und den Stier verehrte – wir wissen aber nicht, wie dies geschah.

Und selbst wenn Tschatal Hüjük eine Stadt der Toten und nicht der Lebenden gewesen sein sollte, wäre dies kein Grund, all das für falsch zu halten, was ich bisher über das Leben in der Steinzeit berichtet habe. Da die Totenstädte immer den Wohnungen der Lebenden nachgebildet waren, um die Toten zu täuschen, bleibt es im Ergebnis gleich, ob wir eine Totenstadt oder eine Stadt der Lebenden beschreiben: die Funde stammen ohnehin von Lebenden, ob es Gemälde, Kultschreine oder Handwerkszeug und Grabbeigaben sind.

Es besteht daher kein Grund zur Resignation, wenn sich die Forschungsergebnisse oder die Ansichten der Gelehrten widersprechen. Vieles steht trotzdem fest, und im Rückblick staune ich, wieviel wir doch von einer Stadt wissen, die vor mehr als 8000 Jahren in der Steinzeit aus Lehmziegeln gebaut wurde. Sie hat uns mehr Auskunft gegeben über das Leben jener Zeit als mancher großartige Bau aus historischer Zeit.

Die Spur der Steine

Nach einer über tausendjährigen Geschichte wurde Tschatal Hüjük um das Jahr 5600 vor unserer Zeitrechnung plötzlich verlassen und aufgegeben. Wir wissen nicht warum. Vielleicht war es ein verheerendes Feuer, das diese Stadt aus der Steinzeit vernichtete, vielleicht war die straßenlose Stadt zu alt und zu unbequem geworden, eine Stadt der Toten und der Heiligtümer.

Aber Tschatal Hüjük ging nicht unter. Auf dem Hügel jenseits des Flusses entstand es noch einmal. Siebenhundert Jahre später wurde auch diese Stadt, die man zur Unterscheidung Tschatal Hüjük West nennt, verlassen, ohne daß man bisher deutliche Anzeichen von Gewalt oder absichtlicher Zerstörung gefunden hätte.

Damit endet um das Jahr 4900 vor unserer Zeit die Geschichte dieser Stadt. Fast siebentausend Jahre lang war die Stadt vergessen, ehe sie wieder ausgegraben wurde und ihre Erinnerungen an die Vorzeit freigab.

Tschatal Hüjük ist aber nicht die einzige Ausgrabung im anatolischen Hochland, die uns vom Leben in der ausgehenden Steinzeit, dem Chalkolithikum, berichtet.

In einer nahezu lückenlosen Aufeinanderfolge zeitlich zusammenhängender oder sich überlappender Funde konnten die Archäologen den großen Bogen von Tschatal Hüjük bis zur indo-europäischen Einwanderung nach Anatolien spannen, die dann zum Großreich der Hethiter führte.

In Dutzenden von Ausgrabungen quer durch Anatolien, von Troja bis zum Ararat, können wir an Ausbreitung und Entwicklung all das wiedererkennen, was wir im Keim schon in Tschatal Hüjük kennengelernt haben.

Ich will hier natürlich nicht sämtliche Ausgrabungen anführen, die im Detail letztlich nur den Archäologen interessieren können. Ich will aber diejenigen Orte nennen, die eine Entwicklung vom Chalkolithikum bis in die Bronzezeit hinein deutlich machen. Wer einen vollständigen Überblick wünscht, sollte den Band »Anatolien I« von Bahadir Alkim in der Reihe Archaeologia Mundi heranziehen, dem ich hier im wesentlichen folge.

Zeittafel der Vor- und Frühgeschichte

(Nach Bahadir Alkim)

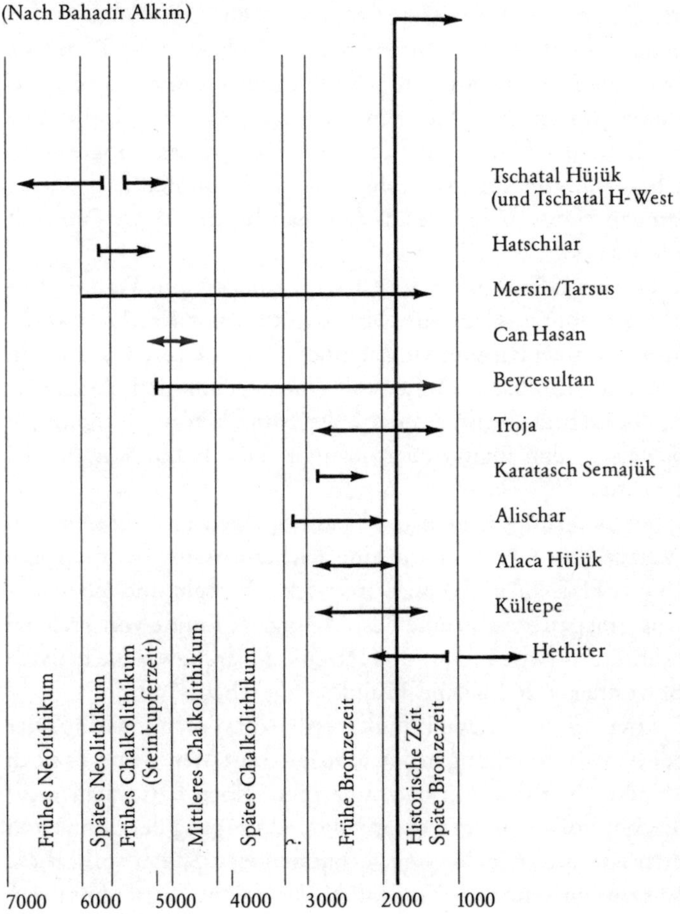

Gleichzeitig mit Tschatal Hüjük West, aber fast 250 km entfernt, finden wir in Hatschilar (etwa 5700–5000 v. Chr.) nahezu eine Wiederholung des bereits Bekannten. Dadurch erhalten wir die Bestätigung, daß Tschatal Hüjük keine Ausnahme, sondern eine »typische Steinzeitstadt« war.

Auch in Hatschilar, das 23 km südwestlich von Burdur am Westende des Burdursees bei Haçilar in der anatolischen Hochebene liegt, finden wir die gleichen Lehmziegelhäuser, die Mauer an Mauer stehen. Allerdings hatten die Häuser bereits Fundamente aus Stein, und die Mauern waren bis zu einer Dicke von einem Meter angewachsen. Die Räume selbst hatten ein ähnliches Format wie in Tschatal Hüjük, waren aber mit 10,5 mal 6 m im Schnitt etwas größer. Wände und Böden waren auch hier mit weißem Gips überzogen. Die Decken der Räume wurden mit Holzpfosten abgestützt, Überreste von Treppenstufen aus ungebrannten Ziegeln bei einigen Häusern deuten an, daß man bereits in der Steinzeit Stockwerke baute.

Bei den sauber gearbeiteten Werkstücken und Figuren findet sich immer wieder die Muttergöttin, das Fruchtbarkeitsidol, oft noch zusammen mit einem Mann oder, wie auch in Tschatal Hüjük, zusammen mit einem Leoparden. Auch hier ist der Gebrauch von Kupfer belegt, und bikonische Spindeln beweisen, daß man weben konnte. Der Hund war bereits Haustier.

An Nahrungsmitteln fand man Spelzen und Körner von Weizen und Gerste sowie eine Kichererbsensorte, die sogenannte Hatschilar-Erbse, Bitterwicke, Eicheln und Vogelkirsche – im ganzen also eine Bestätigung der Funde von Tschatal Hüjük. Auch die Leute von Hatschilar waren, wie die meisten Bewohner von Tschatal Hüjük, Langschädel.

Hier wie in Tschatal Hüjük werden die Toten innerhalb der Stadt in Hockstellung in den Häusern bestattet, wobei es noch keine einheitliche Blickrichtung gibt. Noch hatte man nicht die Symbolik entdeckt, die mit dem Untergang der Sonne und dem Totenreich im Westen verbunden war. Später sollte diese Westorientierung für Tote jahrtausendelang Richtschnur sein

Das Sphingentor von Alaca Hüjük, einer Stadt aus der Bronzezeit. Nicht weit von der hethitischen Hauptstadt Hattuscha gelegen, war sie der Sitz eines reichen Fürstentums, als die indo-europäischen Hethiter nach Anatolien einwanderten.

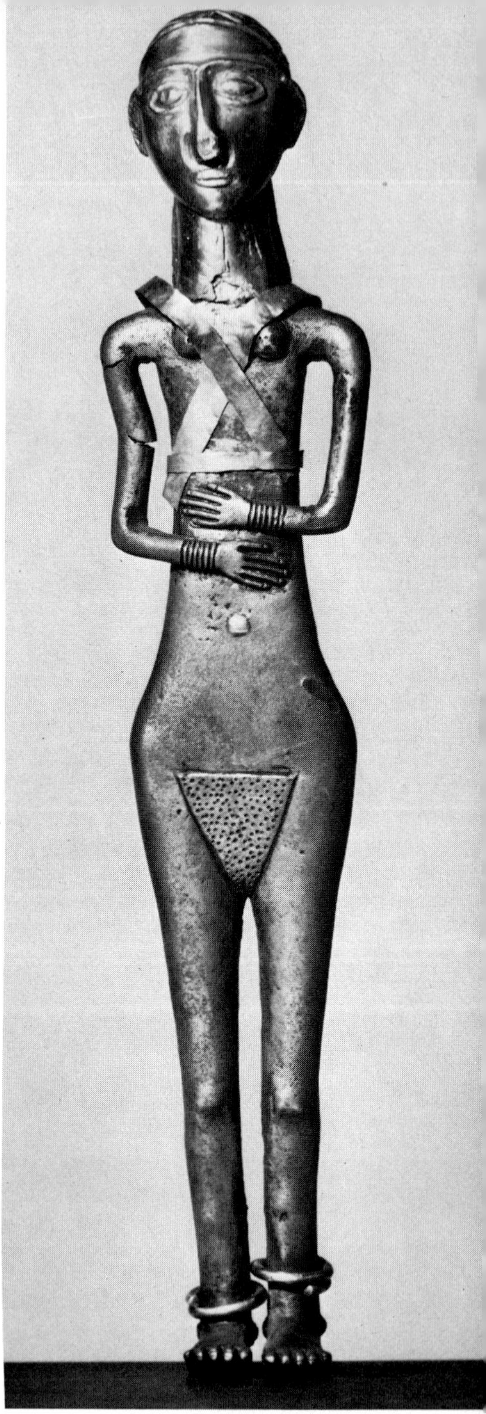

Fruchtbarkeitsidole der frühen Bronzezeit. Links: die Bronzestatuette einer Mutter mit Kind aus Horoztepe (2100–2000 v. Chr.), rechts eine Statuette aus Silber mit vergoldetem Kopf und goldenem Schmuck, die in einem Grab in der Nähe von Ankara gefunden wurde (ca. 2000 v. Chr.).

Kultstandarten aus Bronze mit Silber und ein goldenes Diadem aus den Fürstengräbern von Alaca Hüjük (2300–2100 v. Chr.). In Verarbeitung und Material bildet der Schatz von Alaca Hüjük einen Höhepunkt in der Kunst der frühen Bronzezeit Anatoliens.

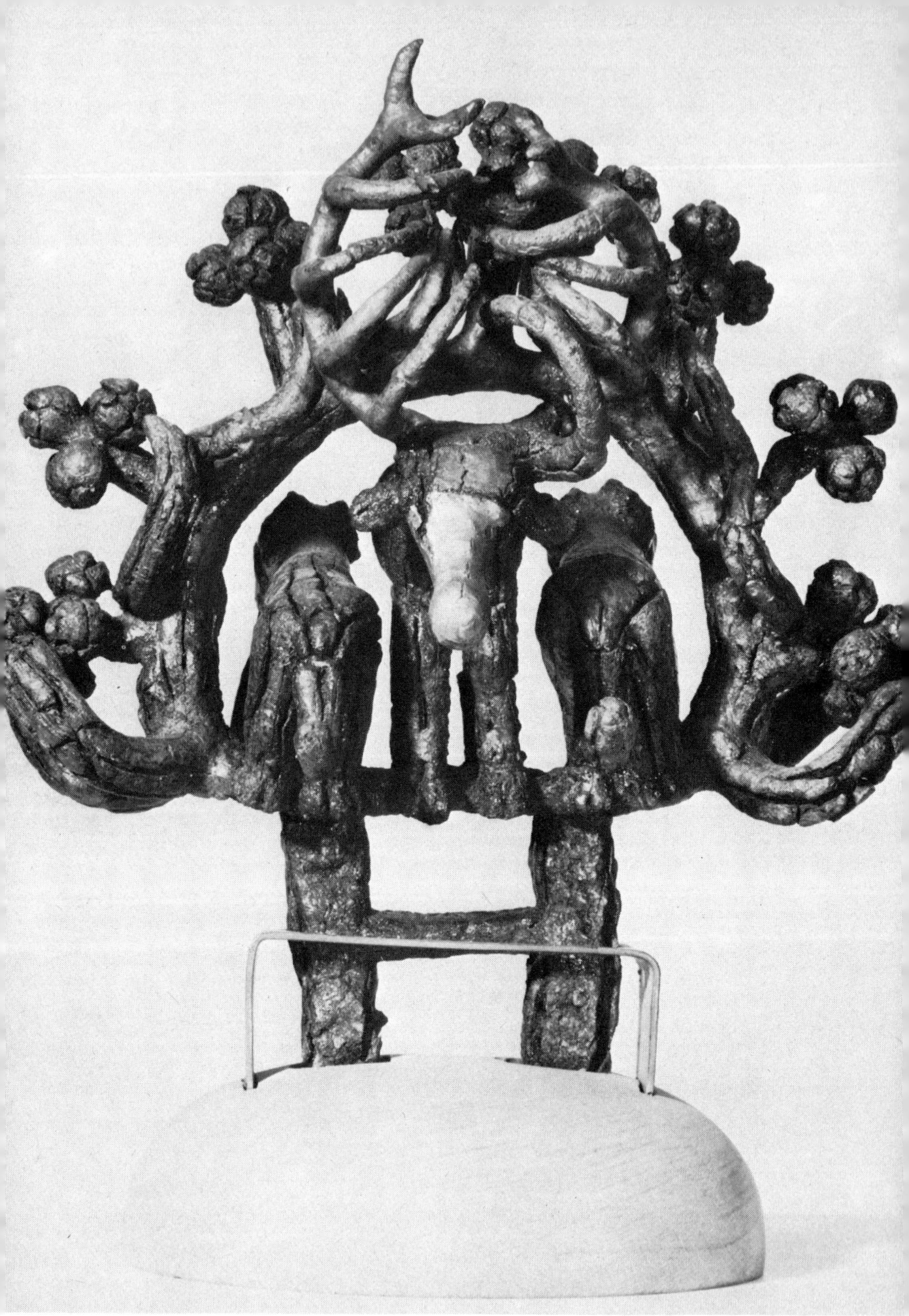

Als religiöse Symbole zeigen die Kultstandarten von Alaca Hüjük vor allem gehörnte Tiere wie hier zwischen zwei Panthern einen Zwölfender-Hirsch (der Kopf ist mit vergoldetem Silber überzogen) mit acht Paar Stierhörnern am Bogenrand, der außerdem mit stilisierten Blüten geschmückt ist (Höhe: 22 cm, 2300–2100 v.Chr.).

– ein Hilfsmittel für Archäologen, die an der Himmelsrichtung des Haupteinganges die Bedeutung des Platzes erkennen konnten. Bis in die römische Zeit hinein zog man zum Kampf aus dem Osttor des Lagers und trug die Toten durch das Westtor zurück. In seinen Argumenten für die Totenstadt von Knossos führt Wunderlich auch an, daß der Haupteingang im Westen liegt: es war der Eingang für die Toten.

Um das Jahr 5000 wurde Hatschilar vermutlich durch eine Invasion verbrannt, zerstört und aufgegeben. Erst in unserem Jahrhundert, in den Jahren 1957–1960 wurde es von James Mellaart ausgegraben.

Bereits zwanzig Jahre früher hatte man begonnen, das alte Mersin (heute das türkische Yümük Tepe, 30 km westlich der heutigen Stadt Mersin) und das benachbarte Tarsus freizulegen. Obwohl man in dem 25 Meter hohen Hügel mit seinen mehr als dreißig Bebauungsschichten keine Gebäudereste aus frühester Zeit fand, ergaben sich bei den Scherben und Töpferwaren deutliche Beziehungen zum steinzeitlichen Tschatal Hüjük und Can Hasan, obwohl Mersin und Tarsus jenseits der Kilikischen Pforte am Mittelmeer lagen. Ebenso ließen sich aber auch Beziehungen zu den nordsyrischen Kulturen von Ras Schamra und Byblos nachweisen, was wiederum einen Beweis für die Handelsbeziehungen zwischen dem Mittelmeerraum und Anatolien in jener Zeit darstellte. In der Mitte des 4. Jahrtausends erhielt Mersin dann seine erste Stadtmauer, wurde aber um 3200 v. Chr. verlassen und erst zwölfhundert Jahre später wieder neu besiedelt.

In Tarsus werden die Funde erst in der jüngeren Bronzezeit interessanter, als die um 2500 befestigte Stadt einem lokalen Königtum als Residenz diente.

In Tarsus (türkisch: Gözlükule), dem Geburtsort des Apostels Paulus, können wir die drei Phasen der frühen Bronzezeit sogar so genau verfolgen, daß man daraus eine genaue Chronologie ableiten kann. Eine große Hilfe waren dabei importierte Stücke aus einem ägyptischen Grab der IV. Dynastie, die zusammen mit kilikischen Gefäßen gefunden wurden. Andere Phasen konnten durch Fundstücke aus

Mesopotamien und Zypern datiert werden oder durch bestimmte, eigenartig geformte Fläschchen aus Syrien. Demnach hatte Kilikien Kontakte zu Nordmesopotamien, Syrien und direkt oder indirekt auch zu Ägypten – eine Tatsache, die sich in zunehmendem Maße in Handelsbeziehungen niederschlug, in die ganz Anatolien einbezogen wurde.

So fand man auch in Can Hasan, das von etwa 5000 bis 4500 besiedelt war und ca. 67 km Luftlinie südöstlich von Tschatal Hüjük liegt, bereits Tonwaren, die Beziehungen zu Syrien, aber auch zu Tschatal Hüjük West und Mersin deutlich machen. Dabei entspricht die Architektur von Can Hasan der von Tschatal Hüjük: die Bauweise der rechteckigen Häuser wiederholt sich stereotyp, manche Häuser hatten offenbar ein zweites Stockwerk. Wie in Tschatal Hüjük waren Holzbalken in die Wände eingefügt und die Wände mit geometrischen Mustern bemalt. Seine besondere Bedeutung erhält Can Hasan durch besonders frühe Kupferfunde.

Zeigten die bisherigen Siedlungen bei relativ geringer Weiterentwicklung gegenüber Tschatal Hüjük vor allem Beziehungen zum östlichen Mittelmeerraum auf, so finden wir in dem zeitlich parallelen, etwa seit 4800 besiedelten Beycesultan ganz andere Aspekte, die sich vor allem aus der Lage des Ortes erklären:

Beycesultan liegt im Westen der Türkei an der Quelle des Büyük Menderes (des Mäanders), etwa 57 km Luftlinie südwestlich von Afyonkarahisar.

Die Ausgrabungen sind vor allem deswegen von größtem Interesse, weil sie überraschende Verbindungen zum griechischen Raum bis nach Kreta zeigen.

Die spätchalkolithischen Keramiken zeichnen sich durch geometrische Muster und Parallellinien aus, die weiß auf schwarzem Grund gezeichnet sind und die sich in Mersin, in Can Hasan, aber auch in Poliochni auf der Insel Lemnos wiederfinden. Aus dieser Gleichzeitigkeit ergibt sich als Datierung das 5. bis 4. Jahrtausend vor unserer Zeitrechnung. Fundstücke, wie sie den spätchalkolithischen Keramiken von Beycesultan entsprechen, kamen aber auch auf den küstennahen Inseln Samos und Kos sowie in Thrakien und in Makedonien zutage.

Über die Architektur weiß man wenig, da die Ausgrabung nicht in breiter Fläche vorangetrieben wurde. Doch auch hier finden sich Lehmziegelwände, die durch Holzpfosten gestützt und getragen werden.

Wichtig sind vor allem die Metallfunde aus den chalkolithischen Schichten: Werkzeuge aus Kupfer, der älteste in Anatolien gefundene Metalldolch und ein Silberring gehören zu den wertvollsten Stücken. Von der Qualität der Metallbearbeitung zeugen zwei Sticheln und drei Nadeln.

In der frühen Bronzezeit um 3000 zeigen sich nun charakteristische Fortentwicklungen der Kultur von Tschatal Hüjük. Statt der vielen Sippenheiligtümer scheint man jetzt für einige Bezirke für die Feiern eines einheimischen Kultes gemeinsame Kulträume geschaffen zu haben, in denen die Ausgräber Tempelanlagen erkennen wollen.

Die Innenausstattung dieser Sakralkammern besteht aus einem Altar und zwei in bestimmtem Abstand aufgestellten Terrakottatafeln, hinter denen jeweils eine Vertiefung für Opfertrankgefäße und das Opfern von Wein im Boden ausgehöhlt ist. Vor den Tafeln waren Hörnerpaare aufgestellt. Mattenreste hinter den hochstehenden Altarplatten lassen vermuten, daß die Sakralkammer in zwei Räume aufgeteilt werden konnte: in ein Allerheiligstes und in einen Profanteil. Das ist eine deutliche Weiterentwicklung zum eigentlichen Heiligtum, die in Tschatal Hüjük noch nicht erkennbar war, wobei der Stierkult aber wieder deutlich nach Tschatal Hüjük zurückverweist. Entscheidend ist aber, daß offenbar auch hier Beziehungen zu Kreta bestanden, wo um diese Zeit der Stierkult mit Stierhörnern und Doppeläxten nachgewiesen werden kann. Zusammen mit flachen, wie Violinen geformten steinernen Idolen, die ebenfalls für Kreta typisch sind, scheint dies ein Beweis dafür zu sein, welchen Einfluß Anatolien auf die kretische Kultur ausübte. Der Palast von Beycesultan erinnert zum Beispiel in seinem Grundriß an den minoischen Palast von Mallia auf Kreta.

Bahadir Alkim, Professor an der Universität Istanbul, glaubt, daß Beycesultan eine Zwischenstation zwischen der ägäischen Welt und dem eigentlichen Kleinasien gewesen sei, zumal darüber hinaus Beziehungen zu Troja und dem Balkangebiet nachgewiesen wurden.

Eine weitere Beziehung zur kretischen Kultur fand man bei der Ausgrabung von Karatasch-Semajük (türkisch: Karataş Semayük), etwa 6 km Luftlinie östlich von Elmali-Antalya in Lykien. Nicht weit von dieser Siedlung, die in der Frühbronzezeit besonders dicht bewohnt war, fand man eine Nekropole, in der die Toten in Hockstellung in Pithoi, also großen Urnenvasen, beigesetzt waren, oft bis zu sechs Skelette in einem Pithos. Auf diesen Urnenvasen fanden sich eingeritzte Zeichen wie Hakenkreuze, Ziegen, Sträucher, aber auch ein Motiv, das an ein pagodenförmiges Bildzeichen auf dem kretischen »Diskos von Phaistos« erinnerte.

Dieser Fund ist nach Ansicht Bahadir Alkims geeignet, »ebenso die These einer anatolischen Abkunft des ›Diskos von Phaistos‹ zu stützen«, wie die bereits genannten Beispiele bis hin zum anatolischen Fachwerkbau, der sich in Knossos wiederfindet.

Tatsächlich hatte Sir Arthur Evans, der Ausgräber von Knossos, bereits 1921 festgestellt, daß die neolithische Kultur Kretas ihre Wurzeln in Anatolien gehabt haben müsse und daß sich auch der Stierkult aus einer Verbindung zu Kleinasien ableiten lasse, wo das Taurusgebirge sogar mit seinem Namen darauf hinweise: das griechische Wort tauros (lateinisch taurus) heißt Stier.

Neben den Beziehungen zu anderen Kulturen können wir aber auch eine innere Entwicklung feststellen. Von den mehr als 25 Ausgrabungen in Zentral- und Ostanatolien zeigen z. B. Alischar und Kara Hüjük deutliche Formen eines Überganges.

Alischar (Türkisch Aliçar), etwa auf halbem Wege zwischen Kayseri und Boghazköy im großen Halysbogen, war seit der Frühen Bronzezeit von ca. 3200 v. Chr. bis in die Hethiterzeit hinein besiedelt. Mit seinem Mauergürtel bietet die Ausgrabung das Bild einer befestigten Stadt der frühen Bronzezeit. Einflüsse von Troja werden dabei ebenso verzeichnet wie Kontakte mit Nordsyrien: jedenfalls fand man ein sogenanntes »syrisches Flakon«, das aber in einer heimischen Werkstatt hergestellt war. Die Idole aus gebranntem Ton oder Stein haben wieder die kretische Violinform oder sehen wie runde flache Scheiben aus: es ist das gewohnte Bild. Neu dagegen ist die Tatsache, daß die Toten auf verschiedene Weise beerdigt werden: die einen in Pithoi, die anderen in Kammergräbern oder in der Erde innerhalb der Stadt.

Die gleiche Uneinheitlichkeit finden wir in Kara Hüjük, das etwa 7 km südlich von Konja liegt und von etwa 2800 bis 1800 v. Chr. besiedelt war. Auch hier werden die Toten zwar noch innerhalb der Stadt, aber manchmal in Kammergräbern, manchmal in Pithoi bestattet, in denen sie mit dem Kopf nach unten lagen. Verschiedene Traditionen scheinen miteinander zu konkurrieren. Es ist eine Epoche des Überganges, die auch im handwerklichen Bereich erkennbar wird: handgeformte Töpferware und Geschirr, das bereits mit der Töpferscheibe hergestellt wurde, findet sich in Alischar nebeneinander.

Diese ganz allmähliche, über zweitausend Jahre vorbereitete Entwicklung findet nun in den Jahren zwischen 2300 und 2100 vor der Zeitenwende plötzlich eine feste und charakteristische Form, die zu einer neuen Kulturstufe führt.

Ein Beispiel dafür sind die Grabungen in Alaca Hüjük, das nur etwa 35 km Luftlinie entfernt nordöstlich von Boghazköy liegt.

Alaca Hüjük, von 3000 bis etwa 1200 besiedelt, war um das Jahr 2300 das Zentrum eines mächtigen und reichen Fürstentums, dessen Gold- und Silberfunde Schliemanns »Schatz des Priamos« in den Schatten stellen.

In 13 Königsgräbern, die 1935–1948 von den türkischen Wissenschaftlern R. O. Arik und Hamit Koşay ausgegraben wurden, fand man kunstvoll gearbeitete Gegenstände aus Gold, Silber und Elektron (einer Legierung aus Gold und Silber), aber auch aus Bronze und Meteoreisen, die aus der Zeit zwischen 2300 und 2100 vor unserer Zeitrechnung stammen und die nun wirklich eine ganz neue Kulturstufe anzeigen. Nach einer Zeit stereotyper Wiederholungen und gegenseitiger Beeinflussung ist hier anscheinend eine eigene Form entstanden, obwohl die Motive die alten sind.

Die ersten Gegenstände, die man in sechs Meter Tiefe in den Schachtgräbern fand, waren eigenartige Scheibenstandarten mit kunstvollem Gitterwerk oder noch öfters mit Darstellungen von Stieren und Hirschen, wobei der Stier offenbar Symbol der männlichen Gottheit (des späteren hethitischen Wettergottes) und der Hirsch das Zeichen der »Großen Göttin« ist, die wir bei den Hethitern als »Sonnengöttin von Arinna« wiederfinden werden.

Man spürt jetzt, daß die Kultsymbole neben ihrem magischen Charakter nun auch eine ästhetische Wirkung beabsichtigen und daß die goldenen Diademe und Broschen reine Schmuckfunktion haben. Und während kein einziges Kultbild in Tschatal Hüjük Geschlechtsteile zeigt – auch nicht bei den Fruchtbarkeitsidolen! –, finden wir jetzt bei Tieren und Menschen deutlich ausgeprägte und betonte Geschlechtsteile, wie sie auch die Figuren von anderen Fundorten zeigen.

Außer der künstlerischen Fortentwicklung und der veränderten Einstellung zum Geschlechtlichen finden wir in Alaca Hüjük noch einen dritten Unterschied zu früher: die Toten werden jetzt nicht mehr nur innerhalb der Stadt, sondern auch vor der Stadt begraben. Die 13 Fürstengräber liegen außerhalb der Wohngebiete. Und: die Toten liegen jetzt alle in Hockstellung auf der rechten Seite mit den Köpfen nach Westen, der Richtung des Todes und der untergehenden Sonne.

Die gleichen Schachtgräber wie in Alaca Hüjük, bis in die Maße und Bauweise hinein übereinstimmend, hatte Schliemann in Mykene gefunden, wo die Toten allerdings nicht mehr in Hockstellung beigesetzt waren. Neben der erneuten Beziehung zum kretisch-mykenischen Kulturkreis gibt es aber noch eine andere Verbindung, allerdings in entgegengesetzter Richtung: auch die kaukasischen Fürstengräber ähneln denen von Alaca Hüjük und Mykene auffallend. In Horoztepe, etwa 150 km Luftlinie nordöstlich von Boghazköy, fand man aus etwas späterer Zeit eine ähnliche Art von Kultstandarten wie in Alaca Hüjük, nur mit dem Unterschied, daß diese Beispiele von Horoztepe kaukasischen Funden näher verwandt sind als anatolischen. Wie diese Ähnlichkeit zum kaukasischen Kulturkreis zu deuten ist, bleibt offen. Es ist möglich, daß Anatolien nur bestimmte Formen übernommen hat; es ist aber auch denkbar, daß zwischen den Bewohnern des Kaukasus und Anatoliens »verwandtschaftliche« Beziehungen bestanden: auch die indo-europäischen Hethiter sollen ja nach Ansicht einiger Wissenschaftler vom Kaukasus her eingewandert sein.

Waren also noch vor den Hethitern kaukasische Stämme nach Anatolien eingewandert? Wir wissen es nicht, denn wir wissen nicht genau, wann die indo-europäischen Hethiter eingewandert sind. Man nimmt aber neuerdings an, daß sie um diese Zeit bereits in Anatolien lebten, so daß sie Jahrhunderte Zeit hatten, die bestehende anatolische Kultur zu übernehmen und ihrer Eigenart anzupassen, bevor sie ihr Großreich schufen.

Ein Beispiel dafür ist Kültepe, das letzte Glied in einer Kette, die vom steinzeitlichen Tschatal Hüjük bis zu den Hethitern reicht.

Kültepe, zu deutsch »Aschehügel«, liegt ungefähr 18 km Luftlinie nördlich von Kayseri im östlichen Teil von Zentralanatolien. Man unterscheidet dabei Kültepe Hüjük (den Wohn- und Verwaltungsbezirk des lokalen Fürsten) und den Basar von Kültepe in der Ebene im Nordwesten von Kültepe Hüjük, wo sich assyrische Kaufleute mit einem Teil der einheimischen Bevölkerung niedergelassen hatten. Nach dem assyrischen Wort für Basar = Karum spricht man auch von Kültepe Karum oder, nach der alten Stadtbezeichnung, von Karum-Kanesch.

Friedrich Hrozný hatte hier 1925 eine erste kurze Grabung vorgenommen. Seit 1948 läßt die Türkische Historische Gesellschaft die Grabung fortsetzen.

Mit Kültepe kommen wir in die sogenannte »historische Zeit«: hier wurden die ersten schriftlichen Aufzeichnungen

Anatoliens gefunden. Allerdings hatten die Anatolier die Schrift nicht erfunden, sondern von eben jenen assyrischen Kaufleuten übernommen.

Diese Kaufleute waren etwa seit dem Jahre 2500 v. Chr. nach Anatolien gekommen und hatten im Laufe der Zeit so etwas wie Handelsniederlassungen gegründet (die übliche Bezeichnung Handels-»Kolonie« ist irreführend). Insgesamt wissen wir die Namen von zehn solchen Handelsplätzen in Anatolien, von denen aber acht bisher noch nicht lokalisiert werden konnten. Nur in Boghazköy und Kültepe konnte ein solcher Basar festgestellt werden, wobei Kültepe anscheinend die Zentrale war.

Die gefundenen Keilschriftentafeln von Kültepe sind nichts weiter als »Geschäftspapiere«: Quittungen, Handelsverträge, Verpflichtungsscheine, die dann so klingen: »Zwei Sack anderthalb Krug zur Hälfte Weizen, zur Hälfte Gerste und Dreizweidrittel Sekel Korn Silber hat zu Lasten des Haschuschman, des Tarchula und des Schubunachschu der Addada gut. Den Weizen und die Gerste werden sie zur kommenden Erntezeit geben, das Silber werden sie zur nächsten Aussaat zahlen. Habuala und Burka, seine Frau, sind Bürgen.«

Daneben befassen sich die »Tafeln von Kültepe« (die auch als »kappadokische Tafeln« bekannt sind, weil sie unter diesem Namen bereits 1881 in den Handel kamen) auch gelegentlich mit Heiratsabschlüssen und Ehescheidungsverträgen und mit dem Erbrecht, kaum aber mit geschichtlichen Vorgängen.

Um so mehr erfahren wir über den Handel in der Frühen Bronzezeit. Obwohl die Entfernung zwischen Kanesch/Kültepe und Assur mehr als tausend Kilometer betrug und der Weg durch Steppenzonen und über Gebirgspässe führte, ist ein reger Handel im Gange gewesen. Regelrechte Handelslinien mit Eselskarawanen wurden eingerichtet, über die Anatolien Edelsteine, Tiere, Kupfer, Silber und Gold exportierte und die zur Bronzeherstellung notwendigen Legierungen sowie Luxusartikel importierte.

Als Währung dienten Gold und Silber, wobei das Verhältnis 1:8 betrug. Für Kupfer guter Qualität erhielt man bis zum 70fachen des entsprechenden Silbergewichts; schlechtes Kupfer konnte man bis zum 200fachen des Silbergewichts kaufen.

Es gab nur ein einziges Metall mit dem Namen Amutum, das 40mal so teuer war wie Silber: es muß Eisen gewesen sein, mehr als fünfzehn Generationen vor der Eisenzeit eine Kostbarkeit sondergleichen.

Die assyrischen Kaufleute verdienten ganz gut: Hundert Prozent Gewinn und mehr waren die Regel, und auch beim Leihgeschäft nahmen sie gern mehr als die üblichen dreißig Prozent. Allerdings waren die lokalen Herrscher am Geschäft beteiligt: sie kassierten die Steuern und hatten ein Vorkaufsrecht auf alle eingeführten Waren. Dafür mußten sie die Sicherheit der Handelswege garantieren.

Das Kültepe des 2. Jahrtausends zeigt nun auch, daß die Assyrer bestimmte mesopotamische und nordsyrische Elemente einführten, die sich mit der einheimischen Kultur verbanden und vermischten.

Die Indo-Europäer, die etwa um diese Zeit oder früher nach Anatolien eingewandert waren, brauchten das alles nur zu übernehmen, ob es nun die Vielfalt und Vervollkommnung der Töpferwaren oder die Rollsiegel oder die inzwischen weiterentwickelte und von Mesopotamien beeinflußte Götterwelt der Steinzeit waren. In Kültepe finden wir deshalb die Prototypen bestimmter hethitischer Götter wieder, so den Wettergott, der einen von einem Stier gezogenen Wagen lenkt, den Schutzgott der Felder, die Sternensymbole und die Muttergöttin.

Nach dem Jahre 2000 wurde Kültepe durch einen starken Brand zerstört. Zwei Meter Schutterde zeigen an, daß es lange gedauert hat, bis Kültepe wieder besiedelt wurde. Nach Meinung der Ausgräber blieb die Siedlung mehr als fünfzig Jahre verlassen.

Mit der neuen Besiedlung zwischen 1800 und 1700 v. Chr. finden wir nun plötzlich auch eine andere Kultur mit Elementen, die der anatolischen Kunst fremd sind – zum Beispiel kleine Bleifiguren und die dazugehörigen Gußformen.

Die entscheidende Entdeckung aber machte man auf Kültepe Hüjük, den man als »Palast des Königs von Kanesch« identifizieren konnte: in einem weiteren Palast nebenan fand man auf dem Boden eines Raumes einen Bronzedolch, auf dem in Keilschrift in akkadischer Sprache die Worte »Palast des Anitta, des Königs« eingraviert waren.

Diesen Anitta, König von Kuschschara, kannte man bereits aus anderen Texten. Danach war er der Herrscher eines Stadtstaates. Aber Anitta war mehr: er war nicht nur der Verfasser des ältesten hethitischen Textes, von dem wir wissen – Anitta war auch der erste König der Hethiter.

Sein Vater war es vermutlich gewesen, der Kültepe fünfzig Jahre vorher zerstört und verbrannt hatte.

Die neuen Herrscher hatten Einzug in Anatolien gehalten – die Geschichte des hethitischen Reiches beginnt nicht mit einem Donnerschlag, sondern ganz unmerklich und fast unauffällig. Hier begann nicht etwas absolut Neues, sondern das Neue war aus dem Alten entstanden.

»Die ›hethitisch‹ genannte Kultur des zweiten Jahrtausends vor unserer Zeitrechnung stellt keinen Beginn, sondern ein Endergebnis dar«, schreibt Jean Marcadé, Professor für Archäologie an der Universität Bordeaux. »Sie ist nicht als das glänzende Erbe zu verstehen, das Anatolien von einigen spät erst nach Kleinasien gelangten indo-europäischen Stämmen übernommen hätte. Vielleicht erweist sie sich als hervorgegangen aus den regionalen Kulturen, die lange zuvor in diesem Land erwacht waren und die, durch fremde Einflüsse bereichert, jedoch mehr noch angeregt durch wechselseitige Kontakte, die Eigenart des anatolischen Geistes ausgeprägt hatten.«

Erst jetzt also, nach einem weiten Weg in die Steinzeit und zurück, kann ich die Geschichte der Hethiter erzählen, die ebenso nach Jahrtausenden des Vergessens erforscht werden mußte, wie jene eindrucksvolle Stadt aus der Steinzeit.

V
Der Aufstieg

Hattuscha wird verflucht

Niemand kann sagen, wann die indo-europäischen Stämme, die wir Hethiter nennen, nach Kleinasien eingewandert sind. Wir wissen nur, daß sie auf einmal da waren und um 1750 vor unserer Zeitrechnung beginnen, die anderen Stämme zu unterwerfen und die Macht an sich zu reißen.

Nur eines ist sicher: sie brachen nicht plötzlich und unvermittelt von irgendwoher in Anatolien ein. Da fegten keine wilden Reiterheere über das Land, da zogen keine Horden brandschatzend und plündernd durch die Städte und Dörfer, da kamen keine Barbaren und zerstörten fremde Kulturen, raubten die Frauen und töteten die Männer. Alle diese Klischeevorstellungen von hereinbrechenden, landsuchenden Völkerscharen stimmen hier nicht.

Sicher wird die Landnahme nicht ohne Kampf abgegangen sein. Niemand, auch die proto-hattische Bevölkerung Anatoliens nicht, gibt freiwillig Besitz und Land ab. Doch die stetige und nirgendwo nachhaltig unterbrochene Entwicklung der einheimischen Bevölkerung legte eher den Gedanken einer allmählichen Einwanderung nahe als den einer Eroberung.

Die archäologischen Funde bestätigen diesen Eindruck. In Karum-Kanesch wurde hethitische Keramik in einer Schicht ausgegraben, die aus dem Jahre 2000 stammt, und auf den dort gefundenen »Tafeln von Kültepe« werden bereits mit Selbstverständlichkeit indo-europäische Personennamen erwähnt. Das bedeutet, daß die indo-europäischen Stämme mindestens 250 bis 300 Jahre vor der Gründung des hethitischen Reiches nach Anatolien eingewandert sein müssen.

Sie kamen nicht als Herrscher, aber sie wurden zu Herrschern, nachdem sie über Generationen hinweg die hohe Kultur Anatoliens aufgenommen, verarbeitet und mit ihrer eigenen Wesensart so verschmolzen hatten, daß sie sich am Ende selbst nach dem unterworfenen Volk der Hattier nannten und auch deren Götter übernahmen.

Nach dem Jahre 1800 hatten die indo-europäischen Einwanderer, die wir uns am ehesten vielleicht als Nomaden vorstellen können, so viel von den Proto-Hattiern übernommen und gelernt, daß sie sich militärisch durchzusetzen und eigene Machtzentren zu bilden begannen. Ihnen kam dabei zugute, daß sich die proto-hattischen Fürsten ständig gegenseitig bekämpften, in das Gebiet ihrer Nachbarn einfielen, um Beute und Macht zu gewinnen.

Typisch dafür ist ein Brief des Fürsten Anumchirbi von Mama an den Fürsten Warschama von Kanesch, in dem er sich bitter darüber beklagt, daß »der Mann von Taischama« in sein Gebiet eingefallen ist, zwölf Städte zerstörte und Rinder und Schafe weggetrieben hat. Und weil der Mann von Taischama der »Hund«, also der Vasall des Fürsten Warschama ist, macht ihm Anumchirbi Vorwürfe: »Du hast mir folgendermaßen geschrieben: der (Mann) von Taischama ist mein Sklave, ich werde ihn zur Ruhe bringen . . . Da der (Mann) von Taischama ein (Hund) ist, wieso handelt er da (selbständig) gegenüber anderen Herrschern? Der (Mann) von Sibucha (ist) mein (Hund); handelt er etwa (eigenmächtig) gegen andere Herrscher? Soll etwa der Fürst von Taischama der dritte Fürst unter uns werden?« (Die Wörter in Klammern sind, auch in den folgenden Zitaten, die zum Verständnis der sprachlich sehr knappen Texte notwendigen Ergänzungen der Übersetzer.)

Daß sich die Hethiter nicht anders verhielten als der Mann von Taischama, lesen wir in dem ältesten Bericht der hethitischen Geschichtsschreibung, der von jenem Großfürsten Anitta stammt, dessen Bronzedolch in Kanesch/Kültepe gefunden wurde.

Wie alle Texte jener Zeit fängt der Bericht sozusagen mit dem »Diktatzeichen« des Erzählers an, und dann folgt die Aufforderung, diesen Text den Lese-Unkundigen laut vorzulesen:

»Anitta, Sohn des Pitchana, König von Kuschschara. Sprich: Es war dem Wettergott des Himmels wohlgefällig. Und da es dem Wettergott wohlgefällig war, wurde der König von Nescha dem König von Kuschschara ein Gefangener. Der König von Kuschschara kam mit großer Heeresmacht aus der Stadt herab und nahm die Stadt Nescha während der Nacht im Sturme ein. Er ergriff den König von Nescha, doch fügte er keinem der Einwohner von Nescha Böses zu, sondern behandelte (sie) wie Mütter (und) Väter.«

Anitta erzählt dann noch von einer ganzen Reihe von Kämpfen und Eroberungen, die alle mit der Entführung der Götterstatuen und der jeweiligen Herrscher enden: »Danach aber habe ich, Anitta, der Großkönig, den Gott Schiuschummi von Zalpuwa zurück nach Nescha geführt. Und Huzzija, den (jetzigen) König von Zalpuwa, brachte ich lebend nach Nescha her.«

Auf einem dieser Kriegszüge gab sich nun auch die günstige Gelegenheit, Hattuscha zu erobern – jene Stadt, von der die Hatti ihren Namen haben und die später die Hauptstadt der Hethiter werden sollte:

»Und die Stadt Hattuscha benagte der Hunger, da ließ ich sie. Als sie aber vom Hunger schwer heimgesucht wurde, da übergab der Gott Schiuschummi sie dem Gott Halmaschuitta, und in der Nacht nahm ich sie im Sturm.«

Und während er die Einwohner von Nescha wie »Mütter und Väter« behandelt hatte, zerstört und verflucht er Hattuscha, ohne daß wir einen Grund erfahren:

»An ihre Stätte aber säte ich Unkraut. Wer nach mir König wird und Hattuscha wieder besiedelt, den soll der Wettergott des Himmels treffen!«

Es gehört zu den Rätseln der hethitischen Geschichte, warum das mit allen Himmelsstrafen verfluchte Hattuscha rund einhundert Jahre später nicht nur wieder aufgebaut, sondern sogar die Hauptstadt der Hethiter wurde. Vermutlich aber war die günstige strategische Lage ausschlaggebend: die Burg von Hattuscha lag auf einem felsigen Berg, und die Stadt gehörte zu den wenigen Plätzen Inneranatoliens, die das ganze Jahr über reichlich mit Wasser versorgt waren.

Damals jedenfalls plünderte Anitta die Stadt Hattuscha und brachte die Beute nach Nescha, das er weiter ausbaute und zu seiner Hauptstadt machte: »Und in Nescha baute ich die Stadt. Hinter der Stadt errichtete ich das Haus des Wettergottes des Himmels und den Tempel des Gottes Schiuschummi. Das Haus des Gottes Halmaschuitta, das Haus des Wettergottes, meines Herrn, und das Haus des Schiuschummi baute ich.«

Und um zu zeigen, in welchen fernen Gegenden er gewesen war, baute König Anitta noch etwas: einen kleinen Zoo mit »zwei Löwen, 70 Wildschweinen, drei Röhrichtschweinen«, zahlreichen Bären, Leoparden und Wildschafen.

Dann zog er wieder in den Krieg: »Im nächsten Jahr aber zog ich gegen den Fürsten von Schalatiwara zu Felde. Als er nun gerade in die Schlacht zog, da kam der Herrscher von Buruschschanda zu mir zur Huldigung, und er brachte mir Thron und Zepter aus Eisen als Huldigungsgeschenk«, erzählt Anitta, und er erinnert sich: »Als ich aber nach Nescha zog, da führte ich den Herrscher von Buruschschanda mit mir« – ein vornehmer Ausdruck dafür, daß Buruschschanda der Gefangene Anittas geblieben ist, nachdem er sich freiwillig unterworfen und kostbare Geschenke aus Eisen gebracht hatte. Immerhin zeigt diese kleine Episode, daß Anitta durch seine Kriegszüge an Macht gewonnen hatte, wenn sich sogar schon andere Fürsten unter seinen »Schutz« stellten.

Natürlich waren das alles Kriegszüge im Westentaschenformat. Anittas Streitmacht bestand, wie in dem Bericht stolz gemeldet wird, aus ganzen 1400 Kriegern und 40 Streitwagen. Aber sie genügten, um Anitta zum stärksten Herrscher Anatoliens zu machen. Er und sein Vater Pitchana von Kuschschara gelten deshalb als die Begründer des Hethitischen Reiches.

Wann die beiden gelebt haben, wissen wir ebensowenig wie die Lage von Nescha. Nach dem Dolchfund von Kültepe Hüjük, das um das Jahr 1750 zerstört wurde, müssen sie vor diesem Termin gelebt haben.

Nach Anittas Eroberungen vergehen achtzig, vielleicht hundert Jahre, bevor wir wieder etwas von einem hethitischen König hören, aber auch er ist noch halbwegs Legende.

Es ist ein Fürst, dessen genauen Namen wir nicht einmal kennen. Die Keilschrifttexte nennen ihn meist Tabarna, oft aber auch Labarna.

Dieser Tabarna (etwa 1680–1650) ist der eigentliche Begründer der hethitischen Königsdynastie, denn von nun an gibt es bis zum Ende des Hethiterreiches fortlaufende Königslisten, auch wenn die Wissenschaftler noch vor einigen Lücken stehen.

Tabarna ist es auch, der das zerstörte Hattuscha wieder aufbaut und zu seiner Residenz macht. Vielleicht wußte er nichts von dem Fluch, der über der Stadt lag, vielleicht setzte er sich aber nur einfach darüber hinweg, denn auch mit Göttern kann man handeln. Jedenfalls nennt er sich Großkönig und König von Hattuscha und ändert sogar seinen Namen nach der neuen Hauptstadt in Hattuschili um.

Um ihn nicht mit späteren Hattuschilis zu verwechseln, wird er auch in der wissenschaftlichen Literatur weiterhin Tabarna bzw. Labarna genannt. Aber um die eine Verwirrung zu vermeiden, gerät man unweigerlich in die nächste, denn die Nachfolger Tabarnas übernahmen wiederum den Namen Tabarna als Titel für die Königswürde – eine Parallele zu dem Eigennamen Cäsar, der sich von einem bestimmten Mann löste und in dem Begriff Cäsar/Kaiser zum Inbegriff des Herrschers überhaupt wurde.

Ich habe bisher stillschweigend vorausgesetzt, daß dieser Tabarna ein Nachfolger der Hethiterkönige Pitchana und Anitta ist, obwohl wir über die Lücke von zwei bis drei Generationen diesen Nachweis gar nicht direkt führen können. Es gibt aber zwei Hinweise, die eine solche direkte Verbindung nahelegen. Den einen gibt Tabarna selbst, indem er sich oft als »Mann von Kuschschara« bezeichnet: Kuschschara aber war die Residenz Pitchanas gewesen.

Das ist natürlich kein Beweis einer direkten Abstammung von Pitchana und Anitta. Aber ein zweiter Hinweis kommt hinzu: Die Residenz des Anitta spielt bei den Hethitern auch später noch eine Rolle, denn alle heiligen Texte sind in »nesisch« abgefaßt, und man ist sich allgemein darüber einig, daß diese Sprache auf die Stadt Nescha zurückgeht. So hätten wir doch über zwei Ortsnamen eine doppelte Klammer, die Tabarna an Pitchana und Anitta bindet. Wäre Tabarna nur ein fremder Eroberer gewesen, der die Stadt Kuschschara eingenommen hatte, so wären die heiligen Texte der Hethiter gewiß nicht in der Sprache der Residenz Anittas geschrieben worden.

Aus einem vier oder fünf Generationen später abgefaßten Dokument, dem sogenannten Telipinu-Erlaß, erfahren wir, daß Tabarna in der Tradition seiner Vorgänger von Hattuscha aus sein Einflußgebiet durch Kriegszüge erweitert hat und daß er seine Söhne als Statthalter der neu eroberten Gebiete einsetzte. In dem Erlaß klingt das so:

»Ehemals war Labarna Großkönig. Da waren seine Söhne, seine Brüder und seine Verwandten, die Leute seiner Sippe und seine Truppen vereinigt. Das Land war wenig. Wohin er aber zu Felde zog, da hielt er das Land mit starkem Arm besiegt. Er vernichtete (immer wieder) das Land; er machte das Land ohnmächtig ... Wenn er vom Feldzug aber zurückkommt, geht jeder seiner Söhne in irgendein Land ... Die großen Städte waren (in ihre Hand) gelegt.«

Kriegszüge, Eroberungen, Siegesmeldungen – das ist im Grunde alles, was wir über die ersten drei hethitischen Könige und ihre Herrschaft sagen können. Schemenhaft bleiben sie im Halbdunkel, halb Legende und halb schon Persönlichkeiten der Geschichte. Doch mit Hattuschili, dem Nachfolger des Tabarna, ändert sich das Bild, denn jetzt wird Geschichte auch die Geschichte eines unverwechselbaren Menschen.

Das Testament des Hattuschili

Nachfolger des Tabarna von Hattuscha ist um 1650 ein Mann, der sich ebenfalls nach der Hauptstadt »Hattuschili«, der von Hattuscha, nennt. Dieser Hattuschili führt aber als Bezeichnung seiner Herrschaft den Titel Tabarna weiter.

Tabarna Hattuschili I. also übernahm um 1650 die Macht, und es wäre langweilig und deprimierend, hier schon wieder als Hauptbeschäftigung der Mächtigen einen Kriegszug nach dem anderen aufzuzählen. So kurios diese Berichte wegen ihrer frommen Ausschmückungen und ihrer umständlichen Sprache oft sind, so wenig erheiternd finde ich es, wenn der Erfolg eines Herrschers nur aus seinen Siegen besteht oder wenn Geschichte den Eindruck erweckt, das müßte auch noch so sein.

Natürlich kommt man nicht darum herum, bei der Geschichte der Hethiter auch auf ihre Feldzüge und Eroberungen einzugehen; Geschichte besteht eben *auch* aus Kriegen. Man sollte sich aber nicht darüber täuschen: die Einflüsse und Entwicklungen in Literatur, Kunst und Zivilisation sind für ein Volk nicht weniger wichtig, wenn nicht wesentlicher, als das Großmachtdenken ihrer Herrscher, hinter dem das Menschliche allzuoft ebenso verschwindet wie die Menschlichkeit.

Schon bei Hattuschili I. werden wir sehen, daß die hethitische Geschichtsschreibung nicht nur aus Berichten von kriegerischen Ereignissen besteht, auch wenn ich gleich von einem solchen Kriegszug berichten muß – aber was für ein Kriegszug!

Wieder ist es zunächst der in festen Formeln erstarrte Telipinu-Erlaß, der uns über Hattuschili Auskunft gibt:

»Danach herrschte Hattuschili als König. Da waren seine Söhne, seine Brüder, seine Verwandten, die Leute seiner Sippe und seine Truppen vereinigt. Wohin er aber zu Felde zieht, da hielt er auch jenes feindliche Land mit starkem Arm besiegt.«

Das ist wortwörtlich der gleiche Text, mit dem der Telipinu-Erlaß auch die Taten Tabarnas geschildert hatte, und so geht es auch weiter:

»Er vernichtete immer wieder das Land; er machte das Land ohnmächtig. Wenn er vom Feldzug zurückkommt, geht jeder seiner Söhne in irgendein Land. In ihre Hand waren die großen Städte gelegt.«

Aber nun folgt ein Satz, der aus dem öden Schema der Siegesmeldungen ausbricht:

»Als aber hinterher die Knechte der Prinzen betrügerisch wurden, begannen sie ihre Häuser zu fressen, gegen ihre Herren zu konspirieren und ihr Blut zu vergießen.«

Diese knappen Sätze waren lange Zeit das einzige, was wir über die Regierungszeit Hattuschilis I. wußten. Da wurde genau fünfzig Jahre nach der Ausgrabung von Hattuscha/Boghazköy durch Winckler im Jahre 1957 auf der königlichen Burg von Hattuscha eine Bilingue in hethitischer und akkadischer Sprache gefunden, in der Hattuschili selbst mit geradezu pedantischer Genauigkeit, von seinen Siegen und Niederlagen erzählt.

Wir erfahren, daß das Hethiterreich in der anatolischen Hochebene jetzt offenbar so weit gesichert ist, daß Hattuschili I. es wagen konnte, Anatolien zu verlassen, erstmals das Taurusgebirge zu überqueren und nach Südosten vorzustoßen.

Diesmal geht es nicht um die Sicherung der Macht, sondern um das Prestige des jungen Königs. Die Hethiter, ein unbekanntes Volk mit einer fremden Sprache, erscheinen plötzlich auf der Bühne der damaligen Welt, erobern in Nordsyrien eine Reihe von Städten und dringen bis nach Alalach am Unterlauf des Orontes vor, dem gleichen Fluß, an dem sie später auf der Höhe ihrer Macht den ägyptischen Pharao in die Flucht schlagen werden.

Nordsyrien und Mesopotamien waren zu jener Zeit die Zentren der politischen Macht und der wirtschaftlichen Vorherrschaft im Vorderen Orient. Von hier gingen bisher die Eroberungszüge bis über das Taurusgebirge aus. Diesmal waren es die Hethiter, die in umgekehrter Richtung vordrangen – für die Hethiter eine wunderbare Gelegenheit, im reichen Nordsyrien Beute zu machen. Und so schreibt Hattuschili I. denn auch ganz naiv in seinem Bericht, daß er sein Haus »mit Schätzen« füllte.

Aber wie es dann immer geht: zu Hause in Anatolien nutzten die unterworfenen Völker die Gelegenheit aus und fielen von Hattuschili ab. Nur die Stadt Hattuscha blieb übrig und hielt ihm die Treue: »Den Großkönig Tabarna, den Geliebten des Sonnengottes – auf ihren Schoß setzte sie ihn, seine Hand ergriff sie und lief (im Kampf) vor ihm her.«

Zwei Jahre braucht Hattuschili, um wieder Ordnung zu schaffen. Dann kann er wieder nach Nordsyrien ziehen und voll Stolz erzählen: »In jenen Tagen zog er los, wie ein Löwe überschritt der Großkönig den Fluß Pura, die Stadt Haschschu überwältigte er wie ein Löwe mit seiner Pranke. Staub häufte er darauf, und mit ihrem Besitz füllte er Hattuscha, Silber und Gold hatten weder Anfang (noch) Ende . . . und ihre Götter(statuen) brachte ich hinauf zur Sonnengöttin von Arinna.«

Wenn wir diesen Bericht wegen der Gold- und Silberschätze als reinen Beutezug auffassen, so liegt das daran, daß wir uns in die Vorstellungswelt jener Tage nicht mehr hineinversetzen können. Damals ging es nicht nur um »Schätze«, sondern auch um den Besitz der Götter. Wer einer Stadt ihre Götterbilder wegnehmen konnte, der hatte Gewalt über die Stadt. Deshalb wird ausdrücklich erwähnt, daß auch eine Statue des Wettergottes von Haleb in der Stadt Haschschu geraubt wurde. Denn auf diese Weise wurde die Eroberung des nordsyrischen Machtzentrums Haleb (des heutigen Aleppo), des stärksten Gegners der Hethiter in Syrien, auf kultische Weise vorbereitet. Der Raub fremder Götter bedeutete gleichzeitig, daß diese auch dem Sieger dienstbar wurden.

Daher brachte man sie in eigene Tempel und siedelte sie zwischen den einheimischen Göttern an: je mehr Götter man hatte, desto besser. Ihnen konnte man opfern, sie würden einem dann helfen. Nicht der Besitz an Gold und Silber allein, sondern die zunehmende Macht Hattuschilis wird also in dem Bericht beschrieben.

Doch erst jetzt kommt der Kriegszug, der mit einem Schlage die Lage ändert und eine siebenhundertjährige Schande auslöscht – eine Schande, die die Hethiter als ihre eigene empfinden, obwohl sie erst viel später eingewandert sind. Vor siebenhundert Jahren war der nahezu sagenhafte

Sargon von Akkad über den Euphrat nach Westen und bis nach Anatolien gezogen. Es muß ein Trauma gewesen sein, das nie verwunden wurde. Darum schreibt Hattuschili wieder voll Stolz: »Den Euphrat hatte noch niemand (meiner Vorgänger) überschritten. Ich, der Großkönig Tabarna, überschritt ihn zu Fuß, und meine Truppen überquerten ihn hinter mir (ebenfalls) zu Fuß. Sargon (von Akkad) hatte ihn ebenso überschritten und die Truppen von Haschschu geschlagen.

(Böses) aber hatte er der Stadt Haschschu nicht zugefügt. Feuer nicht hineingeworfen, Rauch zum Wettergott nicht aufsteigen lassen. Aber ich, der Großkönig Tabarna, habe den König von Haschschu geschlagen. Feuer (in die Städte) geworfen und den Rauch zur Sonnengottheit des Himmels und zum Wettergott aufsteigen lassen. Und den König von Haschschu spannte ich vor einen Lastwagen . . .«

Übermut der Eroberer . . . aber der Aufstieg der Hethiter zur Großmacht hatte begonnen. Doch gleichzeitig begannen die Machtkämpfe im Innern, wie es im Telipinu-Erlaß angedeutet worden war. Doch diesmal sind es nicht unterworfene Völkerschaften, sondern »seine Brüder, seine Verwandten, die Leute seiner Sippe«, die sich gegen ihn wenden. Jetzt, wo es nicht mehr ums Überleben, sondern ums Prestige geht, beginnen die Intrigen um die Macht. Während er weit weg, mehr als tausend Kilometer zu Fuß von zu Hause, als großer Imperator auftritt, rechnet sich seine Verwandtschaft ihre eigenen Chancen aus. Als er todkrank von seinem Zug über den Euphrat zurückkommt, den wir durchaus mit Alexanders Feldzug nach Indien vergleichen können, findet er gerade noch Zeit, die »Tafel Tabarnas, des Großkönigs: als Großkönig Tabarna in Kuschschara erkrankte und den jungen Murschili zur Königsherrschaft berief«, schreiben zu lassen.

Es ist sein Testament, mit dem er mit den Intrigen seiner Familie und der unterworfenen Fürstentümer abrechnet. Zwei Söhne Hattuschilis hatten schon vorher gegen ihn revoltiert und waren von der Thronfolge ausgeschlossen worden. Daraufhin hatte er den Sohn seiner Schwester als Thronnachfolger, als Tabarna, ernannt, aber auch das hatte nichts genützt, die Einflüsterungen gegen den König waren weitergegangen. Hattuschili ist enttäuscht, aber er ist noch stark genug, die Regierungsangelegenheiten in seinem Sinne zu ordnen:

»Großkönig Tabarna sprach zu den Mannen der Adelsgemeinschaft und den Würdenträgern:

»Sehet, ich bin nun krank geworden! Und ich hatte euch den jungen Labarna namhaft gemacht: der soll sich auf den Thron setzen! Und ich, der König, habe ihn meinen Sohn genannt, ihn umarmt und erhöht. Stets habe ich mich um ihn bemüht! Wie er, der Knabe, sich jedoch erfand, das war den Augen ein Abscheu!«

Und dann erzählt Hattuschili der Adelsgemeinschaft, wie der junge Labarna unter dem Einfluß seiner Mutter, »der Schlange«, und seiner Geschwister stand und nicht auf den König hörte, wie er ihn in sein Lager kommen ließ, um mit ihm zu reden: »Aber er ist dem Willen des Königs nicht mit Liebe begegnet – wie kann er da in rechtem, eignem Willen Liebe zu Hattuscha hegen?«

Hattuschili versucht alles, um Labarna für sich zu gewinnen, aber »keine Träne hat er geweint, kein Mitlied hat er gezeigt, kalt ist er und herzlos!« Da beschließt der kranke König, den jungen Labarna ebenfalls von der Thronfolge auszuschließen: »So setze ich Hader wider Hader. Genug davon! Der da ist mein Sohn nicht mehr!«

Und während wir von Hattuschilis Neffen nichts mehr hören, schildert der Text die Reaktion der Mutter: »Da brüllte aber seine Mutter wie ein Rind . . .: ›Du wirst ihn töten!‹«, doch Hattuschili fragt nur ruhig zurück: »Habe denn ich, der König, ihm irgend etwas Böses getan? Hab' ich ihn nicht zum Priester gemacht? Stets hab' ich ihn, auf sein Wohl bedacht, ausgezeichnet.«

Es ist die Resignation eines Mannes, der am Ende seines Lebens die Macht eines Reiches in den Händen hält, aber der mit seinem Neffen die gleiche Enttäuschung erlebt hat wie mit seinen Söhnen:

»Blickt auf meinen Sohn Huzzija! Ich, der König, hatte ihn über die Stadt Tapaschschanda zum Herrn gemacht. Die

Leute dort . . . trieben es böse mit ihm, sie feindeten mich an: Lehne dich gegen deines Vaters Haupt auf! Da setzte ich, der König, den Huzzija ab.«

Aber offenbar hatte Hattuschili damals die Lage falsch eingeschätzt, denn er erzählte nun, daß sich auch die Bewohner von Hattuscha gegen ihn auflehnten, weil sie Angst hatten, daß kein Königssohn, sondern ein »Knecht« auf den Thron kommen werde. Die eigene Tochter nahm gegen ihn Partei und »machte die Stadt Hattuscha und den Hof abtrünnig, und die Großen und meine eigenen Hofjunker traten gegen mich in offene Feindschaft!«, berichtet Hattuschili.

Es kam zum Bürgerkrieg: »Da tötete der Bruder den Bruder in Fehde, der Freund aber tötete den Freund! Hattis Söhne starben dahin. Und wem ein Rind, wem ein Schaf, ein Haus, eine Scheune, ein Weingarten und ein Ackerland, wem Gold, Silber, kostbares Gestein, Erz, Bronze noch übriggeblieben war, auch dessen ganzer Besitz ging infolge der Notzeit zugrunde.«

Was Hattuschili da erzählt, ist ein Stoff wie für ein griechisches Schicksalsdrama. Seine Söhne sind tot, das Land in Aufruhr, Zwietracht und Armut. Da fällt ihm die abtrünnige Tochter in die Hand, die an allem schuld ist. Er will sie hart bestrafen, aber er wird von Mitleid übermannt und verbannt sie nur:

»Nun gaben mir die Götter die Tochter in meine Hand; hatte sie doch Hattis Söhne zu Tode gebracht! Und ich, der König, forderte der Tochter ihren ganzen Besitz ab: ›Wenn ich dir auch nur soviel beließe, so würden die Söhne Hattis mich mit der Zunge zur Rechenschaft ziehen.‹

Da sprach sie so: ›Dem Verderben hast du mich preisgegeben!‹ Da gab ich, der König, der Tochter doch ein wenig.

Da sprach sie so: ›Warum hast du mir nur so wenig gegeben?‹ So sprach ich, der König: ›Wenig ist's. Gäbe ich dir aber reichlich Rinder und reichlich Ackerland, so würde ich selber dem Lande das Blut aussaugen.‹«

Hattuschili bringt sie von Hattuscha nach Kuschschara, damit sie kein Unheil mehr anrichten kann:

»Nun aber ist sie aus der Stadt verbannt. Sobald sie in mein Haus kommt, wird sie mein Haus umstürzen; sobald sie aber nach der Stadt Hattuscha kommt, wird sie diese zum zweitenmal abtrünnig machen. Auf dem Land ist ihr ein Haus angewiesen, nun mag sie essen und trinken . . .«

Hattuschili verstößt sie: »Sie hat mich nicht mehr Vater genannt, ich nenne sie nicht mehr meine Tochter!«

Und doch bleibt sie sein Kind: »Ihr aber dürft ihr nichts Böses dagegen tun! *Sie* hat Böses getan, *ich* werde nichts Böses dagegen tun!«

Nach dieser Enttäuschung hatte Hattuschili I. dann den bereits erwähnten Sohn seiner Schwester zum Nachfolger eingesetzt – nur um noch einmal das gleiche zu erleben:

»Seine Mutter ist eine Schlange! Und so wird es kommen: Auf die Worte seiner Mutter, seiner Brüder und Schwestern wird er immer wieder hören. Und dann wird er nahen, nahen, um Rache zu nehmen. Und den Mannen, Würdenträgern und Dienern, die als des Königs Leute bestallt sind, denen wird er zuschwören: ›Seht, um des Königs willen sollen sie Mann für Mann sterben.‹ Bei all denen aber, die Hattis Söhne sind, wird es dahin kommen: So wird er nahen, nahen wird er, um Rind und Schaf, es mag gehören, wem es wolle, fortzuführen!

Meine Feinde draußen habe ich mit dem Schwert besiegt und mein Land in Ruhe und Frieden gehalten. Nun soll es nicht dahin kommen, daß er am Ende mein Land in Unruhe stürzt! Vielmehr soll er von jetzt an nun und nimmer von der Stadt schlankweg hinabgehen dürfen, wohin er will! Seht, ich habe meinem Sohn Labarna ein Haus gegeben, reichlich Akkerland habe ich ihm gegeben, reichlich Rinder, reichlich Schafe habe ich ihm gegeben. Nun mag er essen und trinken! Solange er sich gut führt, mag er weiterhin nur immer in die Stadt heraufkommen. Sobald er aber ärgerniserregend auftritt oder es irgendwelche Böswilligkeit oder irgendeine Unruhestiftung gibt, darf er nicht heraufkommen und muß in seinem Haus bleiben!«

Und jetzt, da der unwürdige Thronnachfolger unter Hausarrest steht, gibt Hattuschili den Würdenträgern und der

Adelsgemeinschaft seine Entscheidung bekannt: »Seht hier, Murschili ist nun mein Sohn! *Den* müßt ihr anerkennen, *den* auf den Thron setzen. Sind ihm doch auch von der Gottheit reichlich Gaben ins Herz gelegt! Nur einen Löwen wird die Gottheit auf des Löwen Platz stellen.«

Aber dieser Murschili, der hier zum Sohn Hattuschilis ernannt wird, ist noch jung. Darum beschwört Hattuschili die Würdenträger und den Adel, seinem Sohn zu helfen und ihn zu einem weisen Mann zu erziehen:

»So zieht ihn euch denn zum Heldenkönig heran! Falls ihr ihn doch als Knaben mit ins Feld nehmt – daß ihr ihn wohlbehalten zurückbringt!

Ihr aber, die ihr schon jetzt meine Worte und meine Weisheit kennt, erziehet meinen Sohn immerdar zur Weisheit ... Bis jetzt hat niemand in meiner Familie mein Willensgebot befolgt. Du aber bist mein Sohn, Murschili – tu *du* es!«

Und dann wendet sich der sterbende König an den jungen Murschili selbst:

»So bewahre des Vaters Worte! Solange du sie bewahrst, wirst du nur Brot essen und Wasser trinken.

Wenn die Zeit des reifen Mannes in dich eingezogen ist, so iß den Tag über zwei-, dreimal und pfleg dich gut!

Wenn aber auch noch das Greisenalter in dich eingezogen ist, dann trink dich satt. Und des Vaters Worte magst du dann beiseite setzen.«

Doch diese eigenartigen spartanischen Speisevorschriften sind nicht die einzige Weisheit, die Hattuschili weiterzugeben hat. Wir erfahren hier, daß es mehr als tausend Jahre vor der klassischen griechischen Demokratie bei den Hethitern bereits eine demokratische Institution, den Adelsrat gab, der die Rechte des Königs einschränkte und der mit dem germanischen Thing, der Volksversammlung, verwandt sein dürfte – eine Einrichtung, die dem Orient vollkommen fremd war. Daß diese Einrichtung erhalten bleibt, ist der letzte Wunsch Hattuschilis:

»Meine Worte habe ich dir gegeben, und diese Tafel soll man dir stets Monat für Monat vorlesen, so wirst du meine

Worte und meine Weisheit dir immer wieder ins Herz prägen und meiner Diener und der Großen in Gnaden walten!

Bemerkst du bei einem ein Vergehen – daß vor der Gottheit einer sündigt oder einer irgendwelches frevlerische Wort ausspricht, so befrage jeweils die Adelsgemeinschaft! Auch die Folgen einer Lästerung müssen um der Adelsgemeinschaft selber willen abgewendet werden.

Was, mein Sohn, in dein Herz gelegt ist, danach handle immer!«

Man könnte wünschen, daß auch andere Herrscher der Geschichte am Ende ihres Lebens ein solches Testament geschrieben hätten, in dem nicht von Macht und Rache, sondern von Versöhnung und Menschlichkeit die Rede ist.

Und das ist der Schluß des Testaments des Hattuschili:

»Meinen Leichnam wasche, wie sich's geziemt,
An deinem Busen halte mich
Und an deinem Busen birg mich in der Erde.«

Und dann die Unterschrift: »Tafel Tabarnas, des Großkönigs: Als Großkönig Tabarna in Kuschschara erkrankte und den jungen Murschili zur Königsherrschaft berief.«

Der Löwe auf dem Platz des Löwen

Der junge Murschili wird König, und es scheint, daß die Gottheit wirklich einen Löwen auf des Löwen Platz gestellt hat: in Murschili wiederholt sich das Schicksal seines Adoptivvaters Hattuschili. Murschili vollendet, was Hattuschili angefangen hat, und auch er endet tragisch.

Dem Kronrat aus Würdenträgern und Edlen ist es nach dem Tode Hattuschilis offenbar gelungen, die Schwierigkeiten im Innern des Reiches zu überwinden, die mit der Familienrevolte gegen Hattuschili begonnen hatten. Und wieder heißt es steif und hölzern im Telipinu-Erlaß:

»Wie Murschili in Hattuscha als König herrschte, da waren seine Söhne, seine Brüder, seine Verwandten, die Leute seiner

Sippe und seiner Truppen vereinigt. Er hielt das feindliche Land mit starkem Arm besiegt. Er machte das Land ohnmächtig.«

Wir kennen diesen Satz schon halb auswendig, denn Telipinu verändert ihn nie, wer auch immer regiert. Das wirklich Interessante dagegen wird nur in knappen Sätzen berichtet:

»Dann zog er nach Haleb (= Aleppo). Er vernichtete Haleb und brachte die Gefangenen und die Güter Halebs nach Hattuscha.«

Das ist mehr als Hattuschili erreicht hatte; der hatte zwar bei der Eroberung von Haschschu die Statue des Wettergottes von Haleb geraubt und nach Hattuscha gebracht, aber erst Murschili war es gelungen, diese wichtige Stadt selbst einzunehmen und damit zum mächtigsten Mann in Nordsyrien zu werden und den hethitischen Einfluß in diesem Gebiet zu festigen. Dieser Sieg über Aleppo wird deshalb auch mehrfach in anderen Dokumenten erwähnt, denn er bedeutet nicht nur einen politischen Sieg, sondern auch einen wirtschaftlichen Aufschwung für die Hethiter. Nicht nur die Handelswege, sondern auch die Handelszentren sind jetzt in ihrer Hand.

Was hier wie staatsmännischer Weitblick aussieht, war vielleicht nur ein privater Racheakt Murschilis, denn ein späteres Dokument behauptet, Murschili habe mit seinem Zug gegen Haleb das Blut seines Vaters rächen wollen. Das wäre möglich, wenn wir annehmen, daß Hattuschili auf seinem Feldzug erkrankte oder verwundet wurde, weshalb er dann sofort nach seiner Rückkehr Murschili als Nachfolger einsetzte. Doch wir wissen nicht genau, ob diese Deutung stimmt, auch wenn sie vieles für sich hat. Aber schon allein die politische Logik hätte Murschili veranlassen können, noch einmal nach Nordsyrien zu ziehen, um das bereits angeschlagene Land ganz in seine Gewalt zu bringen. Auf jeden Fall war es dem zweiten Nachfolger des noch nahezu legendären Königs Tabarna gelungen, aus einem unbekannten anatolischen Fürstentum ein Reich zu machen, das auch über weit vom eigentlichen Kerngebiet der Hethiter entfernte Landstriche herrschte.

Schon das allein hätte genügt, um in Murschili einen bedeutenden Hethiterkönig zu sehen. Aber nun tut er etwas, was wie ein reines Abenteuer aussieht und sicherlich auch eines gewesen ist, denn die »großen Taten« werden von der Nachwelt ja immer erst anerkannt, wenn alles gutgegangen ist.

Murschili beschließt, weiter nach Osten zu ziehen und, wie Hattuschili, den Euphrat zu erreichen. Aber das ist ihm nicht genug: er folgt dem Lauf des Euphrat nach Süden, um Babylon anzugreifen, das Zentrum der damaligen Welt, das seine erste Blüte und Macht unter Hammurabi zu einer Zeit erlebte, als von den Hethitern noch gar keine Rede war.

Von Aleppo nach Babylon ist es ein Marsch von 850 Kilometern, doppelt so weit wie von Hattuscha nach Aleppo. Der Zug führt durch das Reich der Hurriter, die ihnen jederzeit den Rückweg abschneiden können. Zwar garantieren die fruchtbaren Ufer des Euphrat die Versorgung der Truppen und der Pferde – aber es ist ein Unternehmen ohne jede Rükkendeckung und ohne jede Verbindung nach Anatolien. Wenn die Hethiter von den Babyloniern geschlagen werden, ist es aus.

Aber aus dem Abenteuer wird die »große Tat«, die Telipinu wieder nur mit einem dürren Satz registriert: »Danach zog er nach Babylon und vernichtete Babylon.«

Dabei war es ein ungeheures Ereignis. Natürlich hat Murschili Babylon nicht »vernichtet«, aber die Dynastie des Hammurabi wurde gestürzt, und der Prestigegewinn für Murschili war groß. Zwar haben die Hethiter ihr Reich niemals auf Mesopotamien und Babylon ausgedehnt, aber allein die Tatsache, daß es den Hethitern gelungen war, die damalige Metropole der Welt zu besiegen und zu zerstören, brachte den Hethitern in Nordsyrien den Ruf einer Großmacht ein, der ihre Stellung nur festigen konnte.

Mit Beute beladen und mit Gefangenen, machte sich Murschili auf den Heimweg – eine gute Gelegenheit für die Hurriter, sich am Euphrat aufzustellen und Murschili um Sieg und Beute zu bringen. Aber »er schlug die Hurriter und hielt die Gefangenen und die Güter Babylons in Hattuscha«, meldet

Telipinu. Murschilis Unternehmen war ein Erfolg von Anfang bis zum Ende.

Daß dies alles nun keine Erfindung zum Ruhme der Hethiter ist, läßt sich zum Glück beweisen, denn zum erstenmal in der hethitischen Geschichte finden wir eine Parallelquelle außerhalb der hethitischen Geschichtsschreibung. In einer babylonischen Chronik lesen wir nämlich die ebenfalls recht kurze Bemerkung: »Zur Zeit des Samsuditana zog der Hatti-Mann nach Akkad.« Dieses Zitat beweist nicht nur, daß Telipinu recht hatte, es bietet auch die erste Möglichkeit, die hethitische Geschichte chronologisch festzulegen.

Samsuditana war König von Babylon, und nach der »Mittleren Chronologie« kann man die Niederlage Babylons auf das Jahr 1594 vor unserer Zeitrechnung festlegen. Rechnet man aber nach der »Kurzen Chronologie« (siehe Zeittafel am Ende des Buches), so kommt man zu ganz anderen Ergebnissen. Immerhin kann man nun, ganz gleich, nach welcher Chronologie man rechnet, Gleichzeitigkeiten feststellen.

Murschili jedenfalls kehrte von seinem Zug nach Babylon nach Hattuscha zurück und erlebte dort das gleiche wie Hattuschili: Seine Verwandten hatten die lange Abwesenheit ausgenützt und sich gegen ihn aufgelehnt.

»Und Hantili war Mundschenk«, heißt es im Telipinu-Erlaß unvermittelt nach dem Satz von der Einnahme Babylons. »Er hatte Harapschili, die Schwester Murschilis, zur Gemahlin. Nun machte sich Zidanta (ein Schwiegersohn des Murschili) an Hantili heran, und sie begingen eine Untat: sie töteten Murschili und begingen eine Bluttat.«

So stand ein Mord am Ende einer »großen Tat«, und niemand wollte sich an die beschwörenden Worte aus dem Testament des Hattuschili erinnern, das nach seinem Willen jeden Monat einmal vorgelesen werden sollte: »Und meine, des Königs Worte, müßt ihr bewahren! Ihr werdet nur Brot essen und Wein trinken. So wird die Stadt Hattuscha ragend dastehen wie auch mein Land in Ruhe und Frieden sein. Sobald ihr aber die Worte des Königs nicht bewahrt, werdet ihr künftighin nicht am Leben bleiben – ihr seid verloren!«

Es waren Worte der Lebensweisheit, die hier zur Prophetie wurden. Nachdem sich der Mörder um 1590 als Hantili I. auf Murschilis Thron gesetzt hatte, ging es mit dem Reich und der Macht der Hethiter bergab.

Zwar konnte Hantili den hethitischen Einfluß durch Feldzüge in Nordsyrien zunächst offenbar aufrechterhalten, aber dann drangen die Hurriter vor und vertrieben die Hethiter. Das besiegte Haleb wurde wieder frei und gewann an Macht.

Im Innern des hethitischen Reiches brachen von Norden her die Kaschkäer herein, so daß Hantili eine Reihe von Festungen bauen und Hattuscha weiter befestigen mußte. Auch spätere Könige mußten gegen die Kaschkäer zu Felde ziehen: von Frieden im Lande konnte keine Rede sein, zumal die Kämpfe um den Thron über sechzig Jahre lang andauerten und einen Mord nach dem anderen nach sich zogen.

Zuerst wird Harapschili, die Frau des Hantili, mit ihren Söhnen ermordet, und der gleiche Zidanta, der dem Hantili geholfen hatte, Murschili umzubringen, brachte nun Hantilis Sohn und andere Mitglieder des Königshauses um. Als Hantili durch diese Radikalkur ohne Thronerben starb, bestieg Zidanta selbst den Thron: der Mörder hatte sein Ziel erreicht.

Aber nun wurde auch der Mörder ermordet: sein eigener Sohn, Ammuna, brachte ihn um und bestieg um 1550 den Thron. Unter seiner Regierung gingen ganze Provinzen verloren – der Niedergang war nicht mehr aufzuhalten. Wunderbarerweise gelang es Ammuna, ohne fremde Hilfe und sozusagen mit eigener Kraft zu sterben. Aber dafür wurden zwei seiner Söhne umgebracht, um die Thronfolge ein wenig zu korrigieren. Um 1530 wurde jedenfalls ein gewisser Huzzija König von Hatti. Nach bewährter Tradition hatte selbstverständlich auch Huzzija Mordabsichten: er hatte es auf seinen Schwager abgesehen und wollte ihn vorsichtshalber umbringen lassen. Aber der war schneller: er setzte Huzzija ab und verbannte ihn. Die Morde haben ein Ende.

Jener Schwager Telipinu ist es dann auch, der aus den bösen Erfahrungen der Vergangenheit die Konsequenzen zieht und den Hethitern eine Verfassung und eine geregelte Thronfolge gibt, als er um 1525 den Thron besteigt. Den äußeren Verfall kann aber auch er nicht aufhalten.

Ehe ich aber nun zu Telipinu komme, möchte ich auf einige Schwierigkeiten der Datierung eingehen, die überschlagen kann, wer eher am Gang der Entwicklung interessiert ist.

Relative und absolute Chronologie

Im Gegensatz zum Märchen mit seinem »Es war einmal . . .« beginnt Geschichte dort, wo man Ereignisse und Personen in ein zeitliches Bezugssystem von Daten und Zahlen einordnen kann. Das Kennzeichen einer solchen »absoluten Chronologie« ist es, daß man jederzeit vom heutigen Jahr aus gesehen sagen kann, wie lange ein Ereignis zurückliegt.

Das ist bei der jüngsten Vergangenheit nicht schwierig: wir können oft nicht nur das Jahr, sondern auch Tag und Stunde angeben, wann etwas passierte. Aber je weiter ein Ereignis zurückliegt und je dürftiger die Überlieferungen werden, desto schwieriger wird auch die genaue Datierung. Wir wissen zwar, an welchem Tage und in welchem Jahr Konstantin der Große gestorben ist, aber sein Geburtsjahr schwankt um fast zwei Jahrzehnte, weil es verschiedene Berichte gibt, die nicht übereinstimmen.

Trotz dieser Schwierigkeiten im einzelnen nennen wir diese Form fortlaufender und aufeinander beziehbarer Geschichtsdaten »absolute Chronologie«. Dabei ist es im Prinzip gleichgültig, von wo aus man rechnet, solange man den Bezug auf das Gegenwartsdatum nicht verliert.

Die Griechen rechneten zum Beispiel vom Jahre 776 v. Chr. (dem Beginn der Olympischen Spiele) an nach vorwärts, die Römer »ab urbe condita« (753 v. Chr.), während die Mohammedaner von der Hedschra an, der Flucht Mohammeds von Mekka nach Medina, die Zeit zählen. Diese Daten bezeichnen jeweils für ihre Gebiete den Beginn der Geschichte, wobei die

Juden am konsequentesten sind: sie zählen die Jahre noch heute nach dem (fiktiven) Beginn der Welt, wobei grundsätzlich alle Zahlen »nach Erschaffung der Welt« liegen – im Gegensatz zu unserer christlichen Zeitrechnung, die ein vor Christus und nach Christus kennt.

Unser Bezugssystem auf die Geburt Christi stammt von dem Mönch Dionysius Exiguus aus dem Jahre 532 nach Christus, aber erst im 8. Jahrhundert taucht die Zeitangabe »nach Christi Geburt« in Urkunden auf, und erst im hohen Mittelalter wird sie allgemein üblich.

Zuvor hatten die Gelehrten in chronologischen Werken in mühsamer Kleinarbeit die verschiedenen Bezugssysteme der Römer und Griechen – und es gab mehr als die zwei erwähnten – auf das christliche System umrechnen müssen, so daß man nun die damals bekannte Welt unter einer einzigen absoluten Chronologie einordnen konnte.

Es versteht sich, daß eine solche absolute Chronologie nur da möglich ist, wo Urkunden und Dokumente vorliegen, die zeitlich lückenlos aneinanderpassen oder sich ergänzen. Kann man dagegen nur sagen, daß ein bestimmtes Ereignis vor einem anderen lag, ohne zu wissen, um wieviel, dann spricht man von einer relativen Chronologie. Ein typisches Beispiel für die relative Chronologie sind die stratigraphischen Befunde, also die Ausgrabungsschichten, wobei das, was in der unteren Schicht gefunden wird, älter ist als die Funde oberer Schichten, ohne daß man in jedem Falle sagen könnte, um wieviel älter und aus welchem Jahrhundert es stammt.

Die Schwierigkeit einer genauen Datierung liegt dabei nicht unbedingt im Alter. Wir können heute mit der Radiokarbonmethode Daten in der sogenannten »prähistorischen Zeit« oft genauer feststellen als manches Datum der angeblich »historischen Zeit«. Wir haben für Tschatal Hüjük eine genauere absolute Chronologie als für manchen ägyptischen Herrscher.

Auch die hethitische Chronologie schwebte lange Jahre in der Luft. Die Hethiter hatten nämlich keine eigene Chronologie. Sie haben weder von einem bestimmten Zeitpunkt an gerechnet, noch nach Regierungsjahren der Könige gezählt,

Der große Tempel des Wettergottes in Boghazköy/Hattuscha hat in seiner Gesamtanlage etwa die Größe eines Fußballfeldes. Blick über die Grundmauern der Magazinbauten auf den eigentlichen Tempel (um 1400 v. Chr.).

Das Löwentor von Hattuscha, einer der vier Zugänge zur Stadt, ist ein monumentales Zeugnis der am besten befestigten Stadt des Altertums. Zwischen acht Meter dicken Zyklopenmauern, von Türmen flankiert, liegen die Doppelbögen des Tores. Oben: Ansicht von außen, unten von der Stadtseite her (14. Jahrhundert v. Chr.).

Das zwei Meter hohe Relief eines Gottes in Kriegergestalt an der Innenseite des Königstores von Hattuscha gehört zu den am besten erhaltenen Monumenten aus der Blütezeit des Hethiterreiches (14. Jahrhundert v. Chr.).

Links oben: Bildnis von König Tuthalija IV. im Felsenheiligtum von Jazilikaja.
Rechts oben: Statuette eines Berggottes aus Elfenbein (Hattuscha, 14.–13. Jh. v. Chr.). Unten links: die nur zum Teil entzifferte hethitische Bilderschrift, daneben eine Keilschrifttafel.

wie andere Völker. Nimmt man die Hethiter für sich allein, so läßt sich schlichtweg nicht feststellen, wann irgendein König genau regiert und wann die Hethiter überhaupt existiert haben.

Daß wir nun doch verhältnismäßig genaue Zahlen kennen, ergibt sich aus der vergleichenden Chronologie. Sie nützt uns allerdings nur dann etwas, wenn eines der beiden Ereignisse zeitlich festlegbar ist. Daß Anches-en-Amun an König Schuppiluliuma geschrieben hat, wäre eine relative Zeitangabe (sie haben gleichzeitig gelebt), solange man nicht wenigstens von einem der beiden sagen kann, in welchem Jahrhundert er oder sie gelebt hat.

Nun wissen wir aber, wann Anches-en-Amun gelebt hat, und damit haben wir einen Fixpunkt für die ungefähre Lebenszeit eines hethitischen Königs – denn auch die absolute Chronologie kann aus Mangel an Überlieferungen nicht immer mit Tagen und einzelnen Jahren rechnen: »Die relative Chronologie beantwortet die Frage, ob ein Gegenstand älter oder jünger als andere Gegenstände ist. Die absolute Chronologie zeigt uns an, aus welchem Jahrhundert vor oder nach Christus jener Gegenstand stammt.« (Oskar Montelius)

Woher wissen wir aber, wann Anches-en-Amun gelebt hat? Im Laufe von einhundert Jahren Forschungsarbeit ist das erste Datum der ägyptischen Geschichte, als König Menes Ägypten einigte, vom Jahre 5876 auf das Jahr 2900 vor Christus hinuntergerutscht – und auch dieses Jahr steht nicht mit Sicherheit fest. Welche festen Daten haben wir überhaupt?

Um es genau zu sagen: wir haben für das Altertum und die Antike nur wenig wirklich verläßliche Daten, und die oft nur in großen Abständen.

So half bei der Festlegung der ägyptischen Chronologie ein astronomischer Zahlenzyklus, der nur alle 1460 astronomischen Jahre wiederkehrt, das sogenannte Sothisjahr. Was es damit auf sich hat, beschreibt Walther Wolf in seinem Buch »Funde in Ägypten«.

»Die Ägypter begannen ihr Jahr mit dem Einsetzen der jährlichen Nilschwelle. Da diese zwar sehr pünktlich, aber natürlich nicht immer am gleichen Tag einsetzte, wählten sie als Neujahrstag den Frühaufgang der Sothis (des Sirius), die, nachdem sie wegen ihres zu späten Aufgangs längere Zeit nicht sichtbar gewesen war, am 19. Juli (unserer Zeitrechnung) infolge ihres ›Frühaufganges‹ zum ersten Mal wieder in der Morgendämmerung erschien. Mit diesem Tage fiel der Beginn der Nilschwelle in etwa zusammen. Da aber das ägyptische Kalenderjahr von 365 Tagen um einen Vierteltag zu kurz war, blieb der bürgerliche Neujahrstag alle vier Jahre um einen ganzen Tag hinter dem astronomischen zurück. Erst nach 1460 astronomischen oder 1461 bürgerlichen Jahren – einer Sothisperiode, wie wir sagen – fielen beide Neujahrstage wieder zusammen. Da uns ein solcher Zusammenfall durch den römischen Schriftsteller Censorius für das Jahr 139 n. Chr. bezeugt ist, kann man, wenn man von hier aus jeweils um 1460 Jahre zurückrechnet, zu weiteren solchen Zusammenfällen gelangen.

Nun pflegten die Ägypter den Frühaufgang der Sothis zum bürgerlichen Jahr in Beziehung zu setzen und anzugeben, auf welchen Tag des bürgerlichen Kalenders in einem bestimmten Jahr der Frühaufgang fiel. Aus der Verschiebung des bürgerlichen Neujahrs gegenüber dem astronomischen (ein Tag in vier Jahren) läßt sich alsdann mit einem Spielraum von vier Jahren errechnen, wieviel Jahre zum Zeitpunkt des vorliegenden Sothisdatums seit dem letzten Zusammenfall verflossen waren. Vier solcher Sothisdaten waren schon bekannt. Das älteste von ihnen gestattete, den Beginn des Neuen Reiches festzulegen. Aber für die Zeit vor dem Neuen Reich fehlte bis dahin die Möglichkeit einer genauen Fixierung. Da fand Borchardt in den Tempelakten von El-Lahun eine Notiz aus dem 7. Jahre Sesostris' III., wonach der Aufgang der Sothis am 16. Tage des 4. Wintermonats stattgefunden hat. Dieses Datum erlaubt uns, das siebente Regierungsjahr Sesostris' III. auf das Jahr 1872 v. Chr. festzulegen. Da uns die Regierungsdauer seiner vier Vorgänger genau bekannt ist, sind wir in der Lage, den Beginn der 12. Dynastie auf das Jahr 1991 v. Chr. zu bestimmen. Für das Alte Reich fehlt uns noch immer ein Sothisdatum, so daß wir für die Festlegung seiner Chronologie einstweilen auf weniger genaue Berechnungen angewiesen sind.«

Soweit Walther Wolf. Was also die Sothisdaten angeht, so haben wir einen genauen Kalender. Nur: was dazwischen liegt, ist oft genauso unsicher wie die Angaben für das Alte Reich. Die ägyptische Chronologie hat nämlich leider an zwei Stellen Lücken (in der 7.–11. Dynastie um das Jahr 2000 und während des Hyksoseinfalles um 1600), die von den Gelehrten verschieden lang bemessen werden. Historiker, die die Lücken relativ kurz ansetzen, kommen so zu einer »Langen Chronologie«, weil sie die Regierungszeiten der bekannten Herrscher auf einen längeren Zeitraum verteilen können. Umgekehrt hat man eine »Kurze Chronologie«, wenn man die Lücken ausdehnt, während die »Mittlere Chronologie« ein Kompromiß zwischen beiden ist: Verläßlich sind alle drei Systeme nicht.

Das Problem ist noch komplizierter, weil auch ähnliche Datierungsprobleme mit langer und kurzer Chronologie für Mesopotamien und andere Kulturkreise bestehen, so daß selbst Vergleiche untereinander in bestimmten Epochen zu nichts führen. Zum Beispiel werden die Daten für Hammurabi von Babylon je nachdem um Jahrzehnte oder Jahrhunderte verschieden angegeben, und die ersten Chronologien der hethitischen Könige aus dem Jahre 1922 unterscheiden sich in bezug auf den Beginn von den heutigen Chronologien um mehr als 200 Jahre; Forrer setzte aufgrund einer fehlerhaften asiatischen Chronologie Tabarna noch um 1860 an, die heutige Wissenschaft um fast zweihundert Jahre später, um 1680. Bei einer gleichen Anzahl von Königen haben wir also auch hier verschiedene Chronologien vor uns, die einfach durch die vermutliche Länge der Regierungszeiten zustande kommen und jederzeit korrigierbar sind. Auch die derzeitige hethitische Chronologie geht von fiktiven und schematisierten Regierungszeiten von jeweils 20 oder 30 Jahren aus, um die Lücken zwischen den eindeutig feststehenden Daten auszufüllen (siehe Zeittafel am Schluß des Bandes).

Solche feststehenden und durch Vergleiche erhärteten Daten gibt es natürlich, wobei wir allerdings unter »feststehend« eine Schwankungsbreite entsprechend den langen, mittleren oder kurzen Chronologien anderer Kulturkreise einbeziehen müssen.

Aber auch innerhalb der hethitischen Chronologie fand Forrer ein absolutes Datum. In einer Art »Wehrmachtsbericht« Murschilis II., des Nachfolgers Schuppiluliumas, wird im zehnten Regierungsjahr des Königs ein »Sonnenzeichen« registriert, das Forrer mit »Sonnenfinsternis« übersetzte. Und tatsächlich konnten die Astronomen errechnen, daß in der vermuteten Regierungszeit Murschilis II., und zwar genau am 13. März des Jahres 1335 vor der Zeitenwende, eine Sonnenfinsternis stattgefunden hatte. Damit hatte man den Regierungsantritt Murschilis II. im Jahre 1345 und den Todestermin Schuppiluliumas, der ja auch einigermaßen übereinstimmend mit 1346 angegeben wird. So weit so gut. Denn so wie andere Hethitologen Forrers Übersetzung bestritten, obwohl doch alles gut zusammenpaßte, so fingen auch die Astronomen erneut zu rechnen an. Und schon entdeckten sie, daß die Sonnenfinsternis vom Jahre 1335 in Hattuscha nur partiell zu sehen war, daß man aber fünf Jahre früher, also 1340 vor unserer Zeitrechnung, eine viel schönere, nämlich eine totale Sonnenfinsternis beobachten konnte. Sollte also Murschili II. nicht die totale Sonnenfinsternis von 1340 gemeint haben? Oder warum hat er dann in seinem fünften Regierungsjahr nicht auch die Sonnenfinsternis vom 8. Januar 1340 erwähnt?

Nimmt man aber an, Murschili II. habe tatsächlich die Sonnenfinsternis von 1340 gemeint, die in sein zehntes Regierungsjahr fiel (vorausgesetzt, er war damals gerade in Hattuscha und hat sie gesehen), dann wäre er 1350 an die Macht gekommen, dann wäre Schuppiluliuma 1350 gestorben oder davor – und schon fängt nicht nur die hethitische, sondern auch die ägyptische Chronologie zu rutschen an: dann wäre ja Schuppiluliuma vor Tut-ench-Amun gestorben, und wie hätte dann dessen Witwe an ihn schreiben und er antworten sollen? Aber so schlimm wäre das auch nicht. Als Todesjahr

Tut-ench-Amuns stehen je nach Chronologie nahezu beliebige Daten zur Auswahl: 1358, 1344 oder gar 1338.

Ähnlich ist es auch mit König Schuppiluliuma, dessen Regierungszeit von sechs fachkundigen Autoren der letzten Jahre fünfmal verschieden angegeben wird:

1375–1335	(Riemschneider)
1380–1346	(Otten)
1381–1355	(Cornelius)
1380–1346	(Akurgal)
1370–1330	(Werner)
1380–1330	(Klengel)

Vielleicht hilft uns dieser Exkurs zu der Einsicht, daß Geschichte nicht immer aus Zahlen bestehen muß, sondern daß Zusammenhänge wichtiger sein können als das Auswendiglernbare. Für die eigentlichen Kulturleistungen, die die Menschheit vorangebracht haben, wie die Erfindung der Schrift, der Zahl, des Dramas, der Musik oder der bildenden Kunst, haben wir ohnehin kein einziges Datum.

Telipinu und der Niedergang

Man schätzt, daß Telipinu um das Jahr 1525 den »Thron seines Vaters« bestieg, wie es in einem Keilschrift-Text heißt, und schon stutzt man: wenn Telipinu eben noch als Schwager des Königs Huzzija geführt wurde, kann er nach unseren Begriffen kaum als »Sohn« Huzzijas Nachfolger werden.

Das Mißverständnis liegt aber nicht beim Chronisten, sondern in der unterschiedlichen Begriffswelt, die uns vom Orient trennt. Wir hatten ja schon bei Hattuschili gesehen, daß er Murschili, der nicht sein leiblicher Sohn war, in der Rolle des Nachfolgers trotzdem als »Sohn« bezeichnete.

Das gleiche finden wir übrigens auch in der Bibel. Um deutlich zu machen, daß ein Herrscher dem Willen Gottes entspricht, heißt es in der sogenannten Krönungsformel (Psalm 2, Vers 7): »Du bist mein Sohn, heute habe ich dich gezeugt« – eine Formulierung, die das Christentum so gründlich mißverstanden hat, daß es aus Jesus einen leiblichen Sohn Gottes machte, während in der orientalischen Denkweise nichts weiter als eine besondere Beziehung ausgedrückt werden soll. Selbst im modernen Hebräisch heißt »Echo« noch »Tochter der Stimme«, womit der enge Zusammenhang zwischen Ruf und Widerhall plastisch deutlich gemacht wird. Und sein Alter kann man nur mit der Formulierung »ich bin ein Sohn der neunzig« oder »ich bin eine Tochter der siebzehn« ausdrücken.

Wir brauchen uns also bei den bisherigen hethitischen Königslisten nicht mit der Frage aufhalten, ob die Bezeichnung »Sohn« ein Verwandtschafts- oder Adoptivverhältnis meint.

Das wird nun durch Telipinu anders. Nach einer Zeit, in der die Thronnachfolge hauptsächlich dadurch bestimmt war, wer bei der allgemeinen Metzelei mehr oder weniger zufällig übrigblieb, regelt er die Thronnachfolge in dem sogenannten »Telipinu-Erlaß«, aus dessen historischem Teil ich schon ein paarmal zitiert habe und dessen drei goldene Regeln ihn zum ältesten Verfassungsgesetz der Welt machen.

»König soll der erstgeborene Prinz werden«, heißt es da, »ist ein erstgeborener Prinz nicht vorhanden, so soll ein Sohn zweiten Ranges König werden. Wenn ein männlicher Thronfolger nicht vorhanden ist, soll man der ersten Tochter einen einheiratenden Ehemann geben, und jener soll König werden!«

Damit wird also das Erbkönigtum als Gesetz eingeführt und verhindert, daß der regierende König seinen Nachfolger selbst bestimmt, wie dies bei Murschili noch der Fall war. Daß die Erbfolge auch über einen Schwiegersohn möglich sein sollte, geht auf Telipinus eigene Situation zurück: sein Sohn war gestorben, und die Dynastie konnte nur über die weibliche Linie fortgeführt werden.

Um nun zu verhindern, daß die Erbfolge doch wieder durch Morde korrigiert werden konnte, bestimmte Telipinu, daß der Pankusch, die Versammlung der Adligen, über den Mörder zu Gericht sitzen sollte. Der Mörder konnte mit dem

Tode bestraft werden, eine Sippenhaftung war jedoch ausgeschlossen, denn »seinem Hause, seiner Frau, seinen Kindern – Böses mögen sie nicht antun«.

Dieser Pankusch, der allerdings nur in bestimmten Thronangelegenheiten tätig werden durfte, entspricht zwar nicht einem Ständerat oder Parlament im heutigen Sinne, obwohl »Pankusch« nichts anderes heißt als »alle«, »die Gesamtheit«. Er erinnert aber an die germanische Volksversammlung, die ursprünglich den Führer wählte.

Mit der Einführung der erblichen Monarchie mußte dieser Pankusch an Bedeutung verlieren. Immerhin ist dieser »Rat der Edlen«, den auch schon Murschili erwähnte, noch ein Korrektiv gegen das willkürliche Potentatentum und, im Vergleich zu den orientalischen Nachbarländern, ein geradezu demokratisches Organ.

Die hethitischen Könige haben sich in der Folge im großen und ganzen an die Gesetzgebung des Telipinu gehalten und auf die Allgewalt eines orientalischen Despoten verzichtet. Dadurch unterscheiden sie sich von anderen Dynastien jener Zeit, und vieles spricht tatsächlich dafür, daß in der anderen Einstellung zum Herrscher das geschichtliche Erbe der indoeuropäischen Stämme lebendig geblieben ist.

Zwar nannten sich auch die hethitischen Herrscher wie ihre Kollegen in den Nachbarstaaten stolz nach Göttern – Telipinu ist zum Beispiel der Name des höchsten Wettergottes –, und sie fühlten sich auch von Gott eingesetzt, wie es in einer Inschrift heißt: »Das Land gehört dem Wettergott. Himmel und Erde (sowie) die Menschen gehören dem Wettergott. Er macht den Labarna, den König, zu seinem Regenten, und er gab ihm das ganze Hethiterland. So soll der Labarna das ganze Land mit seiner Hand regieren!« Aber, und das ist entscheidend, sie empfanden sich nicht selbst als Götter. Zum Gott wurde ein König erst, wenn er tot war, weshalb der Tod eines Herrschers grundsätzlich mit der Formulierung »dann wurde er Gott« umschrieben wird.

Da der König zugleich auch oberster Priester war, läßt sich allerdings nur schwer entscheiden, welche Verehrung dem weltlichen Herrscher und welche dem Vertreter der Gottheit zustand. Jedenfalls wurde das Hofzeremoniell zur regelnden Einrichtung, mit der das Leben des Königs bewahrt und für die Reinheit des obersten Priesters gesorgt wurde.

Mit großer Pedanterie wird dabei für alle möglichen Fälle Vorsorge getroffen:

»Sobald der König aus dem Wagen herabgestiegen ist, wenn dann der Oberste der Leibwächter bereitsteht, so verneigt sich der Oberste der Leibwächter und überläßt den König dann dem Obersten der Pagen. Wenn sich aber irgendein anderer Würdenträger bereitgestellt hat – wer dann als Vornehmster (?) vorn steht, der verneigt sich. Wenn sich aber kein großer Herr bereitgestellt hat, so verneigt sich jener Leibwächter, der gerade dasteht, auch wenn er dann vom Wagen weg irgendwohin geht (und den König nicht begleitet). Und sobald der König vom Wagen herabgestiegen ist, verneigt sich der Oberste der Leibwächter mit den Leibwächtern hinter dem König her.«

Und geradezu köstlich sind dann Bestimmungen, deren menschliche Bedrängnis wir auch noch nach dreieinhalbtausend Jahren nacherleben können:

»Wenn jemand (von den Leibwächtern) die Harnblase drückt, dann sagt er es einem anderen (weiter), und es gelangt (der Wunsch) vor den Obersten der Leibwächter: ›Er will urinieren gehen.‹ (Wenn) dann der Oberste der Leibwächter spricht: ›er soll gehen!‹ und jener Leibwächter will gerade urinieren gehen, doch die Majestät kontrolliert gerade, und die Angelegenheit des Urinierens gelangt in den Palast, so darf er bei seinem Leben nicht (zum Urinieren) hingehen!«

Im wesentlichen dient das Hofzeremoniell zur kultischen Reinhaltung des Königs. So waren alle, die den König bedienten, besonderen Reinhaltungsvorschriften unterworfen. Jeden Monat mußte das Küchenpersonal schwören, dem König kein unreines Wasser zu geben; ein Haar im Waschwasser brachte dem Kammerdiener unweigerlich den Tod.

Auch die »Hoflieferanten« hatten ehrenvolle, aber gefährliche Posten. So durften die Schuhmacher und Lederarbeiter zum Beispiel nur Leder verwenden, das aus dem königlichen Besitz stammte. Nahmen sie ein anderes Stück Leder, drohte ihnen und ihren Familien der Tod. Wenn dann doch das Unglück passiert war, mußte es sofort gemeldet werden: »Wenn ihr aber (versehentlich) anderes nehmt, so sagt es dem Könige, und dann gilt es auch nicht als Vergehen. Ich, der König, werde es dann an einen Ausländer schicken oder es einem Diener geben.«

Wer trotzdem in seiner Angst ein Vergehen gegen die rituellen Reinheitsvorschriften verheimlichen wollte, war seinen Posten los: »Wenn jemand eine Unreinheit begeht, jemand des Königs Sinn erzürnt und ihr folgendermaßen sagt: ›Der König sieht uns nicht‹, so sehen aber doch des Königs Götter schon längst (die Verfehlung), und sie werden euch mit einem Rohr(stock) ins Gebirge jagen ...«

Außer dem Hofzeremoniell und dem Pankusch gab es noch eine dritte Institution, die die Freiheit des Königs einschränkte: die Tawananna. Dies war die Bezeichnung für die Königin, die bei den Hethitern eine besondere Rolle spielte. Die Tawananna durfte in die Regierung eingreifen, sich um die Verwaltung der königlichen Güter kümmern und im Palast das Regiment führen. Puducheba, die Frau Hattuschilis III., führte sogar eine eigene außenpolitische Korrespondenz und unterzeichnete auch Briefe des Königs mit ihrem eigenen Siegel.

Schwierig wurde die Lage besonders dann, wenn die Tawananna gar nicht die Frau des Königs war. Denn die Frau eines regierenden Königs durfte sich erst dann Tawananna nennen, wenn die Frau des Vorgängers, die alte Tawananna, gestorben war. Es gab also öfters auch das heimliche Regiment der Königinmutter, und schon die alten Keilschriften berichten ausführlich über königliche Kräche zwischen Schwiegermutter und Schwiegertochter ...

Doch nach diesem »Hofbericht« zurück zu Telipinu. Außer dem Erlaß, der die Erbfolge sicherte, wird diesem Herrscher auch die Fixierung der hethitischen Gesetze zugeschrieben, obwohl man dafür keinen Beweis hat. Allerdings könnte die

Sammlung von knapp 200 Paragraphen, die zu einem erheblichen Teil auf ältere Überlieferungen zurückgeht, unter Telipinu zusammengestellt und zum Teil korrigiert worden sein, denn des öfteren wird das nun gültige Recht mit dem früheren verglichen.

Tendenz der neuen Gesetzgebung ist die Abschaffung der Sippenhaft und die allmähliche Ersetzung des »Auge um Auge, Zahn um Zahn« durch entsprechende Geld- oder Naturalbußen. Ein Beispiel dafür ist der Paragraph 92: »Wenn jemand zwei Bienenstöcke (oder) wenn er drei Bienenstöcke stiehlt, wurde er früher von den Bienen zerstochen. Jetzt aber gibt er sechs Sekel Silber.«

In manchen Fällen wird auch das Menschenopfer durch ein Tieropfer ersetzt: »Wenn jemand auf ein bestelltes Feld nochmals Samen sät, stellt man auf seinen Nacken einen Pflug und schirrt ein Gespann Rinder an. Das Gesicht des einen wendet man hierhin, das Gesicht des anderen dorthin. Der Mensch wird getötet, auch die Rinder werden getötet. Und wer das Feld schon vorher besät hatte, der nimmt es für sich. Früher verfuhr man so. – Jetzt zieht man ein Schaf statt des Menschen (heran), zwei Schafe zieht man statt der Rinder (heran).«

Nur Vergehen gegen die Gottheit, Zauberei und Nachlässigkeit in kultischen Dingen werden weiter mit dem Tode bestraft. Diese ihm zugeschriebene Gesetzgebung und der Erlaß machen Telipinu zu einem Herrscher, der sich vor allem um die innere Ordnung des Landes kümmerte. Aus seiner Regierungszeit stammt aber auch der älteste hethitische Staatsvertrag, den er mit Isputachschu von Kizzuwatna geschlossen hat.

Aus Siegelfunden kann man entnehmen, daß Kizzuwatna ein Staat in Kilikien gewesen ist, der unter syrisch-mesopotamischem Einfluß stand. Dies wiederum deutet an, daß die Hethiter an außenpolitischem Terrain verloren hatten, denn Kilikien, auf dem Weg nach Nordsyrien und dem Euphrat, war bisher von den Hethitern kontrolliert worden. Ein Feldzug, den Telipinu an den oberen Euphrat unternommen zu haben scheint, durfte demnach nicht durch die kilikische

Pforte, den einfachsten Weg durch das Taurusgebirge, geführt haben.

So ist es verständlich, daß seine Nachfolger alles daransetzten, das kleine, aber lästige Reich von Kizzuwatna zu zerstören. Aus späteren Verträgen der Hethiterkönige Hantili II. und Huzzija II. mit den Fürsten von Kizzuwatna kann man dann auch ablesen, daß offenbar wieder eine Gebietsrückgabe stattgefunden hat.

Über die unmittelbaren Nachfolger Telipinus wissen wir ebensowenig wie über das Ende Telipinus selbst. Es sieht so aus, als wenn man sich zunächst an den Telipinu-Erlaß gehalten hätte, denn als Gemahl der Königstochter wird ein gewisser Alluwamna aufgeführt. Dann aber verliert sich die hethitische Geschichte im dunkel.

Wenn man den Tod des Telipinu etwa um 1500 vor der Zeitenwende ansetzt, so folgt eine Periode von mehr als einhundert Jahren, über die wir kaum etwas wissen. Aus späteren Aufstellungen kann man zwar ein paar Königsnamen rekonstruieren, aber man ist nicht sicher, in welcher Reihenfolge sie regierten oder ob er oder sie überhaupt Könige waren.

Es ist auch deshalb eine dunkle Periode, weil die Hethiter in dieser Zeit trotz einiger Eroberungszüge fast alle ausländischen Provinzen verloren und in Anatolien mit eindringenden Völkerscharen zu kämpfen hatten, die offensichtlich sogar die Hauptstadt Hattuscha niederbrannten.

Zeitlich fällt diese Periode mit der Hyksosbewegung zusammen, die auch in der ägyptischen Geschichte und Chronologie Unordnung stiftete.

Es besteht keine Klarheit darüber, woher die Hyksos kamen und was der Name bedeutet. Das Wort Hyksos ist die gräzisierte Form des ägyptischen »Heka Chaschut«, das »Herrschaft der Fremdländer« bedeutet, das von anderen aber auch als »Hirten der Fremdländer« übersetzt wird. Sicher ist, daß sie von Asien her in Ägypten einfielen oder nach und nach eindrangen. In ihrem Gefolge könnten auch Scharen nomadischer oder halbnomadischer semitischer Stämme als »Hirten« nach Ägypten gekommen sein, die dann dort nach der Vertreibung der Hyksos versklavt wurden, bis sie unter Moses als »Kinder Israels« Ägypten verließen. So sind möglicherweise die Josephserzählungen in der Bibel (1. Moses, 37ff.) eine Widerspiegelung der Verhältnisse während der Hyksoszeit.

Aber warum sollten die Hethiter im fernen Anatolien von dieser Hyksosinvasion in Ägypten betroffen worden sein?

Nun, es fiel auf, daß einige Königsnamen der Hyksos hurritisch klangen. Auch die Benutzung des zweirädrigen Kampfwagens verbindet die Hyksos mit den Hurritern. Die Frage ist also, ob die Hyksos mit den Hurritern verwandt oder identisch sind. Die Hurriter aber hatten ihre eigene Geschichte.

Assyrische und sumerische Quellen erwähnen am Ende des 3. Jahrtausends vor der Zeitenwende zum erstenmal dieses Volk und das Land Churrum südlich des Kaukasus. Wir wissen dann weiter, daß sie aus der Gegend des Van-Sees in Ostanatolien kamen und in der Bibel als Horiter oder Choriter bezeichnet werden. Noch später, im 9.–7. Jahrhundert v. Chr., gab es im Bergland von Armenien ein Volk, das mit den Hurritern verwandt war und dessen Hauptstadt Urartu hieß: es ist das biblische Ararat.

Vom Van-See waren die Hurriter allmählich nach Süden vorgedrungen, was wir seit der Zeit Hammurabis aus dem Auftauchen hurritischer Namen nachweisen können. Zu der Zeit, als Murschili nach Babylon zog, saßen sie, wie wir uns erinnern, bereits am Euphrat. Hier gründeten sie dann, als die Hethiter an Einfluß verloren, das Reich Mitanni. Bald waren die Hurriter so dominierend, daß sogar hethitische Herrscher hurritische Namen trugen. Sie drangen sogar bis nach Anatolien vor und nahmen sieben Städte ein.

Idrimi von Halalach, der König der Hurriter, schrieb damals: »Das Land Hatti mobilisierte nicht und marschierte nicht gegen mich. Wie es mir gefiel, verfuhr ich«, und in einem späteren Brief des Pharao Amenophis III. heißt es: »Auch das Land Hatti ist zersplittert.«

Wenn man also die Hyksos mit den Hurritern gleichsetzen könnte, und vieles spricht dafür, so hätte man eine Erklärung dafür, warum in dieser Zeit das gesamte Gebiet von Anatolien bis hinunter nach Ägypten durcheinandergeriet. Ähnlich wie die Hethiter vor ihnen hätten dann die Hurriter eine Blütezeit erlebt und ihr Reich ausgedehnt – nur mit dem Unterschied, daß die Hethiter die Hurriter an Einfluß und Macht überdauerten.

Wenn aber Hyksos und Hurriter identisch wären: warum nannte man sie dann nicht Hurriter, sondern Fremdvölker? Warum wußte niemand zu sagen, woher sie kamen? Auch hier gibt wieder die Sprache Auskunft. Die Hurriter waren tatsächlich ein fremdes Volk, da ihre Sprache weder semitisch, aber auch nicht indogermanisch war, obwohl sie oder wenigstens die herrschende Schicht zum indo-arischen Stamm gehörten. Welcher Sprachgruppe die Hurriter nun eigentlich angehörten, entdeckte man in einem hethitischen Text.

Es ist der sogenannte Kikkuli-Text, die älteste schriftliche Anweisung für das Training von Pferden an leichten Streitwagen. Diese höchst detaillierten Anweisungen, die am 184. Trainingstage noch nicht abgeschlossen waren (da brechen die Texte ab), sind zwar in hethitischer Sprache geschrieben, aber das Hethitische ist so fehlerhaft und dürftig, daß der Verfasser dieser »Reitschule« ein Ausländer gewesen sein muß. Und richtig: im Text wird auch sein Name genannt; es ist Herr Kikkuli – ein Hurriter. In diesem Text kommen nun auch Worte vor, die überhaupt keiner Sprache im näheren Umkreis Vorderasiens und Anatoliens angehörten. Erst als man weit genug wegging, verstand man diese seltsamen hurritischen Worte: es war Indisch!

Damit ist nicht allzuviel gewonnen, denn mehr weiß man auch heute noch nicht. Aber man kann vermuten, daß diese Indo-Iranier bzw. Indo-Arier, ähnlich wie die Hethiter, auf ihrer Völkerwanderung bis zum Kaukasus vorgedrungen waren. Man nimmt an, daß sie dort den leichten Streitwagen und den Umgang mit Pferden kennenlernten, bevor sie nach Nordsyrien kamen und dann mit ihren Streitwagen auf schnellen Streifzügen als »Hyksos« einige Jahrhunderte die vorderasiatische Welt beunruhigten.

Aber es waren nicht die Hurriter allein, die den Hethitern zu schaffen machten. Im Westen Anatoliens begannen die Arzawa ein eigenes Reich aufzubauen und die Nachbarstaaten unter ihre Herrschaft zu bringen, so daß die Hethiter auch an dieser Front zu kämpfen hatten. Vom Norden brachen die Stämme der Kaschkäer ein und eroberten Teile des hethitischen Kernlandes. Und so klagen der Hethiterkönig Arnuwanda und die Tawananna Aschmunikal der Sonnengöttin von Arinna ihr Leid:

»Die Tempel, die ihr (Götter) in diesen Ländern besessen habt, die haben die Kaschkäer umgestürzt und eure, der Götter, Statuen haben sie zerschlagen. Sie haben Silber, Gold, Rhyta, Becher von Silber, Gold (und) Kupfer und eure Bronzegeräte (und) eure Gewänder geplündert und unter sich aufgeteilt.«

Außerdem wird in dem Gebet beklagt, daß die Kaschkäer nicht nur die Priester, sondern auch die »Musikanten, Sänger, Köche, Brotbäcker, Ackersleute und Gärtner« unter sich aufgeteilt und zu Sklaven gemacht haben und daß sie Schafe, Rinder und die Felder für die eigene Landwirtschaft nutzten. Selbst die gestohlenen Weingärten werden in dem Gebet nicht vergessen.

Das war also der Stand der Dinge um das Jahr 1400. Der große Aufbruch Murschilis und die Eroberung Babylons lagen zweihundert Jahre zurück. Es war eine Zeit der inneren Wirren und der Morde unter den Thronanwärtern gefolgt. Die Gesetzgebung des Telipinu und die Ordnung der inneren Verhältnisse hatten um 1500 das Hethiterreich wieder gefestigt, freilich nur, damit es für weitere hundert Jahre gegen Hurriter, Kaschkäer und die Feinde im eigenen Land um seinen Bestand kämpfen konnte.

Und doch sollte das Hethiterreich nach diesem zweimaligen Niedergang erst jetzt seine eigentliche Blüte erleben und zum Großreich werden, das ebenbürtig neben Ägypten stand.

VI
Das Großreich

Das Imperium des Schuppiluliuma

Im zweiten Jahr seiner Regierung lobt sich der ägyptische Herrscher Tutmosis I. auf einem Gedenkstein am dritten Nilkatarakt und rühmt die ungeheure Ausdehnung seines Landes:

»Seine südliche Grenze reicht bis zum Anfang der Erde, seine nördliche bis zu jenem Fluß, der umgekehrt fließt, der herabfließt nach Süden. Niemals geschah gleiches durch andere Könige. Sein Name erreicht den Umkreis des Himmels, er gelangt bis zum Ende der Erde. Man lebt von ihm in allen Ländern der Erde wegen der Größe der Macht seiner Majestät.«

Tatsächlich hatte Ägypten um das Jahr 1500 seine bisher größte Ausdehnung erreicht. Das von ihm beherrschte Gebiet erstreckte sich von Nubien, dem »Anfang der Welt« im Süden, bis zum Euphrat, dem Fluß, der »umgekehrt fließt«, im Norden. Den Grund für diese Orientierung nach Norden lieferten die Hyksoseinfälle. Nach einer anfänglichen Defensivtaktik entschloß sich Ägypten, die Hyksos zurückzudrängen und sein Einflußgebiet im Nahen Osten zurückzugewinnen.

Den äußeren Anlaß für den ersten Feldzug lieferten »Aufstände« in Nordsyrien. Dort aber saßen vermutlich jene Hyksos, die sich selbst Hurriter nannten und das Reich Mitanni bildeten. Viel Erfolg scheint die Strafexpedition nicht gehabt zu haben, denn Tutmosis II. zieht erneut gegen das Reich Mitanni zu Felde, das die Ägypter »Naharina«, die »beiden Ströme«, nannten. Und Tutmosis III. berichtet sogar von siebzehn Feldzügen, die er unternommen hat.

Erst auf dem sechsten Feldzug gelingt Tutmosis III. der entscheidende Schlag: die Stadt Kadesch am Orontes wird eingenommen, die von nun an die Nordgrenze bildet.

Auf seiner siebten Expedition dringt Tutmosis III. dann ins Reich der Mitanni ein, indem er, vermutlich vom syrischen Byblos aus, Schiffe über den Libanon schleppen läßt und den

Euphrat hinaufsegelt. Er schlägt die Hurriter und erholt sich, wie seine Vorgänger, von den Strapazen des Feldzuges bei einer Elefantenjagd am oberen Euphrat. Im Tempel von Karnak steht sogar eingemeißelt, wie viele Elefanten erlegt wurden: einhundertdreißig.

Auf späteren Kriegszügen scheint Tumosis III. dann noch einzelne Aufstände und Unruhen niedergeschlagen zu haben. Auf jeden Fall hatte das Reich der Hurriter, die im Nordwesten gegen die Hethiter und im Süden gegen die Ägypter kämpften, bereits zu einer Zeit an Ansehen und Macht verloren, als die Hethiter noch vollauf mit sich selbst und den Kaschkäern beschäftigt waren.

So kam es, daß die Hethiter ihren Wiederaufstieg im Grunde den Ägyptern und ihrem Kampf gegen die Hurriter verdanken. Denn in dem Maße, wie die Hurriter an Macht verloren, begann der Wiederaufstieg der Hethiter.

Vielleicht sollte ich aber nicht den Eindruck erwecken, als könnte man Macht und Ohnmacht in der Politik wie mit einem Waagebalken messen, der sich automatisch einpendelt oder das Gewicht eines Herrschers oder eines Volkes auf der Skala nur deswegen anzeigt, weil die andere Waagschale leichter geworden ist.

Ich glaube vielmehr, daß es Situationen gibt, die ungenutzt verstreichen, wenn nicht im richtigen Augenblick der richtige Mann *das* in die Tat umsetzt, was andere nur ahnen, denken oder fordern. Wir hätten vielleicht nie wieder etwas von den Hethitern gehört, wenn nicht zu jener Zeit ein Mann König geworden wäre, den wir schon von den ersten Seiten dieses Buches her kennen: Schuppiluliuma.

Dieser König mit dem poetischen Namen, den wir im Deutschen mit »Lauterbacher« wiedergeben könnten (Schuppi-luli-uma = »Der von [dem Ort] reine Quelle«) ist etwa um 1380 auf den Thron gekommen. Bereits vorher hatte er seinen kränklichen Vater auf Feldzügen gegen die Kaschkäer vertreten und sie gelegentlich sogar besiegt.

Wer aber dieser Vater war, wagt heute die Wissenschaft nicht mehr mit der gleichen Sicherheit zu behaupten wie noch vor einigen Jahren. Bis in die fünfziger Jahre hinein galten mit wechselndem Erfolg Tuthalija III. oder Arnuwanda als Schuppiluliumas Vater. Da entdeckte man im Jahre 1953 durch philologische Vergleiche der Überlieferungen, daß es offenbar zwei Schuppiluliumas gegeben hat, die fatalerweise beide als Vorgänger einen Tuthalija und einen Arnuwanda hatten und die beide in der politisch schwierigen Zeit lebten – nur daß der eine Schuppiluliuma am Beginn, der andere am Ende des Großreiches regiert hatte. Wer nun in welcher Reihenfolge welche Ahnen hatte oder ob wir nicht die Vorfahren des einen fälschlicherweise auf beide beziehen, ist bis jetzt unklar. Ich erwähne das auch nur, weil man in der Literatur auch nach 1953 oft noch den alten Königslisten begegnet. Es ist nicht einmal sicher, ob Schuppiluliuma völlig legal auf den Thron gekommen ist, denn im Gegensatz zu den anderen Königen erwähnt er niemals seine Mutter, wenn Listen zur Verehrung der Toten aufgestellt werden: vielleicht stammt er von einer Nebenfrau, vielleicht ist aber auch seine Mutter nur früh gestorben – wir wissen es nicht.

Seine ersten Jahre als König verbringt er wie seine Vorgänger im Kampf gegen die Kaschkäer, und wenn man die Angaben in den Texten zusammenrechnet, hatte er zwanzig Jahre lang mit diesen Eindringlingen zu tun. Immerhin kann er bald nach seinem Regierungsantritt einen Feldzug gegen die Hurriter wagen, wird aber von Tuschratta, dem König der Mitanni, geschlagen, der einen Teil seiner Beute stolz als Geschenk an den ägyptischen Pharao Amenophes III. schickt.

Schuppiluliuma zieht sich nach Anatolien zurück, ist aber zu Hause schon soweit Herr der Lage, daß er beginnen kann, mit Nachbarstaaten Verträge abzuschließen. Es zeigt sich, daß diese Verträge dazu dienen, sich systematisch auf diplomatischem Wege Bundesgenossen gegen die Hurriter zu verschaffen. Und was später die Österreicher mit System betrieben, das tat auch schon Jahrtausende vorher Schuppiluliuma: seine Verträge sicherte er durch Familienpolitik ab und verheiratete möglichst mit jedem Vertrag einen seiner Verwandten mit dem jeweiligen Bündnispartner im Ausland, was ihn aber keineswegs daran hinderte, in den Vertrag hineinzuschreiben, daß die Partner ungesittete Barbaren seien und überhaupt erst einmal lernen müßten, was Sitte und Anstand ist.

Ein köstliches Beispiel dieser Unbekümmertheit ist der Vertrag mit dem Fürsten Hukkana vom Lande Azzi-Hajascha im Nordwesten Armeniens, mit dem Schuppiluliuma seine Schwester verheiratet hatte und dem er nun beibringt, wie gesittete Menschen mit ihren Halbschwestern aus dem Harem eines hethitischen Königs umzugehen haben:

»Ferner hat meine Schwester, die ich, die Sonne, Dir zur Gattin gegeben habe, viele Schwestern verschiedenen Verwandtschaftsgrades. Es sind nun auch Deine Schwestern geworden, weil Du ihre Schwester zur Gattin hast. Für das Land Hatti aber gibt es eine wichtige Vorschrift: der Bruder darf mit der eigenen Schwester oder der Kusine nicht geschlechtlich verkehren. Das ist nicht Sitte. Wer so etwas doch tut, der bleibt in Hattuscha nicht am Leben, er wird getötet. Da nun aber Euer Land ungesittet ist, ist es dort üblich, daß mit dem eignen Bruder die eigne Schwester und die Kusine verkehrt. In Hattuscha ist es nicht erlaubt.«

Und damit der arme Hukkana es nur ja begreift, folgen noch detaillierte Anweisungen:

»Wenn nun einmal von Deiner Gattin eine Schwester, eine Halbschwester oder Kusine zu Dir kommt, so gib ihr zu essen und zu trinken. Eßt und seid fröhlich. Mit ihr zu verkehren aber laß' Dir nicht gelüsten. Das ist nicht erlaubt, darauf steht die Todesstrafe. Das versuche von Dir aus ja nicht. Und wenn Dich zu einer solchen Sache irgendein anderer verführen will, höre nicht auf ihn und tue es nicht. Es soll Dir unter Eid gelegt sein.«

Doch damit ist immer noch nicht Schluß in dem Staatsvertrag. Jetzt kümmert sich Schuppiluliuma auch noch um die Hofdamen und die Hierodulen, die Tempelsklavinnen:

»Auch sollst Du Dich vor einer Hofdame sehr hüten, was es auch für eine Hofdame sei, eine freie oder eine Hierodule. Der tritt nicht zu nahe, gehe gar nicht in ihre Nähe und sprich kein Wort mit ihr. Auch Dein Diener und Deine Magd sollen ihr nicht nahekommen. Hüte Dich sehr vor ihr. Sobald eine Hofdame kommt, so spring weit aus dem Weg und laß ihr den Weg weiterhin frei. Und vor folgender Hofdamengeschichte hüte Dich ganz besonders: Denn, was Marijas betraf, welches Vergehens wegen hat er wohl den Tod gefunden? Kam nicht eine Hierodule daher, und er wurde zudringlich? Mein, der Sonne, Vater schaute gerade aus dem Fenster hinaus und ergriff ihn: ›Warum bist du jener gegenüber zudringlich geworden?‹, und er fand den Tod wegen jenes Vergehens. Vor einer Sache aber, deretwegen doch ein Mensch umgekommen ist, hüte Dich sehr!«

Man könnte lange philosophieren über eine solche wunderliche Art, Verträge abzuschließen, denn die Existenz von Schwestern verschiedener Verwandtschaftsgrade setzt ja ein Harem bei den Hethitern und damit eine andere Moral voraus, als wir sie haben, so daß Hofdamen und Hierodulen – ein netter Ausdruck für Tempelprostituierte – kaum bedenklich gewesen sein können.

Wenn Schuppiluliuma trotzdem einen solchen Wert auf die Einhaltung der Moral legt, so könnte man meinen, er sei ein besonders frommer oder religiöser Mensch gewesen, denn Moral und Religion sind ja oft miteinander verbunden. Aber genau daran scheint es Schuppiluliuma zu fehlen. Es gibt – im Gegensatz zu anderen Königen – aus der sonst so reich durch Texte belegten Zeit Schuppiluliumas kein einziges Dokument, das seine Frömmigkeit bezeugt. Im Gegenteil: die Gleichgültigkeit Schuppiluliumas auf religiösem Gebiet ist der Anlaß mancher frommen Gebete seines Sohnes Murschili.

Schuppiluliuma ist ein Pragmatiker, der Sinn für das Notwendige hat. So erneuert er auch einen Vertrag mit dem Reich von Kizzuwatna in Kilikien, das inzwischen schon einmal vertragsbrüchig geworden und zu den Hurritern übergelaufen war. Im Vertragstext liest sich das so:

»Ich, die Sonne, schrieb den Hurritern: ›Sendet meine Untertanen mir zurück.‹ Aber die Hurriter antworteten mir, der Sonne, folgendermaßen: ›Nein. Diese Städte sind schon früher ins hurritische Land gekommen und haben sich dort angesiedelt. Zwar ist es wahr, daß sie später ins Land Hatti als Flüchtlinge zurückgekehrt sind. Aber zum Schluß hat das Rind seinen Stall gewählt, und sie sind endgültig in mein Land gekommen.‹ So haben mir die Hurriter meine Untertanen also nicht ausgeliefert . . .!

Nun sind also die Leute von Kizzuwatna hethitisches Rindvieh und haben ihren Stall gewählt . . . sind abgefallen von den Hurritern und zu mir, der Sonne, übergegangen . . . das Land Kizzuwatna freut sich sehr über seine Befreiung.«

Nach diesem Rückblick auf die Geschichte schließt nun Schuppiluliuma mit dem »hethitischen Rindvieh« von Kizzuwatna einen Vertrag, der frei von Rachegefühlen oder Erniedrigung ist. Im Gegenteil, er wertet König Schunaschschura von Kizzuwatna auf. Die Hurriter hatten ihn Diener genannt, aber Schuppiluliuma macht ihn zu einem legitimen König, fast zu einem »Bruder« des hethitischen Königs, obwohl er dem Vertrag nach eine Art Vasall ist.

Mit dieser Taktik erreicht Schuppiluliuma mehr als mit Feuer und Gewalt. Kizzuwatna muß zwar Tribut zahlen und darf keine eigene Außenpolitik betreiben, aber es bleibt ein einigermaßen selbständiger Staat, dem es jetzt besser geht als bei den Hurritern.

So schafft sich Schuppiluliuma freie Bahn nach Nordsyrien. Er kann nun sicher sein, daß der Staat Kizzuwatna ihm nicht in den Rücken fallen wird, wenn er noch einmal versucht, das hurritische Mitanni anzugreifen.

Vorher scheint er noch einen Krieg mit den Arzawa im Westen Anatoliens geführt zu haben, denn im Vertrag mit dem Staat Kizzuwatna wird ausdrücklich als einzige Bedingung eine Militärhilfe von »hundert Streitwagen und tausend Mann« gegen die Arzawa festgelegt. Der Krieg endete weder mit einem Sieg noch mit einer Unterwerfung, wir hören auch noch später von Kämpfen. Doch im Westen brauchte Schuppiluliuma offensichtlich nichts Schlimmes mehr zu befürchten. Daß sich ihm auch der Fürst von Miraa zuneigte, sei nur erwähnt, weil dieser edle Mann den so vollkommen unfürstlichen Namen Maschchuiluwas hat, mit dem sich sonst nur Liebesleute anreden: Fürst »Mäuschen«.

In seinen späteren Regierungsjahren dringt König Schuppiluliuma durch die kilikische Pforte nach Nordsyrien vor, das jetzt zum Einflußgebiet der Hurriter gehört. Es kommt zur entscheidenden Auseinandersetzung mit den Hurritern, die vorher schon, wie wir wissen, von den Ägyptern angegriffen worden waren.

Dieser Kriegszug läßt sich nicht mehr im einzelnen rekonstruieren, das Ergebnis aber ist eindeutig: König Tuschratta von Mitanni wird getötet, das Reich Mitanni in Obermesopotamien zerstört und Syrien zum hethitischen Staatsgebiet. Als Grenze nach Süden wird in einem Vertrag aus der Zeit Schuppiluliumas das Libanongebirge angegeben, genauer: es war die Stadt Kadesch, die schon einmal zwischen Hurritern und Ägyptern die Grenze bildete und auch später, nach der Schlacht bei Kadesch, wieder Grenzstadt werden sollte.

Solange Schuppiluliuma mit den Hurritern beschäftigt war, vermied er es, sich gleichzeitig auch noch mit den Ägyptern anzulegen. Als er aber den letzten mitannischen Stützpunkt westlich des Euphrat, die Stadt Karkemesch, belagerte, begannen bereits zwei seiner Generäle marodierend und plündernd in das ägyptische Gebiet von Amka zwischen Libanon und Antilibanon einzufallen, hatten also die Grenze bei Kadesch überschritten.

Nun wurden verständlicherweise die Ägypter unruhig, und Schuppiluliumas Sohn Murschili, der später die »Mannestaten« seines Vaters aufschreiben ließ, notierte: »Während mein Vater unten im Lande Karkemesch war, sandte er den Lupakki und den Tarchuntazalma aus in das Land Amka. Diese zogen los, um das Land Amka anzugreifen, und brachten Gefangene, Rinder und Schafe zurück zu meinem Vater. Als aber die Ägypter von diesem Angriff auf Amka hörten, fürchteten sie sich.«

Aber was nur wie einer der vielen hethitischen Feldzüge nach Syrien aussieht, war doch mehr. Man kann das aus den hethitischen Berichten nicht erkennen, weil sie zu karg und knapp sind. Welchen Eindruck die »Mannestaten Schuppiluliumas« auf andere gemacht haben, erfahren wir jedoch aus den Reaktionen der Gegner, denn nun kommt im Bericht des Murschili jene Stelle, die wir schon kennen und die verrät, was für eine beherrschende Gestalt dieser hethitische König gewesen sein muß. Murschili erinnert sich weiter:

». . . da zudem ihr Herr Tut-ench-Amun gestorben war, sandte die Königin von Ägypten, die Hauptgemahlin, einen Boten an meinen Vater und schrieb ihm folgendermaßen: ›Mein Gatte ist gestorben. Einen Sohn habe ich nicht. Aber Du hast, so sagt man, viele Söhne. Wenn Du mir einen Deiner Söhne geben würdest, würde er mein Gatte werden. Niemals werde ich einen meiner Diener nehmen und ihn zu meinem Gatten machen! Das scheue ich zu sehr!‹ Als mein Vater dies hörte, rief er die Großen zur Beratung zusammen, wobei er sagte: ›Ein derartiger Fall ist mir in meinem ganzen Leben nicht vorgekommen!‹«

Wir verstehen nun das Mißtrauen Schuppiluliumas. Noch kämpfte er um die Vorherrschaft in Syrien, noch hatte er Karkemesch nicht eingenommen, noch ist das ehemalige Reich Mitanni und Syrien kein geordnetes Vasallengebiet der Hethiter – da wird er von den Ägyptern als gleichberechtigt anerkannt, indem sie einen seiner Söhne zum Pharao machen wollen?

Und wir verstehen nun auch das Zögern des Königs und die drängende Rückfrage Anches-en-Amuns: hier trafen zwei Reiche aufeinander, die gleich stark waren, ohne daß dies den Hethitern bislang bewußt geworden war.

Schuppiluliuma schickt einen Boten nach Ägypten, um herauszufinden, ob das Angebot nicht etwa eine Falle sei. Noch nie hatte Ägypten seine Herrscher aus dem Ausland geholt. Wenn Ägypten aber jetzt einen seiner Söhne zum Pharaonen und damit zum Herrscher der damaligen Welt machen wollte, so bedeutete dies Anerkennung, Ruhm und Ehre für ihn und sein Volk. Schuppiluliuma, der selbst eine solche Heiratspolitik betrieb, kannte sehr wohl die Folgen einer solchen Entscheidung.

Die Antwort Anches-en-Amuns macht ihn sicher und er schickt einen seiner fünf Söhne mit großem Gepränge nach Ägypten.

Karkemesch fällt nach kurzer Belagerung, das Reich Mitanni ist zerstört, Syrien gehört den Hethitern – da erhält der König die Nachricht, daß sein Sohn unterwegs ermordet wurde.

Einen Schritt vor dem Gipfel hatte das Schicksal anders entschieden. Ein Mord, irgendwo in der Wüste, machte Weltgeschichte. Ein Hethiter auf dem Thron der Pharaonen – zwei Kulturen, zwei Welten wären einander nähergekommen, die seitdem immer nur in Konflikten aneinandergerieten, ohne sich wirklich zu verstehen. Auch wenn Griechenland und das »christliche Abendland« weithin von der Kultur und der Kunst Ägyptens und des Vorderen Orients beeinflußt blieben – wie hätte am Ende die Entwicklung aussehen können, wenn das Gedankengut, die Lebenserfahrungen und die Sprache indo-europäischer Stämme in Ägypten zu einer Zeit Einfluß gewonnen hätten, bevor Ramses II. die alte Vormachtstellung Ägyptens wiederherstellte?

Nun, es sollte nicht sein. Aber der Pragmatismus Schuppiluliumas machte auf einem anderen Gebiet doch aus dem Üblichen das Besondere. Er »unterjocht« die besetzten Länder nicht, sondern macht sie zu Vasallenstaaten. Selbstverständlich fordert er Sklaven, Gold und Naturalien als Tribut, denn das ist damals das unbestrittene Recht des Siegers. Aber darüber hinaus verfolgt Schuppiluliuma seine alte Politik und versöhnt die Besiegten, indem er sie zu »Brüdern« und Verwandten macht.

So ist Schuppiluliuma längst wieder zu Hause in Hattuscha, als nach abenteuerlicher Flucht Mattiwaza, der Sohn des umgekommenen Mitanni-Königs Tuschratta, bei ihm auftaucht. Und Schuppiluliuma hilft ihm:

»Und ich, Mattiwaza, der Königssohn, als ich zum Großkönig ging, da hatte ich zwei Hurri-Leute und zwei Diener, die mit mir heraufzogen, ein einziges Kleid, das ich auf mir hatte, und weiter nichts. Aber der Großkönig hatte Mitleid mit mir, und Wagen mit Gold überzogen, Pferde, Geschirr ... zwei Krüge aus Silber mit Bechern aus Silber und Gold ... ein Prachtkleid – alles dies und Schmucksachen, alles Erdenkliche, alles hat er mir gegeben.«

Aber das war noch nicht alles und nicht das Wesentliche. Mattiwaza berichtet weiter:

»Am Fluß Maraschschantija (= Halys) bin ich der Sonne Schuppiluliuma, dem Großkönig und Helden, dem Liebling des Wettergottes, zu Füßen gefallen. Der Großkönig hat mich an der Hand gefaßt und sich über mich gefreut, und nach allen Dingen des Landes Mitanni hat er mich gefragt, und als er über die Angelegenheiten des Landes Mitanni sich alles angehört hatte, da sagte der Großkönig, der Held, also: ... ›Zur Sohnschaft will ich Dich annehmen ... auf dem Thron Deines Vaters will ich Dich sitzen lassen.‹«

Und richtig: Schuppiluliuma hat ja noch eine Schwester. Und weil wieder einmal die Gelegenheit, Politik durch Heirat abzusichern, recht günstig war, gab Schuppiluliuma dem Mattiwaza seine Schwester zur Frau.

Trotzdem ist der Hethiterkönig vorsichtig. Er verläßt sich nicht darauf, die besetzten Gebiete durch Vasallen und fremde Fürsten verwalten zu lassen, die, weitab von Hattuscha, im Zweifelsfalle tun und lassen konnten, was sie wollten. Schuppiluliuma errichtete daher ein Vizekönigtum in Syrien und setzte seinen Sohn Pijaschschili als König ein. Zur Hauptstadt machte er die Euphratfestung Karkemesch, und um allen Widerständen aus dem Wege zu gehen, ließ er die Bevölkerung der Stadt deportieren und siedelte dort Hethiter und solche Leute an, auf deren Treue er sich verlassen konnte. Zum zweiten Zentrum der hethitischen Macht in Syrien machte er die Kultstadt Haleb. Dort setzte Schuppiluliuma seinen Sohn Telipinu ein, der zugleich priesterliche Funktionen hatte.

Damit hatte das Hethiterreich endgültig in Syrien Fuß gefaßt. Zwar kam es auch später immer wieder zu Unruhen und Aufständen, zu Bedrohungen durch die Ägypter im Süden und später durch die Assyrer am Euphrat. Als aber das Hethiterreich in Anatolien unterging, konnten sich die Hethiter in

Syrien noch jahrhundertlang behaupten, bis auch sie verschwanden. Es sind jene Hethiter, vor denen sich Erzvater Abraham verneigte.

Mit den anderen Staaten wie Hajascha im Nordosten, Kizzuwatna im Süden und Amurru in Syrien schloß Schuppiluliuma Verträge und machte sie zu Pufferstaaten, die das hethitische Reich gegen Assur, Babylon und Ägypten schützten.

Schuppiluliuma aber, der Begründer dieses großen Reiches, der zuletzt in dritter Ehe mit einer babylonischen Prinzessin verheiratet war, hatte seine »Mannestaten« vollbracht, als er 1346 an einer Seuche starb, die ägyptische Kriegsgefangene nach Anatolien eingeschleppt hatten.

Wir wissen nicht, was das für eine Seuche war, die sich offenbar über ganz Anatolien ausgebreitet hatte. Ihr fiel auch Schuppiluliumas Sohn und Nachfolger Arnuwanda nach kurzer Regierungszeit zum Opfer, so daß der jüngste Sohn Murschili die eigentliche Nachfolge Schuppiluliumas antritt.

Aus den Annalen des Murschili

Noch bevor »die Sonne, Murschili, der große König, der König des Landes Hatti, der Tapfere, der Sohn des Schuppiluliuma, des großen Königs, des Tapferen«, auf den Thron kommt, scheinen Krankheit und Seuche alle Erfolge vernichtet zu haben.

»Bevor ich mich auf den Thron meines Vaters setzte«, schreibt Murschili II. in seinem Bericht über die ersten zehn Regierungsjahre, »hatten die umliegenden Feindesländer alle Krieg mit mir angefangen. Sobald nun mein Vater Gott geworden (= gestorben) war, setzte sich Arnuwanda, mein Bruder, auf den Thron seines Vaters. Hernach aber erkrankte er ebenfalls.

Als nun die Feinde hörten, daß Arnuwanda, mein Bruder, erkrankt war, da fingen die Feindesländer erst recht Krieg an. Als aber Arnuwanda, mein Bruder, Gott geworden war, da begannen auch die Feindesländer, die bisher keinen Krieg angefangen hatten, offene Feindseligkeit. Und die umliegenden Feindesländer sprachen folgendermaßen: ›Sein Vater, der König von Hatti-Land war, der war ein heldenhafter König und hatte die Feindesländer unterworfen; er ist nun Gott geworden. Sein Sohn aber, der sich auf den Thron seines Vaters setzte, auch der war früher ein Kriegsheld gewesen. Aber er erkrankte und wurde ebenfalls Gott. Der sich aber jetzt auf den Thron seines Vaters gesetzt hat, der ist klein. Und das Hatti-Land und die Grenzen des Hatti-Landes wird er nicht retten.‹«

Murschilis Bedeutung liegt nun darin, daß ihm, dem »Kleinen«, die Rettung des Reiches gelang und daß er, der sensibler und empfindsamer war als andere hethitische Könige, das Hethiterreich sogar noch festigen konnte, das zu beherrschen er als jüngster Sohn nie hatte erwarten können und das zu regieren er gar nicht fähig schien.

Murschili II. war kein Träumer und kein Philosoph auf dem Thron; wohl aber gehörte er zu jenen, denen das dicke Fell des Tatsachenmenschen fehlt und die durch Schicksal und Verstand die Dinge anders erleben und sehen als die meisten. Der politisch so erfolgreiche Murschili II. war ein Mensch, der mit sich selbst nur schwer zurechtkam.

Er litt zunächst einmal unter der dritten Frau seines Vaters, der Tawannana aus Babylon, die nach Duduchepa und Chenti als dritte Frau das Regiment in Hattuscha übernommen hatte und die Murschili schließlich aus der Stadt verbannen mußte, weil sie offenbar keine Ruhe gab und fremde und bedenkliche Sitten bei Hofe einführte: sogar aus dem Palast mußte Murschili eine Prostituierte entfernen lassen . . .

Aber die Schwierigkeiten, mit denen Murschili zu kämpfen hatte, lagen noch tiefer, sie gingen bis in seine Kindheit zurück. Wir können das heute mit Hilfe der Tiefenpsychologie Sigmund Freuds besser verstehen, wenn Murschili eine Sprachlähmung und ein Stottern auf ein äußerliches Ereignis zurückführt, das nur der Auslöser eines längst zurückliegenden traumatischen Erlebnisses war:

»Da brach ein Unwetter los, fern donnerte der Wettergott schrecklich. Und ich erschrak. Da wurde mir das Wort im Munde drin wenig, und das Wort ging mir etwas stockend herauf . . .«

Moses hatte übrigens das gleiche Leiden einer »schweren Zunge«, weshalb ihm Aaron als Sprecher und Dolmetscher beigegeben wurde. Bei Murschili blieb es aber nicht beim Stottern und Stammeln, es wurde noch schlimmer: »Als aber die Jahre kamen und hintereinander vergingen, kam besagter Zustand und begann, in meinen Träumen eine Rolle zu spielen. Da traf mich während eines Traumes die Gotteshand, und das Sprachvermögen ging mir ganz verloren . . .«

Aber die Götter strafen ihn noch mehr. Seine Frau wird, wie er glaubt, von einem Fluchzauber getötet; auch die Seuche, die nun schon seit Jahren im Lande wütet, bezieht Murschili auf sich und seine Familie.

Und da ist plötzlich ein ganz anderer Ton in den Keilschrifttexten – ein Stück Hiob und etwas von den Zehn Geboten, von der Strafe der Väter bis ins dritte und vierte Glied. Und da ist plötzlich auch die Rede von Schuld, Sünde und Vergebung:

»Hattischer Wettergott, mein Herr, und ihr, meine Götter, meine Herren: es ist so – man sündigt.

Und auch mein Vater sündigte und übertrat das Wort des hattischen Wettergottes, meines Herrn, ich aber habe nicht gesündigt. Es ist so: die Sünde des Vaters kommt über den Sohn. Auch über mich kam die Sünde meines Vaters.

Ich habe sie nunmehr dem hattischen Wettergott, meinem Herrn, und den Göttern, meinen Herren, gestanden: es ist so, wir haben es getan.

Und weil ich nun meines Vaters Sünde gestanden habe, soll sich dem hattischen Wettergott, meinem Herrn, und den Göttern, meinen Herren, der Sinn wieder besänftigen. Seid mir wieder freundlich gesinnt und jagt die Pest wieder aus dem Lande Hatti hinaus.«

Stünde dieses »Pestgebet« des Murschili in der Bibel, wir würden es ohne weiteres für christlich halten.

Immer wieder, in mehreren »Pestgebeten« (da diese Bezeichnung sich nun einmal eingebürgert hat, behalte ich sie bei, obwohl man besser von »Seuche« spräche) fleht Murschili zu den Göttern, das Sterben zu beenden, denn »das ist nunmehr das zwanzigste Jahr«, daß die Seuche wütet.

Murschili bietet Opfer an, er gesteht stellvertretend eine Schuld, die ihn gar nicht selbst trifft, und wie der Psalmist sucht er nach Bildern der vergebenden Gnade, Jahrhunderte, bevor das Alte Testament entsteht, und mehr als ein Jahrtausend vor dem Christentum:

»Der Vogel nimmt seine Zuflucht zu seinem Neste und das Nest errettet ihn.

Oder wenn einem Knecht etwas drückend wird, so richtet er an seinen Herrn eine Bitte. Und sein Herr erhört ihn und ist ihm freundlich gesinnt; was drückend wurde, das bringt er wieder in Ordnung.

Oder wenn ein Knecht sich etwas hat zuschulden kommen lassen, das Vergehen aber seinem Herrn gesteht, was da sein Herr mit ihm tun will, mag er mit ihm tun. Weil er aber seinem Herrn gesteht, beruhigt sich des Herrn Sinn; und der Herr wird diesen Knecht nicht strafen.

Ich habe nun meines Vaters Vergehen gestanden. Es ist so, ich tat es ...«

Und jetzt erfahren wir endlich auch, welche Schuld Schuppiluliuma auf sich geladen hat, oder wenigstens eine Andeutung, daß Schuppiluliuma möglicherweise nicht ganz legal auf den Thron gekommen ist:

»Ihr Götter, meine Herren, weil ihr das Blut Tuthalijas rächen wollt, die den Tuthalija töteten, die haben ihre Blutschuld gebüßt, und auch das Land Hatti hat diese Blutschuld zugrunde gerichtet, so hat auch das Land Hatti bereits gebüßt ...«: Tuthalija war vor Schuppiluliuma König. Murschili ist bereit, die Blutschuld auf sich zu nehmen.

»Weil sie jetzt auch über mich kam, so will auch ich sie samt meiner Familie durch Ersatz und Sühne ableisten. Und den Göttern, meinen Herren, soll sich der Sinn wieder beruhigen. Seid mir, ihr Götter, meine Herren, wieder wohlgesinnt! ...

Weil ich nichts Böses getan habe und von den damaligen, die fehlten und Böses getan haben, keiner mehr übrig ist ..., so will ich für das Land wegen der Pest, euch, den Göttern, meinen Herren, Sühnegaben geben ... aus dem Herzen die Pein verjaget mir, aus der Seele die Angst nehmet mir!«

Dies ist ein Dokument, das über die Zeiten hinweg Achtung und Reverenz verdient, denn hier spürt man, bei allem Handel um Gnade und Vergebung, den Ernst eines Menschen, der Gnade und Gerechtigkeit abwägt. Nichts anderes hat Hiob getan, als er mit seinem Gott rang.

Murschili sieht Geschichte und Schicksal zum erstenmal unter einem Aspekt, der Schuld und Sühne in das Alltagsgeschäft der Politik miteinbezieht. Nicht der Zweck und der Erfolg versöhnen die Götter, sondern die Einhaltung der Gebote, ob sie nun menschlich oder göttlich sind: Schuld zieht Schuld und Sühne nach sich.

Trotzdem regiert Murschili II., gefangen in den bohrenden Skrupeln eines nachdenklichen, reflektierenden Herrschers, sein Land wie jeder andere Herrscher auch. Mindestens zehn Jahre lang muß er Krieg führen, um das Reich wieder zur Ruhe zu bringen. Er führt Krieg gegen die Arzawa im Südwesten, gegen abgefallene Fürstentümer im Südosten und immer wieder gegen die Stämme der Kaschkäer im Norden, wie er es in seinen Annalen beschreibt:

»Im Jahr darauf zog ich nach dem Bergland Ascharpaja. Und welche Kaschkäer-Stadt das Bergland Ascharpaja besetzt hielt und die Wege nach dem Lande Pala abgeschnitten hatte, mit dieser Kaschkäer-Stadt im Bergland Ascharpaja kämpfte ich. Und die Sonnengöttin von Arinna, meine Herrin, der stolze Wettergott, mein Herr, Mezullas und die Götter alle standen mir bei. Die Kaschkäer-Stadt, die das Land Ascharpaja besetzt hielt, die besiegte ich da und schlug sie. Das Bergland Ascharpaja aber machte ich leer. Dann kam ich heim.«

Nur mit einem Stamm, der schon unter Schuppiluliuma eine Rolle spielte, kommt Murschili recht gut aus: es sind die Achijawa im Westen Kleinasiens, in denen Forrer die Achäer, die Griechen Homers, wiedererkannt hatte.

Man verkehrt freundlich miteinander, und die Prinzen von Achijawa lernen am Königshof von Hattuscha mit den hethitischen Prinzen die neue Streitwagenkunde des Kikkuli. Kein Wunder, daß griechische Namen wie der des Alaksandu von Wilusa in hethitischen Keilschrifttexten auftauchen, auch wenn das nicht gleich Paris der Alexander von Ilion sein muß, während umgekehrt der Name Murschili ins Griechische eingeht und dort zu Myrsilios wird.

Es wäre sicherlich eine Untersuchung wert, wieweit Personen und Handlungen der griechischen Sagen und Mythen auf hethitische Mythen und Namen zurückgeführt werden können. Stephanus von Byzanz zum Beispiel, ein Gelehrter des 6. Jahrhunderts nach Christus, beschreibt in seinem geographischen Lexikon »Ethnika«, daß Paris und Helena auf ihrem Wege nach Troja in Samylia in Karien mit dem Begründer dieser Stadt zusammengetroffen seien, der Motylos hieß. Damals regierte der Hethiterkönig Mutalli (= Muwatalli).

»Es müßte also schon eine sehr sonderbare, ja nahezu unglaubliche Tücke des Zufalls sein, wenn die Leute von Achija nicht die Griechen wären, die sich doch um diese Zeit in eben diesem Raum befunden haben müssen«, notiert M. Riemschneider in ihrem Buch »Die Welt der Hethiter«, und Friedrich Cornelius weist darauf hin, daß die nach der Muttergöttin Ama benannte hethitische Stadt Amasia die Heimatstadt der Amazonen sei. Cornelius findet sogar noch einen sprachlichen Hinweis auf die Amazonen, die unter ihrer schönen Königin Penthesilea bei Troja gegen Achilles kämpften und Stoff für mehrere Dramen lieferten: Achilles besiegte Penthesilea, als er sich in die Sterbende verliebte. Dies wäre eine Liebesgeschichte zwischen einem Griechen und einer Hethiterin, denn nach Cornelius setzt sich das Wort aus »am« = Frau und der Herkunftsbezeichnung aus dem Lande »Azzi« zusammen: Am-azone.

Erst gegen Ende der Herrschaft Murschilis kam es mit einem Achijawa-Fürsten namens Tawagalawas zu kleineren Schwierigkeiten, wobei Tawagalawas die umständliche hethitische Silbenschreibung des griechischen Theokles wäre.

In den hethitischen Annalen spielen jedoch die Beziehungen zwischen den Achijawas und den Hethitern keine große Rolle, obwohl die wechselseitige kulturelle Beeinflussung sicher größer war, als wir belegen können. Wie schon früher, lag der Westen Kleinasiens weniger im Blickpunkt der Hethiter als Syrien und Mesopotamien. Dort, in der ständigen Konfrontation mit den Mächten Babylons, Assurs und Ägyptens, mußte sich die Macht des hethitischen Reiches erweisen.

Im neunten Regierungsjahr muß Murschili mit seinem Heer nach Syrien ziehen, weil bei einer Kultfeier der Vizekönig von Karkemesch, sein Bruder Pijaschschili, gestorben war, was einige syrische Vasallen als Anlaß für einen Aufstand betrachteten. Und da auch die Assyrer am Euphrat auftauchten, war die Lage ernst. Aber Murschili besiegt die Aufständischen, »ordnet« die Verhältnisse durch neue Verträge und setzt in Karkemesch einen neuen Vizekönig ein.

Wie so etwas vor sich ging, beschreibt Murschili in seinen Annalen:

»Ich, die Sonne, zog nach dem Lande Arawanna, und das Land Arawanna griff ich an. Da standen mir die Sonnengöttin von Arinna, meine Herrin, der stolze Wettergott, mein Herr, Mezullas und alle Götter bei. Da besiegte ich das ganze Land Arawanna, und was ich an Zivilgefangenen aus dem Lande Arawanna in den Königspalast hergeführt habe, das waren 3500 Zivilgefangene. Was die Offiziere, Fußtruppen und Wagenkämpfer von Hattuscha aber an Zivilgefangenen und Rindern und Schafen heimgeführt haben, das zu zählen war unmöglich. Und wie ich das Land Arwanna besiegt hatte, kam ich dann nach Hattuscha zurück.«

Mit dem zehnten Regierungsjahr brechen die Annalen ab, so daß wir über die restlichen zwanzig Regierungsjahre Murschilis nicht mehr viel wissen. Daß er aber das Großreich seines Vaters dreißig Jahre lang erhielt und seinem Sohn weitergab, wäre schon unter »normalen« Umständen – aufständischen Fremdvölkern und angreifenden Völkerscharen – eine große Leistung gewesen. Daß es ihm gelang, den Bestand des Reiches zu sichern, obwohl mehr als zwanzig Jahre lang eine

Seuche wütete, so daß er schon befürchtete, es werde bald niemand mehr da sein, um den Göttern opfern zu können – das gehört zu den außergewöhnlichen Leistungen dieses Mannes, dessen größter Gegner in seinem Gewissen lebte.

Immer waren es die Sünden anderer, unter denen er und sein Land zu leiden hatten. Der ungesühnte Mord an Tuthalija war der Grund für die Seuche gewesen, der Mord an dem hethitischen Königssohn, der Pharao werden sollte, das auslösende Moment:

»Und wie ihnen mein Vater einen seiner Söhne gab, da brachten sie ihn, wie sie ihn (nach Ägypten) hinführten, um. Mein Vater aber brauste auf, und er zog nach dem Land Ägypten aus und überfiel das Land Ägypten. Und auch damals machte der hethitische Wettergott . . . meinen Vater durch sein Urteil zum Überlegenen. Und da besiegte er die Truppen . . . des Landes Ägypten und schlug sie . . . Als sie aber nun die Gefangenen nach Hatti-Land hineinbrachten, da schleppten die Gefangenen die Pest ins Hatti-Land ein. Und im Inneren des Hatti-Landes herrscht seit diesem Tag ein Sterben.«

Murschili, ein frommer Mann, hat unter den Taten anderer gelitten, geopfert und gesühnt. Sein Sohn Muwatalli aber, ein gutmütiger, recht beleibter Herr, lebte mehr den Taten als den Gedanken. Er war es dann auch, der die Demütigung Schuppiluliumas rächte und Ramses II. bei Kadesch schlug, womit das Hethiterreich endgültig zum gleichberechtigten Partner Ägyptens wurde.

Die Flucht des Pharao vor den Hethitern

Ausgerechnet von dem Hethiterkönig, der den Pharao Ramses II. in die Flucht schlug, wissen wir nur sehr wenig.

König Muwatalli (etwa 1315–1282) war vielleicht kein schreibfreudiger Herr. Vielleicht lag es aber auch daran, daß er seine Residenz mit sämtlichen Göttern von Hattuscha nach Dattaschscha verlegte, einem Ort, den die Archäologen bisher noch nicht lokalisieren konnten. Man weiß nur, daß er weiter südlich nach Syrien zu lag.

Trotzdem gibt es eine Vermutung. Möglicherweise lag die neue Hauptstadt Dattaschscha in der Nähe von Sirkeli bei Adana südlich des Taurusgebirges, denn dort fand man an einem Felsen die erste und älteste Darstellung eines hethitischen Königs: es ist Muwatalli, der dort in einem Monumentalrelief abgebildet ist. Warum sollte er sich gerade dort verewigen, wenn sich seine Residenz nicht in dieser Gegend befand?

Man hat sie bisher noch nicht gefunden. Aber es ist anzunehmen, daß in Dattaschscha auch das Staatsarchiv Muwatallis liegt und nicht in Hattuscha. Das wiederum würde die auffällige Wortkargheit des Königs erklären: wir haben seine Berichte nur noch nicht entdeckt.

Wir wissen nicht einmal, warum er die Königsstadt überhaupt verlegt hat. Die einen vermuten, er wollte näher an Syrien heranrücken, um im Kriegsfall schneller eingreifen zu können. Andere meinen, der ständige Ärger mit den Kaschkäern könnte ihn dazu gebracht haben, die Hauptstadt des Reiches in eine ruhigere Zone zu verlegen. Schließlich hatte auch kurz zuvor der Ketzerkönig Echnaton die angestammte Residenz verlassen und in Mittelägypten bei Amarna eine neue Hauptstadt gebaut.

Vielleicht war es aber auch nichts weiter als eine Art Gewaltenteilung. Denn während Muwatalli mehr im Süden herrschte, regierte sein Bruder Hattuschili als selbsternannter Unterkönig in Hakmisch an der nördlichen Reichsgrenze. Dieses Regiment Hattuschilis war nicht legal, und Hattuschili verwendete viel Mühe darauf, sein unrechtmäßiges Vorgehen als das Ergebnis eines göttlichen Ratschlusses hinzustellen. Tatsache ist jedenfalls, daß praktisch zwei Könige regierten.

Dabei war Hattuschili sogar erfolgreich. Er hatte die Kaschkäer so weit in der Gewalt, daß er seinem Bruder sogar kaschkäische Hilfstruppen ausleihen konnte, als es zum Kampf gegen Ägypten kam. Trotz dieser gegenseitigen Hilfe hat Muwatalli zweimal ein Gerichtsverfahren gegen seinen Bruder eingeleitet, dessen Begründungen wir leider nicht wissen, bei denen es aber vermutlich um Intrigen und falsche Anschuldigungen ging.

Das ist auch schon alles, was wir über König Muwatalli wissen – von ihm selbst erfahren wir nicht einmal ein einziges Wort über seine Schlacht mit dem Pharao Ramses II.

Trotzdem kennen wir den Anlaß der Schlacht und den Verlauf des Kampfes bis ins Detail: Ramses II. hat diese Schlacht ausführlich in Wort und Bild im Ramesseum, in Karnak, Luxor, Abydos und Abu Simbel in die Wände meißeln lassen.

Der Ausgangspunkt des Konfliktes gehört zu den üblichen Ereignissen: wieder einmal war ein Fürst mit seinem kleinen Staat von den Hethitern abgefallen, und eine Strafexpedition war fällig. Das besondere war nur, daß es diesmal die Amurru waren, die genau auf der Grenze zwischen dem hethitischen und dem ägyptischen Einflußgebiet (etwa in dem Gebiet des heutigen Staates Libanon) lebten und nun unter ihrem Fürsten Benteschina zu den Ägyptern übergelaufen waren.

Das war für die Hethiter gefährlich, denn einmal fehlte ihnen nun ein Pufferstaat zwischen ihrem Einflußgebiet und Ägypten, und zweitens wurde durch den Abfall der Amurru das hethitische Staats- und Einflußgebiet an entscheidender Stelle verkleinert und geschwächt.

Wer weiß, mit was Ramses II. den Fürsten von Amurru bestochen hat, damit er sich auf die Seite Ägyptens schlug – denn der Erfolg der Politik wurde damals nach Geschenken und Beute beurteilt. Jedenfalls sieht Ramses II. sofort seine Chance und marschiert los, um bei dieser Gelegenheit möglichst auch gleich ganz Syrien zu erobern.

Dies ereignete sich im fünften Regierungsjahr des Ramses, und da dieser Pharao die unglaublich lange Zeit von 66 Jahren regiert hat, muß er damals also noch ein junger Mann zwischen 20 und 25 Jahren gewesen sein.

Aber auch Muwatalli hat sich auf den Weg gemacht. Der Zusammenstoß ist unvermeidlich, und nach der Schlacht läßt dann Ramses das Ergebnis in die Tempelmauern meißeln:

In der Schlacht von Kadesch im Jahre 1285 v. Chr. überraschen die Hethiter Ramses II. und überrennen mit ihren Wagenkämpfern das Feldlager des Pharao.
In einer anderen Szene der ägyptischen Darstellung verprügeln die Ägypter zwei langhaarige hethitische Spione, die vor der Schlacht von Kadesch gefaßt worden waren.

»Seine Majestät vernichtete die Scharen der Elenden von Hatti, seine Gewaltigen und alle seine Brüder; ebenso alle Großen aller Fremdländer, die mit ihm gekommen waren, seine Fußtruppen und seine Wagenkämpfer lagen auf ihren Gesichtern da. Seine Majestät ließ sie, von seinen Pferden zusammenbrechend, einer über den anderen in den Orontes stürzen.«

Und in einem ägyptischen Gedicht heißt es von Ramses:

»Als die Erde hell wurde, begann ich den Zusammenstoß mit dem Kampf, während ich gerüstet war zum Kampf wie ein scharfer Stier, und ich strahlte gegen sie wie Mont, versehen mit Waffen. Ich drang ein in das Getümmel und kämpfte, wie ein Falke niederstößt . . . ich war wie Re bei seinem Erscheinen am Morgen, meine Strahlen versengten das Gesicht meiner Feinde . . . da sandte der Elende (feindliche Fürst) von Hatti aus und verehrte den großen Namen seiner Majestät: ›Du bist ein Herrscher, das Ebenbild des Re . . . Schrecken vor Dir ist im Lande Hatti, denn Du hast den Rücken von Hatti zerbrochen in Ewigkeit.‹«

So endete also, wie man lesen kann, der Kampf mit einer verheerenden Niederlage der Hethiter – nur eben, daß davon kein einziges Wort wahr ist.

Dieser ägyptische Bericht über die Schlacht bei Kadesch ist eine meisterhafte Mischung aus Wahrheit und Lüge, aus Blamage und Vertuschung. Denn so, wie Ramses einen Sieg verkündet, den er nachweislich nicht errungen hat, so schildert er im gleichen Bericht auch ganz naiv, wie ihn die Hethiter durch List, Geschick und Kampftechnik von Anfang an hereingelegt haben. Wahrscheinlich war es nur der Einbruch der Nacht, der Ramses vor der völligen Vernichtung rettete, denn Muwatalli hatte bis dahin noch nicht einmal seine Kerntruppen eingesetzt. Was Ramses rettete, war die Tatsache, daß die Hethiter ihn nicht verfolgten.

Und so war der wirkliche Schlachtverlauf:

Im Mai des Jahres 1285 v. Chr., dem fünften Regierungsjahr Ramses II., befindet sich Ramses mit seinem Heer von 20000 Mann auf »der Höhe des Gebirges von Kadesch« am

Oberlauf des Orontes. Er rückt weiter nach Kadesch (heute Tell Nebi Mend im Südwesten von Homs), als ihm zwei Überläufer gebracht werden: »Wir wollen Diener des Pharao werden«, erzählen sie, »denn wir wollen von dem Elenden von Hatti weglaufen. Der Elende von Hatti hat sich im Lande Aleppo niedergelassen. Er hat Furcht vor dem Pharao und will nicht nach Süden kommen.«

Beruhigt marschiert Ramses nach Kadesch und schlägt dort ein befestigtes Lager auf, um Kadesch auszuhungern und einzunehmen, während Muwatalli mit seinen 12000 Hethitern und etwa 8000 Mann Hilfsvölkern rund um Kadesch im Versteck liegt und zusieht, wie ihm Ramses in die Falle läuft, die er mit der Meldung der beiden angeblichen Überläufer gestellt hat.

Nun wird Muwatallis Plan dadurch gestört, daß eine ägyptische Patrouille einen hethitischen Stoßtrupp gefangennimmt. Die beiden Hethiter werden erst einmal verprügelt – im Tempel von Luxor recht plastisch in einem Bild dargestellt – und dann vor den Pharao gebracht. Ramses fragt sie: »›Wer seid ihr?‹ Sie antworteten ihm: ›Wir gehören zu den Elenden von Hatti. Er ließ uns kommen, um den Standort seiner Majestät zu erkunden.‹ Seine Majestät sagte zu ihnen: ›Wo ist er denn, der Elende von Hatti? Ich habe gehört, daß er sich im Lande Aleppo befindet.‹ Sie antworteten: ›Sieh, der Elende von Hatti hat sich aufgestellt mit zahlreichen Fremdvölkern bei ihm . . . sieh, sie sind kampfbereit aufgestellt hinter der Altstadt von Kadesch.‹«

Ramses fällt aus allen Wolken und beklagt sich bitter bei seinen »Großen« über die fehlende Aufklärung. Der Wesir wird beauftragt, das ägyptische Heer in Bewegung zu setzen, aber es ist schon zu spät. Ramses sitzt noch in der Ratsversammlung – das alles wird in den ägyptischen Inschriften genau beschrieben –, als die Hethiter bereits vorrücken und das ägyptische Lager umzingeln.

Der wahre Kern an dieser Geschichte ist also, daß die ägyptischen Truppen tatsächlich überrascht wurden und in Panik gerieten, ehe sie sich wieder fingen und zum Kampf stellten.

Der Vorteil lag bei den Hethitern. Sie griffen unerwartet an mit ihren schnellen Kampfwagen, die sie mit drei Mann – zwei Kämpfern und einem Wagenlenker – besetzt hatten, während die ägyptischen Wagen nur mit je einem Lenker und einem Soldaten ausgerüstet waren. Das gab den Hethitern von vornherein eine taktische Überlegenheit; sie konnten auf ihren schnellen Wagen doppelt soviel Soldaten in die Schlacht fahren wie die Ägypter. Im Gegensatz zu früheren Zeiten, als die Räder noch aus massiven Holzscheiben bestanden und wie Möbelwagen schwerfällig durch die Landschaft rumpelten, hatten die Wagen beider Parteien jetzt Speichenräder, die die Wagen beweglicher und leichter machten.

Die Verluste sind auf beiden Seiten hoch, denn die Schlacht zieht sich bis zum Abend hin. Aber wenn nun auch Ramses am Schluß seines Berichtes schreibt: »Ich schwöre, so wahr Re mich liebt und mein Vater Atum mich lobt: jede Tat, die meine Majestät ausgesprochen hat, ich habe sie in Wahrheit vollbracht . . .«, ist jedenfalls von einem Sieg der Ägypter keine Rede. Bestenfalls haben sich Ägypter und Hethiter als gleich starke Gegner wieder getrennt.

Denn trotz der ägyptischen Siegesmeldungen bleibt alles beim alten: Amurru gehört wieder zum hethitischen Einflußgebiet, und Muwatalli setzt einen ihm ergebenen Fürsten anstelle des Benteschina ein. Syrien bleibt nach wie vor unbestritten hethitisches Gebiet. Die Grenze ist nach wie vor Kadesch am Orontes.

Moralisch ist es ein Sieg der Hethiter. Nicht mehr Ägypten war das mächtigste Land; die Hethiter waren zumindest ebenbürtig. Es lohnte sich nicht mehr, zu den Ägyptern überzulaufen oder von ihnen Hilfe zu erwarten, denn nicht die Hethiter waren nach der Schlacht von Kadesch abgezogen, sondern der Pharao.

Das Reich der Hethiter stand auf der Höhe seines Ruhms. Aber noch 16 Jahre dauerte es, bis Ramses II. bereit war, mit den Hethitern einen ewigen »Freundschaftsvertrag« abzuschließen, der mehr als andere deutlich machte, daß die »Elenden von Hatti« durch die Schlacht von Kadesch an Ansehen gewonnen hatten. Es ist jener berühmte Vertrag, der uns in einer ägyptischen und einer hethitischen Fassung erhalten ist und dessen Fund in Boghazköy zur Entdeckung der Hauptstadt der verschollenen Hethiter beitrug.

Auf der Höhe der Macht

Muwatalli hat diesen Friedensvertrag nach der Schlacht von Kadesch nicht mehr erlebt. Da er keinen Sohn aus der Hauptehe hatte, folgte ihm um 1280 der aus einer Nebenehe stammende Sohn Urchiteschup, der sich als König Murschili III. nannte.

Dabei fühlte sich Hattuschili übergangen, der Bruder des Muwatalli. Er regierte noch immer selbstherrlich in seiner Residenz in Hakmisch im Norden des Landes. Um Muwatalli zu ärgern, hatte er schon vorher dem Fürsten Benteschina von Amurru, wegen dessen Abfall es zur Schlacht bei Kadesch gekommen war, Asyl gewährt und einen seiner Söhne mit einer Tochter Benteschinas verheiratet, während eine andere hethitische Prinzessin als Königin nach Amurru zog.

Es ist nicht verwunderlich, daß Hattuschili nun beginnt, auch seinem Neffen Urchiteschup hineinzuregieren, der die Hauptstadt wieder von Dattaschscha nach Hattuscha verlegt hatte. Später schildert Hattuschili das dann so, als wenn Urchiteschup ihm nach und nach alles Land weggenommen habe, so daß er am Ende gezwungen gewesen sei, den jungen König nach sieben Jahren »wie ein Schwein in einen Koben« zu sperren und nach Syrien zu verbannen, wo er dann verschwand.

Und nun bestieg Hattuschili zum zweitenmal einen Thron, der ihm nicht zustand. Das war etwa um 1275. Da er nicht nur Feldherr, sondern auch Priester war, hatte er wahrscheinlich mit großzügigen Spenden die Priesterschaft für sich gewonnen. Außerdem hatte er Puducheba, die Tochter eines angesehenen Priesters aus Kizzuwatna, geheiratet. So war er als Hattuschili III. auf den hethitischen Thron gekommen.

Es ist dieser Hattuschili III., der Bruder des Muwatalli, der mit dem Pharao den Friedensvertrag nach der Schlacht von Kadesch schließt. Das geschieht im Jahre 1269, im 21. Regierungsjahr Ramses' II.

Wenn ich jetzt die entscheidenden Stellen aus diesem Vertrag zitiere, so tue ich dies nicht nur, weil er für die Geschichte der Hethiter wichtig ist, sondern weil diese typische Form eines altorientalischen Vertrages das Vorbild für eine Abmachung war, die das christliche Abendland bis heute entscheidend geprägt hat. Wir kennen diese Abmachung allerdings unter einem anderen Namen: es ist der »Alte Bund«, im Gegensatz zum Neuen Bund auch das »Alte Testament«.

Dieser Vertrag, den der Gott des Alten Testaments mit den Kindern Israels schloß – nachzulesen u. a. Josua 24 – folgt bis in Einzelheiten hinein den weltlichen Staatsverträgen jener Tage. Nachdem – sowohl im Vertrag zwischen Ägyptern und Hethitern als auch zwischen Israel und seinem Gott – die handelnden Personen erwähnt sind, wird die Vorgeschichte des Vertrages erzählt; dann folgt eine Grundsatzerklärung über das zukünftige Verhältnis der Vertragspartner, danach kommen die Einzelbestimmungen und schließlich die Anrufung der Götter beziehungsweise des Gottes als Zeugen und die Fluch- und Segensformeln. Selbst die Tatsache, daß die Verträge in regelmäßigen Abständen vorgelesen werden müssen, findet sich bei Hethitern und Israeliten wieder, so daß der Theologe Klaus Baltzer bei einem Vergleich zwischen den hethitischen Staatsverträgen und dem »Alten Bund« feststellt: »Es wird immer erstaunlich bleiben, daß in Israel das Verhältnis zu seinem Gott in einer so nüchternen Form erfahren und bekannt geworden ist«, wie es in den Staatsverträgen jener Tage üblich war.

So wie man im Orient mit gleichberechtigten oder überlegenen Herrschern Verträge abschloß, so machten die Kinder Israels mit ihrem Gott Frieden, wie später die Christen mit dem gleichen Gott einen »Neuen Bund« abschlossen, der im Grunde auch nur ein weltlicher Rechtshandel vom Opfer Jesu und der Verpflichtung Gottes zur Gnade war, wenn auch diesmal nach römischem Rechtsempfinden. Auch wenn wir heute das Verhältnis zu Gott nicht als einklagbaren Rechtstitel verstehen, wie dies bei einem weltlichen Vertrag möglich ist, so wirkt doch selbst heute noch dieser Vertragscharakter in Lehre und Dogma der christlichen Konfessionen nach.

Der Vertrag zwischen Hethitern und Ägyptern wurde auf silberne Tafeln geschrieben, die verlorengegangen sind. Erhalten blieben die Tontafeln in Boghazköy, die den Vertrag in Keilschrift wiedergeben, und die Tempelinschriften in Karnak und im Ramesseum, dem Totentempel des Ramses in Theben, die in Hieroglyphen geschrieben sind.

Die Keilschrifttafeln in Boghazköy geben dabei die akkadische Übersetzung der ägyptischen Fassung wieder. Man hat also den Vertragstext ausgetauscht und dem Partner jeweils die eigene Fassung geschickt. Denn vergleicht man die ägyptische und die hethitische Fassung, so stellt man fest, daß sie keine genaue Übersetzung voneinander sind, obwohl sie im Inhalt übereinstimmen.

Wichtig war vor allem, daß in der ägyptischen Fassung immer der Pharao zuerst genannt wird, der mit seinem lieben Freund aus Hatti einen Vertrag schließt, während die Hethiter Wert darauf legen, daß Hattuschili, »der große Fürst von Hatti, der Tapfere«, vor Ramses genannt wird. Jeder möchte den Eindruck erwecken, als wenn er es gewesen sei, der den Vertrag zustande gebracht hat.

Ramses schreibt daher:

»Siehe, Ramses, Mai-Amana, der große König, der König von Ägypten, stellt ein Verhältnis her ... welches es von Ewigkeit her (verhindert), daß Feindschaft zwischen ihnen entstünde zukünftig und immerdar ...«

Und Hattuschili diktiert:

»... von heute ab, siehe, da macht Hattuschili, der große Fürst von Hatti, einen Vertrag, damit das Verhältnis dauere ..., um Feindschaft zwischen ihnen nicht entstehen zu lassen bis in Ewigkeit.«

In feierlichen Worten wird dieser Gedanke immer wieder ausgesprochen: »Sieh, Hattuschili, der große Fürst von Hatti, tritt in einen Vertrag mit User-mat-Re, Erwählter des Re, dem großen Herrscher von Ägypten, von diesem Tage ab, um schönen Frieden und schöne Verbrüderung zwischen ihnen entstehen zu lassen bis in Ewigkeit. Er ist verbrüdert mit mir, er ist friedlich mit mir; ich bin verbrüdert mit ihm, ich bin friedlich mit ihm bis in Ewigkeit.

Als Muwatalli, der große Fürst von Hatti, mein Bruder, dahingegangen war nach seinem Schicksal, setzte Hattuschili sich als der große Fürst von Hatti auf den Thron seines Vaters. Siehe, so bin ich mit Ramses, Geliebter des Amun, dem großen Herrscher von Ägypten, zusammengekommen. Wir sind in unserem Frieden und unserer Verbrüderung. Es ist aber besser als der Friede und als die Verbrüderung von früher, die auf der Erde bestanden.«

Friede und Verbrüderung wird auch auf die Nachkommen ausgedehnt, und nach langen Versicherungen, daß alles so bis in Ewigkeit bleiben wird, bringt der Vertrag einige praktische Abmachungen:

»Der große Fürst von Hatti soll nicht in das Land Ägypten eindringen bis in Ewigkeit, um irgend etwas zu rauben.

User-mat-Re, Erwählter des Re, der große Herrscher von Ägypten, soll nicht in das Land Hatti eindringen, um irgend etwas aus ihm zu rauben in Ewigkeit.«

Dem Nichtangriffspakt folgt ein Militärhilfebündnis:

»Wenn aber ein anderer Feind kommt gegen die Länder des User-mat-Re, Erwählter des Re, des großen Herrschers von Ägypten, und er zu dem großen Fürsten von Hatti sendet mit den Worten: ›Komm mit mir zusammen, als Hilfe gegen ihn‹, so soll der große Fürst von Hatti kommen, und der große Fürst von Hatti soll meinen Feind töten.« Das gleiche Versprechen geben auch die Ägypter. Einen großen Teil nimmt in dem Vertrag die Niederwerfung rebellischer Untertanen und die Auslieferung von Flüchtlingen ein.

Und dann kommt, wie in jedem Vertrag, zusammen mit den Drohungen bei einem Vertragsbruch, der feierliche Eid:

»Diese Worte – tausend Götter von den männlichen Göttern und von den weiblichen Göttern von denen des Hatti-

Landes mit tausend Göttern von den männlichen Göttern und von den weiblichen Göttern von denen des Landes Ägypten – sie sind bei mir als Zeugen für diese Worte.«

Zur Verstärkung folgt, wie bei allen Verträgen, eine Litanei von über dreißig Gottheiten verschiedener Städte bis hin zur »Göttin des Himmels, der Götter des Schwures, der Herrin des Erdbodens, der Herrin des Schwures, die Götter des Landes Kiswadna, Amun, Re, Setech und die männlichen Götter und die weiblichen Götter, die Berge und die Flüsse des Landes Ägypten, der Himmel, der Erdboden, das große Meer, die Winde und Wolken.«

Dreizehn Jahre später, im 34. Jahr der Herrschaft Ramses II., wird dieser Friedensvertrag durch eine Hochzeit besiegelt: Ramses heiratet die hethitische Königstochter Naptera und macht sie zu seiner Hauptfrau. Das Reich der Hethiter steht auf dem Höhepunkt seines Ruhmes und Ansehens.

Zwar gehört es zur Überheblichkeit der Ägypter, auch die Bündnispartner in ihren Berichten erst einmal herabzusetzen. So beginnt der ägyptische Bericht über die Vermählung, der auf Gedenkstelen in Karnak, auf Elephantine bei Assuan und in Abu Simbel erhalten ist, mit den arroganten Sätzen:

»Der Großfürst von Hatti schrieb, seine Majestät zu begütigen, Jahr um Jahr. König Ramses II. hörte es sich niemals an.«

Aber dann, als ihm gemeldet wird, daß Hattuschili seine älteste Tochter »mit zahlreichen Gaben« an den Nil schickt und sie »viele Berge und schwierige Pässe« überschritten hat und bald »die Grenzen seiner Majestät erreichen wird«, klingt es schon anders:

»Seine Majestät geriet in Freude. Der Herr des Palastes war froh, als er von diesem außerordentlichen Ereignis vernahm, dergleichen in Ägypten gänzlich unbekannt war. Er entsandte ein Heer und Edle, sie sofort zu empfangen.

Seine Majestät pflegte Rat in seinem Herzen: wie geht es denen, die ich ausgesandt habe, die in meinem Auftrag nach Syrien ziehen an den Tagen des Regens und Schnees im Winter. Er weihte ein großes Opfer seinem Vater Seth (d.h. der

Gottheit) und bat ihn: der Himmel liegt auf deinen Händen, die Erde unter deinen Füßen. Was du befiehlst, geschieht. (Höre auf) Regen, Sturm und Schnee zu machen, bis die Wunder bei mir ankommen, die du mir überwiesen hast.

Sein Vater Seth erhörte alles, was er sagte. Der Himmel war friedlich, die Sommertage kamen. Das Heer zog froh davon, straffen Leibes und munteren Herzens.«

Immer wieder redet Ramses von dem unerhörten Wunder und dem Eindruck, den die Hethiter auf alle Welt machen:

»Die Tochter des Großfürsten von Hatti wanderte nach Ägypten. Heer, Reiterei und Edle seiner Majestät geleiteten sie, gemischt mit Heer, Reiterei und Edlen von Hatti. Es waren (Hatti-)Truppen, Bogenschützen und Reiterei, alle Leute des Hatti-Landes gemischt mit denen von Ägypten. Sie saßen und tranken miteinander. Sie waren einmütig wie Geschwister, ohne daß einer dem andern grollte. Friede und Freundschaft war zwischen ihnen ...

Die Großfürsten aller Lande, durch die sie zogen, waren bestürzt, ungläubig und ohnmächtig, als sie alle Leute von Hatti sahen ...«

»Im 34. Jahr, im dritten Wintermonat« kam dann die hethitische Königstochter am Nil an, und: »Da sah seine Majestät, daß ihr Gesicht schön war wie das einer Göttin. Und es war ein großes, seltsames Ereignis, ein herrliches, bisher unbekanntes Wunder, dergleichen man nicht von Mund zu Mund vernommen hatte, das an nichts in den Schriften der Vorfahren erinnerte.

Die Tochter des Großfürsten von Hatti war schön vor dem Herzen seiner Majestät. Er liebte sie mehr als alles andere, als etwas Schöneres, das ihm sein Vater Ptah (d.h. die Gottheit) geschenkt hatte. Seine Majestät ließ ihr ihren Namen geben als Königin Mat-neferu-Re (welche die Schönheit des Re sieht), Tochter des Großfürsten von Hatti, Tochter der Großfürstin von Hatti. Es war ein unerforschliches, unbekanntes Wunder, das durch seinen Vater Ptah über Ägypten kam ...«

So wurde doch noch, fast einhundert Jahre nach Schuppiluliuma, ein hethitischer König mit den ägyptischen Pharaonen verwandt. Was Anches-en-Amun nicht gelungen war – dem Pharao Ramses, dem letzten großen Herrscher Ägyptens, gelang das »unbekannte Wunder«, an das nichts in den Schriften der Vorfahren erinnerte und von dem auch schon Schuppiluliuma gemeint hatte, daß ihm so etwas in seinem ganzen Leben noch nicht vorgekommen sei: Hethiter und Ägypter miteinander zu verbinden.

Wir erfahren leider nichts mehr von der hethitischen Königstochter Naptera auf dem Pharaonenthron, obwohl Ramses II. noch dreißig Jahre lang gelebt und regiert hat. Die Phantasie ist frei, etwa in dem unbekannten Frauenbildnis aus dem Totentempel Ramses' II., das in dem breiten Halskragen das Neferzeichen für Schönheit und Vollendung trägt, eine schöne Hethiterin zu erkennen: Beweise haben wir freilich nicht. Denn jetzt beginnt jene Zeit der Unruhe und der Auflösung, der auch in wenigen Jahrzehnten das Hethiterreich zum Opfer fallen wird. Die Nachrichten werden unklar und spärlich. Eine Zeit geht zu Ende, eine neue bricht an.

Noch aber ist das Hethiterreich unter Hattuschili III. eine Großmacht, die – nach heutiger Geographie – vom Schwarzen Meer im Norden bis nach Beirut im Süden und von Izmir im Westen bis nach Aleppo im Osten reicht.

Zwar ist die Grenze zwischen Hethitern und Ägyptern nirgendwo festgehalten, aber es gibt eine Stelle, die durch die Jahrtausende immer wieder zur natürlichen Grenze der Einflußgebiete zwischen Nord und Süd geworden ist: es ist der Nahr el Kelb, der Hundsfluß, der 15 Kilomter nördlich von Beirut ins Mittelmeer fließt.

An dieser Stelle schiebt sich das Libanongebirge, das eng am Meer entlang verläuft, mit einer Felsnase bis unmittelbar ans Mittelmeer heran, so daß heute die Autostraße in einem kurzen Tunnel durch den Fels geführt werden muß. Dieser Fels war die natürliche Barriere auf dem Wander- und Karawanenweg der Völker zwischen Mittelmeer und Gebirge. Wer diese Felsnase besetzt hielt, kontrollierte die kürzeste und bequemste Verbindung zwischen Nord und Süd unmittelbar vor dem Ort, wo die »birot«, die Quellen, lagen: Beirut.

Und genau auf diesem Felsen am Hundsfluß haben sich daher alle verewigt, die diese wichtige Stelle irgendwann einmal besetzt hielten – ein Stelldichein der Mächte und der Mächtigen. Auf Felsbildern, Stelen und später auch auf Bronzetafeln finden wir heute noch dort Bilder und Inschriften von Nebukadnezar aus Babylon, vom assyrischen König Assarhaddon, von Marc Aurel, dem römischen Kaiser. Die Dritte Gallische Legion wird ebenso gewürdigt wie das Zweite Britische Corps aus dem Jahre 1918.

Da steht Tafel neben Tafel, da findet man nebeneinander Inschriften in Keilschrift, in Hieroglyphen, Lateinisch und Englisch – und da ist eben auch, durch den Seewind der letzten dreitausend Jahre verwittert, das Felsenbild Ramses' II., dessen Reich hier an das der Hethiter grenzte –, uralte Geschichte, die man hier im wahrsten Sinn des Wortes mit den Händen greifen kann.

Im Osten seines Reiches setzte Hattuschili alle Mittel ein, um das stärker werdende Assyrien von Syrien fernzuhalten. Er versucht, Babylon gegen Assyrien aufzuhetzen, denn was manche vornehm »diplomatische Mittel« nennen, sind weiter nichts als Hetzbriefe wie der, den er hier an den jungen babylonischen Herrscher schreibt:

»Ich habe gehört, mein Bruder sei jetzt zum Mann geworden und begebe sich auf die Jagd. Nun sage ich zu meinem Bruder: Geh und plündere jetzt das Land des Feindes (Assyrien) . . . ›ein König, der alle Waffen niederlegt und (untätig) dasitzt!‹, hat man über meinen Bruder gesagt. Nunmehr soll man es nicht mehr über ihn sagen! . . . Mein Bruder, sitz nicht da! Zieh gegen das Land Deines Feindes und schlag den Feind! Denn wisse, daß Du gegen ein Land ziehst, dem Du drei- bis vierfach an Zahl überlegen bist!«

Mit solchen freundlichen Ratschlägen nach außen und nach langen Kämpfen im Innern ist die Lage des Hethiterreiches rundum konsolidiert. Und stolz schreibt Hattuschili II.:

»Die Könige, die vor mir mit dem Hethiterland im Einvernehmen gestanden hatten, die traten auch zu mir ins Einvernehmen. Gesandte an mich zu senden, zeigten sie sich bereit,

Geschenke zu schicken, zeigten sie sich bereit. Die Geschenke, die sie mir schickten, die hatten sie an keinen meiner Väter und Vorväter geschickt. Wer aber ein König war, der mir huldigen mußte, der huldigte mir. Wer mir aber ein Feind war, den besiegte ich.«

Als sein Sohn Tuthalija IV. (etwa 1250–1220) den Thron bestieg, übernahm er ein gefestigtes und gesichertes großes Reich. Zwar führte er im Westen Feldzüge gegen die Achijawa, die jetzt den Hethitern feindlich waren, und gegen die Arzawa, aber das ist schon fast normal. Neu ist, daß die Assyrer hethitisches Gebiet am Euphrat überfallen, aber auch das ist noch nicht gefährlich.

Jedenfalls ist Tuthalija IV. der erste Hethiterkönig, der einen Titel im Wappen führt, den bisher nur die Assyrer beanspruchten: »Schar kischati« – »König der Gesamtheit«.

Mit diesem Anspruch auf die Weltherrschaft baut Tuthalija Hattuscha zur Hauptstadt eines Weltreiches aus, das wenige Jahrzehnte nach seinem Tode von der Weltkarte verschwinden sollte.

VII
Die Kultur

Götterbilder und Zyklopenmauern

Mit dem Aufstieg zur Macht erreichen auch die Architektur und Kunst der Hethiter ihre monumentale Größe: mit seinen Zyklopenmauern aus Steinblöcken von oft mehr als zwei Meter Länge wird Hattuscha das großartigste Festungswerk des Altertums, und aus der Kleinplastik der Frühzeit werden überlebensgroße Fels-Reliefs. Der große Tempel von Hattuscha ist mit allen Nebengebäuden größer als ein heutiges Fußballfeld.

Ich möchte jetzt nicht bis in alle Einzelheiten die Kunst der Hethiter beschreiben, wie es Ekrem Akurgal in dem Standardwerk »Die Kunst der Hethiter« getan hat, sondern lediglich die wesentlichen Entwicklungen auf der von Akurgal geschaffenen Grundlage nachzeichnen.

An wirklichen Kunstwerken ist die hethitische Kultur verhältnismäßig arm, wenn man sie mit der mesopotamischen, ägyptischen oder minoischen Kultur Kretas vergleicht. Fast scheint es auch, als seien die Anfänge der anatolischen Kunst vielfältiger und ausgeprägter gewesen als die spätere Entwicklung. Dieser Eindruck entsteht aber möglicherweise dadurch, daß wesentliche Funde aus der Großreichzeit noch ausstehen. In Hattuscha jedenfalls ist – von kleinen Siegeln und Anhängern abgesehen – das Großrelief vorherrschend.

Das Hattuscha, das wir durch Ausgrabungen kennen, ist die Königsstadt der Großreichzeit. Während in den Anfängen die Stadt um den großen Tempel gruppiert war, finden wir sie später auf das Bergplateau verlagert und befestigt wieder. Sie hat etwa einen Kilometer Durchmesser und gehört damit zu den Großstädten des Altertums.

Das Stadtgebiet war von einer bis zu sechs Meter hohen und bis zu acht Meter dicken Mauer umgeben, auf deren Steinsockel Lehmbauwände aufgesetzt waren. Da nach Norden zu der Hang steil abfällt, bildete die Mauer einen zusätzlichen Schutzwall. Im Süden dagegen, wo das Gelände flach abfällt und dem feindlichen Angriff leichter ausgesetzt war, hatte die Mauer ihre eigentliche Schutz- und Abwehrfunktion. Sie ist daher am Südhang auch besonders solide gebaut worden und darum auch heute noch in weiten Teilen erhalten.

Um einem feindlichen Angriff von Süden her in den Rücken fallen zu können, gab es an der Südspitze von Hattuscha einen 70 Meter langen unterirdischen Gang, eine sogenannte Poterne, die heute noch erhalten ist. Ihre Bauweise mit vorgekragten Bausteinen, die in einem Spitzbogen zusammenlaufen, verrät einen interessanten Zusammenhang zu anderen Kulturen: auf Kreta wie auch in Mykene und Tiryns auf dem Peloponnes finden wir die gleichen Spitzbogengänge aus Schichtsteinen – wir werden in Hattuscha noch mehr Zusammenhänge dieser Art entdecken.

In jeder Himmelsrichtung hatte die Stadtmauer ein großes Tor, wovon heute nur noch das West- und das Osttor recht gut erhalten sind und die zwei wichtigsten Sehenswürdigkeiten von Boghazköy/Hattuscha bilden.

Am bekanntesten ist dabei das Löwentor im Westen der Stadt. Es wird von zwei Löwen flankiert, die vor den riesigen Torsteinen sitzen, um mit ihrem aufgesperrten Rachen die bösen Mächte abzuwehren (eine ähnliche Funktion hatten sicher auch die beiden Löwen am Löwentor von Mykene, deren Köpfe leider nicht mehr vorhanden sind).

Dem äußeren Torbogen entspricht jedesmal ein innerer Bogen, so daß die Eingänge doppelt gesichert werden konnten. Die Stadttore waren ihrerseits wieder durch Türme gesichert, deren Aussehen man von Kleinplastiken rekonstruieren kann, so daß man sich heute einigermaßen vorstellen kann, wie die hethitischen Befestigungsanlagen ausgesehen haben.

Auch die inneren Tore waren mit Figuren geschmückt. So fand man am Südtor mit Blickrichtung zur Stadt zwei Sphingen, die dem Motiv nach aus dem assyrisch-babylonischen Bereich stammen und jetzt getrennt in den Museen von Istanbul und Berlin stehen. Die Löwen und diese Sphingen sind die einzigen Rundplastiken der hethitischen Monumentalkunst: alle übrigen Werke sind Reliefs.

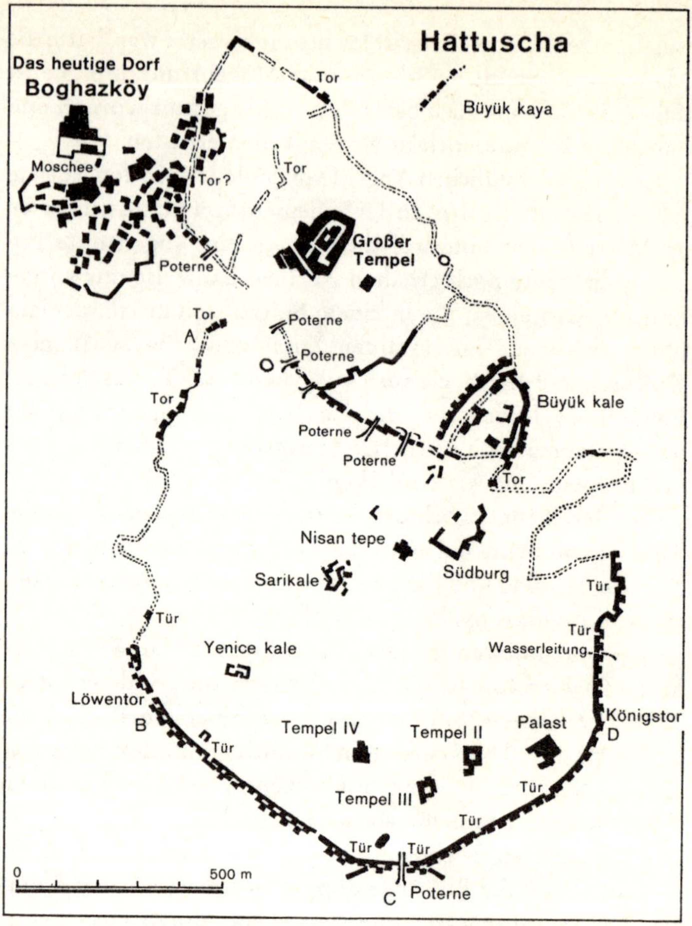

Mit einem Durchmesser von mehr als einem Kilometer gehörte die hethitische Hauptstadt zu den Großstädten des Altertums. Im unteren Teil die eigentliche Stadt mit kleineren Tempeln und den Toren. Die Königsburg (Büjükkale) schließt sich weiter oben an. Auf einem eigenen Plateau stand der Große Tempel.

Das am besten erhaltene Kunstwerk ist das Hochrelief des Kriegsgottes, das sich auf der Stadtseite des Königstores im Osten fand. Dieses nahezu vollplastische Relief gehört zu den am sorgfältigsten ausgeführten Stücken: nicht nur die Fingernägel, auch die Nagelhaut ist genau wiedergegeben.

Hier können wir Einzelheiten der Bekleidung und Bewaffnung erkennen, und es lohnt sich, diesen Wettergott etwas genauer anzusehen.

Fangen wir beim Kopf an. Auf dem Spitzhelm mit seinen Wangen- und Nackenklappen ist ein Horn abgebildet. Von der Rückseite des Helmes fällt ein Band bis zu den Ellbogen herab, und noch tiefer fällt das Haar. Wenn man genau hinsieht, entdeckt man auch, daß auf der Brust die einzelnen Haarlocken mit großer Genauigkeit ziseliert sind.

Typisch ist der Schurz, von dessen Gürtel ein Schurzband schräg herabhängt. Im Gürtel steckt rechts ein sichelförmiges Schwert, das an die kretischen Doppeläxte erinnert und dessen Schwertscheide selbst noch einmal am Ende eine starke Biegung zeigt, die man sonst auch bei den Schnabelschuhen des Wettergottes wiederfindet, die auch nur die Hörnerform wiederholen. In der rechten Hand hält er eine Prunkaxt, von deren Stiel eine Troddel herabhängt. Da wir ähnlichen Figuren noch einmal an anderer Stelle begegnen werden, kann diese kurze Beschreibung vorerst genügen.

Innerhalb des Stadtgebietes von Hattuscha, das in sich noch einmal durch querlaufende Mauern wie Schiffsschotten gegen eingedrungene Feinde abgeriegelt werden konnte, befand sich auch, mit eigener Mauer abgeschirmt, die Königsburg, im Unterschied zur Stadt Hattuscha Büjükkale genannt.

Das interessanteste Gebäude liegt rechts oben im Stadtplan, in dem zahlreiche Pünktchen die Reste von Säulenbasen andeuten: es ist das älteste Bibliotheksgebäude der Welt! (Zum Vergleich: die nächstälteste Bibliothek des Alten Orients wurde in Assur gefunden und stammt aus der Zeit Tiglatpilesars um das Jahr 1000 vor der Zeitenwende, wesentlich bedeutender ist die Bibliothek Assurbanipals in Ninive, um 650 v. Chr.)

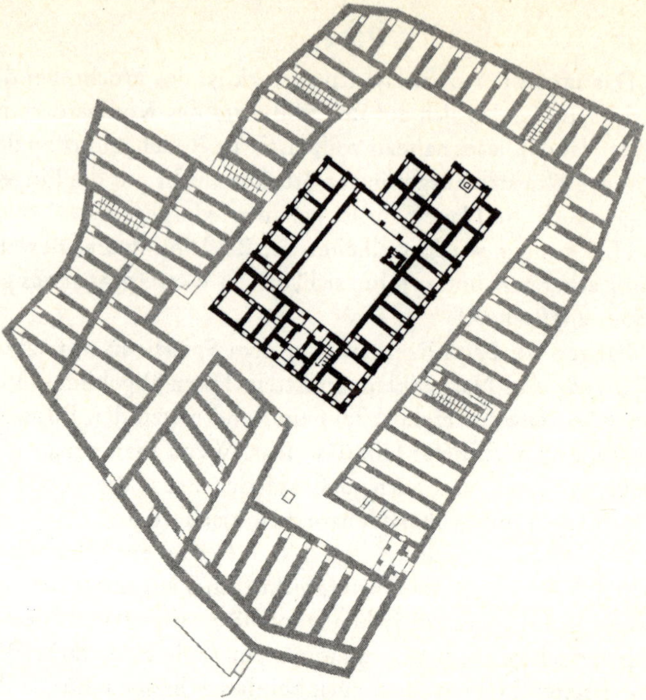

Die große Tempelanlage von Hattuscha vor der Stadtmauer: Umgeben von Magazinräumen zeigt der eigentliche Tempel in der Mitte eine merkwürdige Asymmetrie: das Adyton (das Heiligtum, erkennbar an dem eingezeichneten Altarviereck) liegt außerhalb der Mittelachse am Rande des labyrinthartigen Baus. Die hethitische Hauptstadt Hattuscha war von einer bis zu sechs Meter hohen und bis zu acht Meter dicken Mauer umgeben, deren vier Tore von Türmen flankiert waren (nach einer Rekonstruktion).

In diesem Bibliotheksgebäude der Königsburg wurden mehr als 3300 Tontafeln und Fragmente gefunden, die ursprünglich auf Holzregalen fein säuberlich geordnet standen, denn man fand kleine Tontäfelchen, die jeweils angaben, was im Regal stand. So etwa: »32 Tafeln über das Purulli-Fest der Stadt Nerikka«, oder: »Tafeln über die Mannestaten des Murschili« – wobei auch immer pedantisch hinzugefügt war, ob die Tafeln alle vollständig vorhanden waren oder ob einige fehlten.

Aus den Säulenbasen kann man erkennen, daß die Bibliothek auch im ersten Stock weiterging, wie überhaupt die meisten Gebäude jener Zeit mehr als ein Stockwerk besaßen.

Das größte Gebäude der Königsburg von nahezu 40 auf 50 Meter, das als einziges regelmäßig angelegt ist, war das Magazin. Die übrigen Gebäude kann man nicht eindeutig zuordnen. Man schließt aber aus der besonders gründlichen Bauweise, der Verwendung von Granitsteinen und der Bemalung darauf, daß die Gebäude im Osten (rechts von der Bibliothek) die eigentliche Königsresidenz waren.

Alle diese Gebäude sind geradezu winzig gegenüber dem großen Tempel, der fast so groß ist wie die ganze Königsburg. Auf dem Gesamtplan von Hattuscha findet man ihn im Nordwesten zwischen der Büjükkale und dem heutigen Dorf Boghazköy auf einem Plateau unterhalb der Burg. Insgesamt ist der Komplex 160 Meter lang und 135 Meter breit, wobei der eigentliche Tempel in der Mitte liegt. Die schmalen Räume, die wie ein Bollwerk um den Tempel herumgebaut sind, waren Magazinräume: wie im Palast von Knossos auf Kreta fand man in ihnen riesige Tonkrüge (Pithoi), wie überhaupt die ganze Anlage große Ähnlichkeit mit kretischen Anlagen hat. Die Verbindung von Tempel und Vorratsräumen war dabei nicht ungewöhnlich: die Opfer, die man der Gottheit brachte, mußten untergebracht werden. Und da der König zugleich oberster Priester war, bestand nur ein sehr geringer Unterschied zwischen Opfer und Steuerabgaben.

Am großen Tempel von Hattuscha, dem einige kleinere im Stadtgebiet entsprechen, wird nun eine Eigenart der hethitischen Architektur deutlich: sie ist völlig asymmetrisch in den Grundrissen der einzelnen Bauten, aber auch im Stadtplan insgesamt. Das Heiligtum des Tempels, das Adyton, liegt nicht etwa genau gegenüber dem Eingang in der Mitte des Hofes, sondern asymmetrisch verschoben an der Seite, ohne gegenüber ein Pendant zu haben. Der Haupteingang zum Tempel zwischen den Magazinen liegt ebenfalls außerhalb der Mittelachse. Und wenn man sich den Gebäudeplan der Königsburg ansieht, so entdeckt man überhaupt kein System der Hausanordnung. Nichts ist aufeinander bezogen, alles ist in Einzelgebäude aufgeteilt. Eine Hauptstraße, ein Zentralhof ist nicht zu sehen.

Das einzige, was sich symmetrisch entspricht, sind die vier Tore, und man kann fragen, ob sie nicht in ihrer Regelmäßigkeit ein orientalischer Import sind, den die Hethiter in ihre eigenartig chaotische Bauweise übernommen haben, der auf einem anderen Gebiet die völlig ungegliederte, nur auf Raumfüllung bedachte Malerei der minoischen Zeit Kretas entspricht.

Typisch hethitisch sind auch die großen, niedrig liegenden Fenster, die nicht zur Innenhofseite zeigen wie im Orient, sondern die an der Außenwand des Tempels angebracht sind. Auch dies ist ein grundlegender Unterschied zur Bauweise derjenigen Kulturen, in die die Hethiter eingedrungen sind.

Auch die Zyklopenmauer, also die Verwendung riesiger unregelmäßiger, »polygoner« Natursteine zum Mauerbau ist erst mit den Hethitern ins Land gekommen. Man findet diese Mauern in der mykenischen Kultur wieder, während Troja und Kreta mit mittelgroßen behauenen Steinen gebaut haben.

Schließlich zeigen die schmalen Magazingeschosse und der unübersichtliche Grundriß, in Knossos bis zum Labyrinth gesteigert, eine Verwandtschaft zur Induskultur von Mohenscho Daro und Harappa ebenso wie mit Kreta – aber nicht mit dem Alten Orient.

Daß auch der Kultraum, das Adyton, Fenster hatte und damit im Hellen lag, unterscheidet ihn vom griechischen Tempel, wo sich das Heiligste – mit Ausnahme des eigenwilligen Bassai-Tempels auf dem Peloponnes – in einem fensterlosen Raum befand.

Die Beleuchtung des Heiligsten legt den Gedanken nahe, daß die Hethiter ursprünglich ihre Gottheiten im Freien verehrten. Daß dies keine bloße Vermutung ist, beweist das Felsenheiligtum von Jazilikaja in der unmittelbaren Nähe von Hattuscha.

Jazilikaja (»Beschriebener Fels«) besteht aus zwei natürlichen, zum Himmel offenen Felskammern von je etwa 30 Meter Länge, die an ihrer Frontseite durch ein Tempelgebäude abgeschlossen waren, das in der jetzigen Form erst unter Tuthalija IV. entstand, als die Felsgänge bereits Heiligtum waren.

Im Heiligtum selbst sind die Felswände zu einer Bildwand geworden. Auf der westlichen (linken) Wand der Kammer A sind allein 42, vor allem männliche Gottheiten dargestellt, während auf der gegenüberliegenden Wand eine Prozession hauptsächlich weiblicher Gottheiten eingemeißelt ist, die an der Spitze der kleinen Schlucht mit der männlichen Prozession zusammentrifft. Zusammen sind in der Kammer A 63 Gottheiten eingemeißelt.

Die Bedeutung der Götter und deren Rangstufen kann man dabei ganz einfach an den Spitzhelmen erkennen: niedrige Gottheiten haben am Helm nur ein Hörnerpaar und nur ein durch einen Mittelstreifen unterbrochenes Oval, das Zeichen der Göttlichkeit. Je höher die Rangstufe, desto mehr Hörnerpaare und Ovale am Helm kommen hinzu, so daß der Wettergott als der höchste Gott fünf Hörnerpaare besitzt. Alle Götter tragen Schnabelschuhe, die an gebogene Hörner erinnern, sie alle haben Waffen, die Hörnern nachgebildet sind.

Hier treffen wir also, nach etwa 5000 Jahren, wieder auf den Stierkult von Tschatal Hüjük: auch dort gab es die Aufreihung von Stierhörnern auf Bänken, und vielleicht ist die Deutung zulässig, daß auch schon die unterschiedliche Hörnerzahl in Tschatal Hüjük verschiedene Rangstufen unter den Göttern ausdrücken sollte.

Bei genauerem Hinsehen erkennt man auch noch andere Einzelheiten. Zum Beispiel steht links ein Gott auf zwei Bergspitzen: er stellt also einen Berggott dar, den Wettergott von Hattuscha. Der Wettergott des Himmels mit wesentlich mehr Hörnern an der Mütze, der wieder auf zwei Berggöttern steht, trifft in der Mitte mit der Sonnengöttin von Arinna zusammen, die auf einem Löwen abgebildet ist, der über Bergspitzen läuft, gefolgt von einem jüngeren, niedrigeren Gott und zwei Göttinnen, deren Tier der Adler ist.

Interessant sind die kleinen Details: über den ausgestreckten Armen der drei linken Götter schweben kleine Zeichen. Das brezelartige Zeichen, das nur im Helm des Wettergottes wiederauftaucht, ist das Schriftzeichen für Göttlichkeit. Darunter zeigen alle drei in verschiedenen Formen ein Stiergehörn, beim Wettergott des Himmels sogar haargenau in der gleichen Form wie das symbolische Gehörn in Knossos auf Kreta.

Die Sonnengöttin von Arinna hat zusätzlich als dunklen Punkt die Sonnenscheibe über dem Stiergehörn, wie es die ägyptische Göttin Hathor zeigt. Mit der ägyptischen Zeichensprache verwandt ist auch hinter der Göttin Arinna das seltsame Wesen, das nur aus Beinen und dem Göttlichkeitssymbol besteht: auch die Ägypter kannten derartige symbolische Mischwesen.

Und um noch mehr Stierhörner zu entdecken: die beiden Stiere hinter dem Wettergott des Himmels und der Sonnengöttin von Arinna haben außer ihrem normalen Gehörn noch einmal extra ein großes Horn auf dem Kopf. Es sind die Stiere Scherri und Hurri (»Tag« und »Nacht«), die den Wagen des Himmelsgottes ziehen.

Im übrigen zeigt das Bild die stereotype Kennzeichnung der Funktionen und Geschlechter: die männlichen Wesen tragen den Schurz und haben einen Arm angewinkelt. Die Göttinnen zeigen sich durchweg in langen Gewändern, einem turmartigen Hut und haben beide Arme vorgestreckt.

Das größte Felsbild von Jazilikaja ist das Königsbild auf der Ostwand der Kammer A. Mit 2,95 Metern ist es um ein Drittel höher als die Göttergestalten, die nur etwa 2,20 Meter hoch sind. Das Bildnis stellt Tuthalija IV. dar, der sich hier unter die Götter mischt, ohne allerdings irgendwelche göttlichen Symbole zu tragen.

Trotzdem deutet es einen Wandel in der Einschätzung der Königswürde an: Tuthalija IV. war der erste Hethiterkönig, der sich schon zu Lebzeiten als Gott bezeichnen ließ. Das wird besonders in der Felsenkammer B deutlich, die nichts anderes ist als ein Kultschrein des Herrschers. Inmitten von Götterprozessionen steht auch dort Tuthalija IV., und der Gott nimmt ihn schützend in den Arm als Zeichen der göttlichen Unterstützung und Ehrung.

Auch hier also die enge Verbindung von Kunst und Kultus – in der hethitischen Großreichszeit monumental und in den Formen stereotyp und wenig reich an Varianten. Auch die an anderen Stellen gefundenen Reliefs zeigen keine Weiterentwicklung und keine neuen Formen.

Es scheint, daß die indo-europäischen Hethiter auf dem Gebiet der bildenden Kunst nicht sonderlich begabt waren. Ihre Stärke lag offensichtlich im politischen Bereich, in der Form, wie sie über andere Völker herrschten. Der Wille zur künstlerischen Gestaltung ist dagegen weit schwächer ausgeprägt. Was wir an Kunst und Kult vorfinden, scheint weitgehend von der anatolischen Urbevölkerung, den Proto-Hattiern, übernommen zu sein.

Wettergott und Himmelsstier

Das hervorstechendste und auffallendste Merkmal der hethitischen Religiosität ist ihre Toleranz. Denn weder haben die indo-europäischen Einwanderer, die wir Hethiter nennen, der anatolischen Bevölkerung ihre mitgebrachten Götter aufgezwungen, noch haben sie die übernommenen Gottheiten »hethitisiert«, wie etwa die Römer den griechischen Götterhimmel unter anderen Namen römisierten, so daß wir die gleichen Gottheiten in den gleichen Funktionen griechisch oder lateinisch bezeichnen können. Mit der Eroberung übernahmen die Hethiter vielmehr auch die neuen Gottheiten unter ihrem ursprünglichen Namen, der oft gleichberechtigt neben der hethitischen Bezeichnung stand oder gar die hethitische ersetzte. Bis in die Großreichszeit hinein wurden die Gottheiten der anatolischen Urbevölkerung von den indo-europäischen Eroberern noch in ihrer jeweiligen Landessprache angebetet, so daß wir von einigen Gottheiten nicht einmal den hethitischen Namen, sondern nur die ursprüngliche Bezeichnung, zum Beispiel in der luwischen oder palaischen Sprache wissen.

Die Hethiter haben auch nicht versucht, den Götterhimmel hierarchisch zu ordnen. Obwohl sich die Mehrzahl der in Boghazköy gefundenen Tontafeln mit religiös-kultischen Angelegenheiten befaßt, ist es bisher – von wenigen Ausnahmen abgesehen – unmöglich gewesen, eine Rangfolge der Gottheiten festzustellen. Vielmehr zeigen die Anrufungen der verschiedenen Gottheiten am Schluß der Staatsverträge, daß Haupt- und Lokalgottheiten verschiedenster Funktion und Herkunft gleichberechtigt nebeneinanderstanden – was wir aus der Religion der Nächstenliebe am wenigsten kennen.

Auch das wichtigste Kultfest der hethitischen Könige, ein Frühlingsfest, dauerte offenbar deshalb 38 Tage, weil der König als oberster Priester einer großen Zahl der verschiedensten Gottheiten seines Reiches seine Verehrung zu erweisen hatte und vermutlich von Landesteil zu Landesteil reisen mußte.

Es ist diese Vielzahl von gleich angesehenen Gottheiten – und nicht nur deren Menge –, die die Hethiter meinten, wenn sie sich das »Volk der tausend Götter« nannten.

Allerdings gibt es auch deutlich erkennbar zwei oberste Gottheiten, ohne daß ihnen deswegen die anderen Götter unterstünden.

Aus dem Proto-Hattischen kommt die hethitische »Staatsgöttin«, die »Sonnengöttin von Arinna«, die auch die »Königin des Hethiterlandes« genannt wird, obwohl man nur ihren Herkunftsort, aber nicht einmal ihren hethitischen, sondern nur ihren hattischen Namen Wuruschemu kennt. Sie steht im Grunde sogar noch über dem höchsten Wettergott, stammt also noch aus der Zeit des Matriarchats, wie wir in einem hethitischen Gebet lesen können:

»Du, Sonnengöttin von Arinna, bist eine angesehene Gottheit.
Dein Name ist unter den Namen angesehen.
Deine Göttlichkeit ist unter den Göttern angesehen.
Groß auch bist du, Sonnengöttin von Arinna.
Es gibt keine andere Gottheit, mehr angesehen und größer als du.
Gerechten Gerichts Herrin bist du.
Über Himmel und Erde übst du gnädig die Königsherrschaft aus.
Der Länder Grenzen setzest du.
Die Klagen erhörst du.
Du, Sonnengöttin von Arinna, bist eine milde Gottheit du.
Mildheit übest du.
Der begnadete Mann ist dir, Sonnengöttin von Arinna, lieb.
Ihm gewährst du, Sonnengöttin von Arinna, Verzeihung.
Im Runde von Himmel und Erde bist du, Sonnengöttin von Arinna, die Leuchte.
In den Ländern bist du die gefeierte Gottheit.
Jedes Landes Vater und Mutter bist du.
Des Gerichtes begnadete Herrin bist du.
An der Stätte des Gerichtes gibt es für dich kein Ermüden.
Unter den uralt-ewigen Göttern bist du die Gefeierte.
Den Göttern bereitest du, Sonnengöttin von Arinna, die Opferriten.
Der uralt-ewigen Götter Anteil teilst du zu.
Des Himmels Türe öffnen sie dir.
Und du stößt auf des Himmels Tor und schreitest hindurch.«

Die Sonnengöttin von Arinna ist aber nun nicht, wie man erwarten könnte, die Gemahlin des Sonnengottes. Der »König des Himmels« und der »Herr des Hethiterlandes« ist vielmehr der Wettergott, von dem wir auch nur den altertümlichen hattischen Namen Taru und den häufig gebrauchten hurritischen Namen Teschub kennen, aber nicht den hethitischen. Und erst jetzt erkennt man die Konsequenz, die dieses Götterpaar – wie auf dem Felsen von Jazilikaja – verbindet: die Eltern Sonne und Wetter haben den Sohn Telipinu, der für die Ernte zuständig ist.

In einem Text sagt der Wettergott über Telipinu: »Dieser mein Sohn ist tüchtig. Er bricht die Schollen und pflügt. Wasser leitet er herbei, das Getreide läßt er wachsen.« Wenn Telipinu verschwindet, bricht über das Land Dürre und Hungersnot herein – und genau dieses Verschwinden ist das Thema des Telipinu-Mythos, einem der wenigen hethitischen Mythen, die uns erhalten sind.

Auf der Felswand von Jazilikaja ist auch noch ein zweiter Sohn des Wettergottes abgebildet, dessen Namen wir aus Keilschrifttexten und dem »Bildluwischen« kennen: es ist Scharruma, über dessen Eigenschaften wir allerdings nichts wissen.

Zu den Naturgottheiten, die kaum eine große Rolle spielen, zählt der Sonnengott, der gleichzeitig Herr des Himmels und der Unterwelt war, sowie der Mondgott, der mehr im südöstlichen Teil Kleinasiens und in Nordsyrien und Obermesopotamien verehrt wurde. Auch sie sind proto-hattischen Ursprungs, stammen also aus der Zeit vor der indo-europäischen Besiedelung.

Daneben wurde auch die große babylonische Göttin Ischtar verehrt, die als Schwester des Teschub galt und in einer eigentümlichen oder, wenn man so will, auch sehr tiefsinnigen Mischung Liebes- und Kriegsgöttin zugleich war. Auch sie ist in Jazilikaja als hurritische Göttin mit dem Namen Schauschga abgebildet.

Alle diese Götter – und es gibt ihrer noch eine ganze Reihe – wurden trotz ihrer verschiedenen Herkunft sozusagen

»gleichberechtigt« von den Hethitern verehrt. Man ließ ihnen ebenso ihre Eigenschaften und Namen wie den unterworfenen Völkern, von denen sie stammten.

Die Götter selbst dachte man sich wie unsterbliche Menschen: auch sie arbeiteten, hatten Hunger, konnten vom Zauber getroffen werden, Krankheiten bekommen und sogar sterben – allerdings nicht für immer, weil sie ja unsterblich waren; sie hatten einen Harem und die gleichen Gefühle und Wünsche wie die Menschen: »Was den Göttern und den Menschen erwünscht ist, ist keineswegs verschieden«, heißt es in einem Keilschrifttext, »(auch) was unerwünscht ist, ist dasselbe.«

Die Götter sehen daher auch wie Menschen aus und sind wie sie angezogen. Darum kann auch ein König nach seinem Tode Gott werden und Verehrung verlangen, denn das einzige, was ihn von den Lebenden unterscheidet, ist seine Unsterblichkeit im Totenreich. Daß König Tuthalija IV. sich schon zu Lebzeiten Gott nannte, ist deshalb ungewöhnlich und der Beginn einer von außen herangetragenen Entwicklung.

Entsprechend der damaligen Vorstellungswelt waren die Götter die Herren und die Menschen die Knechte. Die Tempelvorschriften waren daher weithin austauschbar mit den Bestimmungen, die das Verhältnis von Herr und Knecht regelten:

»Ist das Wesen von Menschen und Göttern etwa verschieden?«, heißt es in einem Text, und die Antwort lautet: »Nein. Ihr Wesen ist genau dasselbe. Wenn ein Knecht vor seinem Herrn steht, ist er gewaschen und trägt reine Kleider. Und entweder gibt er ihm (dem Herrn) etwas zu essen, oder er gibt ihm etwas zu trinken. Und er, sein Herr, ißt und trinkt, und er ist zufrieden in seinem Gemüt und wohlgesonnen ihm gegenüber. Wenn er, der Knecht, aber nachlässig und unaufmerksam ist, dann ändert sich das Verhältnis ihm gegenüber.«

Die Priester des hethitischen Staatskultes hatten daher ebenso besondere Reinlichkeitsvorschriften zu beachten wie das übrige Tempelpersonal und die Opfernden. Und auch die Götter hatten Hunger und verlangten Brot und Fleisch von den Reichen und wenigstens ein Breigericht von den Armen.

Diese Opfergaben waren den Göttern zur Mahlzeit vorzulegen. Und erst wenn die Götter gegessen hatten, durften der Priester, seine Frauen, Kinder und Sklaven – aber kein anderer! – den »Rest« aufessen, was sicher schon damals manchem den Entschluß, Priester zu werden, erleichterte.

Offenbar tranken die Götter und ihre Priester dabei auch ganz gern ein Gläschen Bier, denn in einer königlichen Opferliste werden neben Weizen, Schafen und Kultgegenständen regelmäßig immer mehrere Fässer Bier genannt, das aber auch, zusammen mit Wein, gebraucht wurde, wenn der Scheiterhaufen gelöscht werden mußte, auf dem der tote König verbrannt worden war.

Durch diese Opfer wiederum waren die Götter an die Menschen gebunden: man gab den Göttern zu essen und zu trinken, und wenn der Gott »in seiner Stimmung gelöst«, also satt war, erfüllte er die Wünsche des Menschen, getreu der schönen hethitischen Weisheit, daß man »einen erzürnten Menschen an Bier sich satt trinken läßt«, damit ihm »der Zorn schwindet«. Der Mensch ist zum Opfer verpflichtet, aber das Opfer verpflichtet auch den Gott. Wie stark man sich diese Abhängigkeit vorstellte, kann man noch in den Pestgebeten des Murschili nachlesen, wo der König ganz naiv mit den Göttern handelt: wenn die Seuche nicht endlich aufhört, wird es bald keine Menschen mehr geben, die den Göttern das tägliche Opfer bringen – es liegt also im Interesse der Götter, die Seuche aufhören zu lassen.

Es sieht so aus, als ob die hethitische Religion auf diesem relativ bescheidenen Niveau stehengeblieben ist. Religion ist für sie das Ausgeliefertsein an die Naturmächte, die man durch Opfer gnädig stimmen will, wobei man wie in uralten Zeiten oft auch mit Magie und Zauber nachhilft. Insofern unterscheidet sich die Religion der Hethiter nicht von den Religionen der Nachbarländer, deren Götter lediglich andere Namen hatten.

Eingang zum Felsenheiligtum von Jazilikaja in der Nähe von Hattuscha. Es besteht aus zwei Felsenkammern, in deren Wände zahlreiche Göttergestalten eingemeißelt sind (um 1350–1250 v. Chr.).

Prozession von zwölf Göttern im Felsenheiligtum von Jazilikaja. Das 80 cm hohe Relief zeigt die Götter in Kriegergestalt mit Sichelschwertern und dem typischen hethitischen Spitzhelm des Wettergottes (um 1350–1250 v. Chr.).

Tongefäß in Form einer zweiköpfigen Ente, die zusammen mit zahlreichen anderen Kleinplastiken, Siegeln und Stempeln in Hattuscha gefunden wurde. (20 cm hoch, 15. Jahrhundert v. Chr.). Unten: wie in Jazilikaja wurden auch an anderen Stellen die Götterbilder in Felswände gemeißelt (Gavurkale bei Ankara).

Noch immer haben sich die Götter nicht von bestimmten Ortschaften gelöst, sondern sind in der Mehrzahl »Ortsheilige« und wohnen noch nicht richtig im Himmel. Noch immer ist es ein buntes Gemisch, aus dem sich die Götterwelt zusammensetzt, ohne Rangfolge und Hierarchie – bis auf die Sonnengöttin von Arinna und den Wettergott Teschub. Und nur tastend und allmählich klingt der Gedanke der Gnade und der Geborgenheit im Göttlichen an.

Interessant ist allerdings die Frage, warum die Hethiter gerade den Wettergott als Hauptgott hatten und keinen anderen. Denn die naheliegende Antwort, daß Hunger oder Wohlstand eben vom Wetter und vom Wachstum abhängen, daß also die Witterung das Wichtigste und ihre Personifizierung deshalb die allumfassende Gottheit sei, leuchtet zwar sofort ein, wird aber merkwürdigerweise nicht vom Symbol, dem Kennzeichen des Wettergottes, gestützt.

Dieses Symbol ist – wir kennen es von Jazilikaja – der Stier, der immer zusammen mit dem Wettergott auftaucht, auf dem der Wettergott reitet, dessen Hörner er paarweise am Helm trägt und der ihn in den Tempeln sogar ganz ersetzt, denn in den Tempeln des Wettergottes steht keine Götterstatue, sondern – ein Stier.

Zu den gleichen Opferlisten, in denen so viel von Bier und von Weizen die Rede ist, gehört regelmäßig auch die Aufstellung eines »großen Stieres aus Eisen«, ein »großer Stier mit Blei überzogen« oder ein »großer Stier aus Silber, stehend«, »ein großer Stier«, den »meine Sonne«, also der König, hat anfertigen lassen.

Nach dem Bisherigen denkt man natürlich sofort wieder an Tschatal Hüjük und den Stierkult, den die indo-europäischen Einwanderer, wie so vieles andere, von den Proto-Hattiern übernommen haben. Aber damit kommen wir der Frage nicht näher, was ein Wettergott mit einem Stier zu tun hat.

Wenn man nicht annehmen will, daß hier völlig sinnlos zwei Kulte – ein Stierkult und ein Wetterkult – vermengt worden sind, so ist die Frage berechtigt, ob wir nicht eine innere Beziehung zwischen dem Gott und seinem Symbol

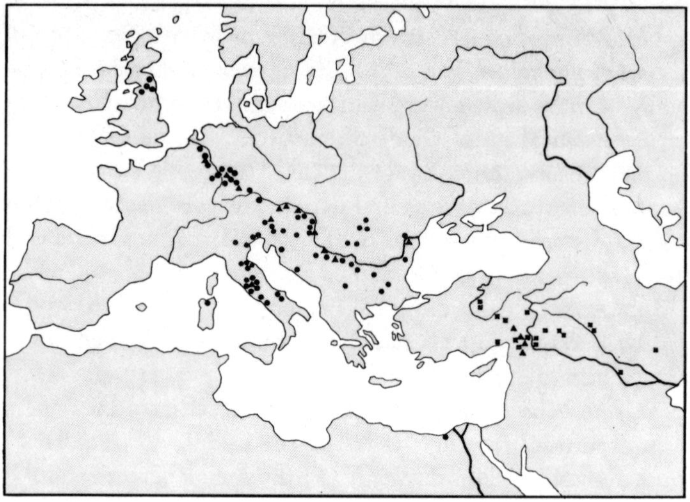

Die Karte zeigt Fundorte und den »Wanderweg« von Gottheiten, die auf einem Stier stehend dargestellt sind. Der Weg führt vom syrisch-hethitischen Gebiet die Donau entlang bis an den Niederrhein und nach England.
Begegnung der Götter im Felsenheiligtum von Jazilikaja. Der Wettergott des Himmels steht auf zwei anderen Göttern, die Sonnengöttin von Arinna auf einem Löwen. Stiere und Stierhörner an den Mützen der Götter sind ständig wiederkehrende Symbole.

entdecken können. Denn wie das Kreuz im Christentum oder die Sonnenscheibe beim Sonnenkult ist das Symbol ja nur die Verdichtung eines Gedankens auf ein bestimmtes Zeichen, bis hin zu Hammer und Sichel oder Hakenkreuz, die für ganze Weltanschauungen und Ideologien stehen und die untereinander nicht austauschbar sind. Was aber hat der »Herr des Himmels« mit einem Stier zu tun?

Nun ist ja der Stierkult keine hethitische Besonderheit. Früher hatte man angenommen, er stamme aus dem nordsyrisch-mesopotamischen Raum. Auch in Israel gab es ja solche Anleihen bei den orientalischen Stierkulten. Durch die Ausgrabung von Tschatal Hüjük wissen wir jetzt, daß er am frühesten im anatolischen Gebiet nachweisbar ist. Wir kennen aber auch die Stierkulte des Altertums, wobei Kreta immer wieder als Beispiel steht, wir kennen die »Heiligen Kühe« Indiens, die dort ein ausgeprägtes Gehörn tragen, wir kennen, und wenn es nur von Asterixheften ist, die gehörnten Helme der Gallier und Germanen. Mehr als siebentausend Jahre, länger als jede andere Religion und quer durch die Völker von Indien bis Europa, hat es einen Stierkult gegeben. Und da Religionen nur so lange bestehen, wie sie Erschrecken und Erstaunen, das Tremendum und das Fascinosum auslösen, und dann erlöschen wie der griechische, römische oder germanische Götterhimmel, sollte man annehmen, daß der Stierkult eben annähernd siebentausend Jahre lang die Menschen fasziniert und zur Verehrung angeregt hat.

Die gängige Erklärung ist, daß der Stierkult ein Fruchtbarkeitskult war. Der Stier war in Europa das größte und – im Gegensatz zur Kuh – bis heute unzähmbare Tier, dessen Kraft die Menschen ungeheuer beeindruckt hat. Das leuchtet ein, zumal keine andere Erklärung angeboten wird.

Nun ist die ständige Wiederholung einer Behauptung keine Garantie dafür, daß sie auch der Wirklichkeit entspricht. In Indien mit seinen heiligen Kühen und dem früher ebenfalls religiös verehrten Stier gab es damals wie heute Elefanten, die den Stier an Größe weit übertreffen. Auch die Fruchtbarkeit der Stiere ist wohl nicht das, was sich Gelehrte darunter vorstellen: jedes Kaninchen und jeder Hund, von Mäusen gar nicht zu reden, ist fruchtbarer als Stier und Kuh – eine Tatsache, die auch schon Steinzeitmenschen aufgefallen sein dürfte.

Es ist freilich auch möglich, daß nicht die Quantität der Nachkommenschaft, sondern die Qualität der Geschlechtsorgane bei unseren Vorfahren eine Rolle gespielt hat: das Geschlechtsorgan eines Stieres ist ja denn auch eindrücklich größer als beim Menschen. Auch dies ist einleuchtend, wenn man den Phalluskult der Antike kennt, der meterhohe Tropfsteingebilde als Symbol der männlichen Zeugungskraft verehrte, und wenn man die gar nicht seltenen griechischen Vasenmalereien ansieht, auf denen Pan heute höchstens noch panischen Schrecken wegen der ungeheuren Länge seines Gliedes erwecken kann.

Dazu paßt aber nicht Tschatal Hüjük als bisher frühestes Beispiel eines Stierkultes: ausgerechnet in Tschatal Hüjük gibt es keine einzige Abbildung oder Nachbildung eines Menschen oder eines Tieres mit einem Geschlechtsteil, wie dies später in anderen Kulturen üblich ist. Ich kann mir nicht vorstellen, daß die Leute von Tschatal Hüjük aus lauter Prüderie genau das nicht dargestellt haben sollten, auf was es ihnen ankam. Es gibt Kleinplastiken mit geschlechtlich verkehrenden Figuren aus der anatolischen Steinzeit – warum sollte man dann nicht einen Stier mit einem Penis abbilden?

Und warum hat der Stierkult Kretas zwar Stierköpfe mit Hörnern, aber niemals einen Stier als männliches Tier abgebildet – sollte man auch hier wieder zu prüde gewesen sein, obwohl es auf Kreta Höhlen gibt, in denen die erwähnten Tropfsteingebilde verehrt wurden?

Wer ein wenig mit Symbolen vertraut ist, wird längst einwenden wollen, daß ja genau das Stierhorn, sogar in der symmetrischen Verdoppelung, das männliche Geschlechtsorgan wiedergibt. Das ist nicht falsch, und sicherlich ist das Horn auch ein Symbol für die Zeugungskraft. Das Horn muß diesen Symbolwert aber nicht notwendigerweise von Anfang an oder ausschließlich gehabt haben. Wir kennen aus der Psychoanalyse und den Märchen und Mythen die sogenannte »Verdichtung« verschiedener Sinngehalte in einem einzigen Bild, das dann mehrdeutig ist.

Nur: warum verehrten die Hethiter gerade Telipinu, den Gott, der für die Ernte und das Wachstum der Pflanzen verantwortlich war? Hier war der Gedanke der Fruchtbarkeit klar ausgedrückt – warum hatte dann nicht Telipinu den Stier als Symbol, sondern der »Himmelsgott«?

Ich versuche den Weg über die Mythen. Mythen sind oft nichts anderes als Symbole, die in Worten formulieren, was ein Bild auf einen Blick sagen kann: uralte Erinnerungen an ein Erlebnis, das man in Sprachbildern wiedergibt, weil man es nicht anders ausdrücken konnte – so wie man die Schöpfung der Welt auf eine Sechs-Tage-Geschichte göttlicher Arbeit zurückführte, weil man die Zusammenhänge nicht überschaute und nicht naturwissenschaftlich dachte.

Leider gibt es keinen hethitischen Mythos über den Stier, und mein Versuch wäre hier zu Ende, Stier und Wettergott in eine sinnvolle Beziehung zu bringen, wenn es nicht einen Mythos aus einem anderen Kulturkreis gäbe, der uns vielleicht weiterhelfen kann. Es ist das Gilgamesch-Epos, das die Hethiter aus Abschriften kannten.

Diese sumerisch-akkadische Dichtung aus dem babylonischen Kulturkreis berichtet von Gilgamesch (manchmal auch als Gischgimmasch wiedergegeben), dem sagenhaften König von Uruk, der nach archäologischen Funden etwa um 2750–2600 vor der Zeitenwende gelebt haben dürfte. Seine entscheidende Tat bestand darin – und sie wird in dem Epos immer wieder erwähnt und erzählt –, daß er den Stier gepackt und getötet hatte, »der vom Himmel herabkam«.

Nach dem Epos will die Venusgöttin Ischtar den Gilgamesch vernichten, indem sie den Himmelsstier losläßt, der eine siebenjährige Dürre verursacht. Sie erhält den Stier von ihrem Vater, dem Himmelsgott Anu, und »hinab zur Erde führt ihn jetzt Ischtar«. Im Euphratgebiet beginnt der Himmelsstier zu wüten:

»Durch das Schnauben des Himmelsstieres wurde eine Grube geöffnet:
einhundert Männer von Uruk fielen in sie hinein.
Durch sein zweites Schnauben wurde eine Grube geöffnet:
zweihundert Männer von Uruk fielen in sie hinein.
Durch sein drittes Schnauben wurde ein Grube geöffnet:
und nun fiel Enkidu in sie hinein.
Herauf aus ihr sprang Enkidu, packte am Horn den Himmelsstier,
der Himmelsstier warf nach vorn den Geifer aus,
mit des Schweifes Dicke schleuderte er seinen Mist ...
Es jagte Enkidu zu greifen den Himmelsstier,
da packte er ihn am Schwanz fest,
Enkidu hält ihn mit beiden Händen,
und Gilgamesch, wie ein kundiger Schlachter,
stark und sicher trifft er den Himmelsstier
zwischen Nacken, Hörnern ... mit seinem Schwert.
Da sie getötet den Himmelsstier, sein Inneres ausgeweidet,
legten sie ihn vor Schamasch nieder.
Sie traten zurück, voll Ehrfurcht vor Schamasch sich beugend;
dann setzten sich beide Brüder.«

Was auch immer der Himmelsstier sein mag: mit Fruchtbarkeit hat er nichts zu tun, im Gegenteil: er verbreitet Schrecken und tritt als feindliches Element auf. Es ist sogar eine Heldentat, ihn zu töten.

Ein ähnliches Ereignis wird in einem anderen sumerisch-babylonischen »Mythos vom Gotte Ninrag« beschrieben. Auch hier ist es ein Geschöpf der Ischtar, das Berge vernichten und das Land niederwerfen kann. In dem Mythos vom Gotte Ninrag erfahren wir nun auch etwas über das Aussehen dieses Wesens: »Furchtbaren Glanz schenkt ihm Anu im Himmel als Geschenk«, und »sein furchtbarer Glanz bedeckt das Haus Bels (= Erde) wie ein Kleid«. Er fährt in einem Wagen aus

Lasurstein von »schrecklicher Furchtbarkeit«, und »infolge des Getöses (seines Wagens) und Dröhnens erbeben bei deinem Geh'n Himmel und Erde. Infolge der Erhebung deines Armes streckt sich ein Schatten aus«, so daß der Himmel »gleich rotfarbiger Wolle gefärbt« wurde.

Das alles könnte die Beschreibung eines Vulkanausbruchs sein: die Erde bebt und dröhnt, die Lasursteine erinnern an vulkanisches Obsidian aus Tschatal Hüjük, und der rotgefärbte Himmel käme durch die Vulkanasche zustande, die das Sonnenlicht trübt. Trotzdem wird das Ganze als kosmisches Ereignis beschrieben und nicht, wie man doch erwarten könnte, als eine Tat des Gottes der Unterwelt. Zu der kosmischen Deutung würden auch der immer wieder erwähnte »Arm« passen, der Himmelswagen und die beteiligten Götter: Ischtar als die Venus, Anu als der Himmelsgott, Schamasch (wörtlich: Sonne) als der Sonnengott und die an anderer Stelle im Mythos erwähnten Anunnaki und Igigi, die vom Sonnengott beleuchtet werden und die wir wohl am Himmel zu suchen haben, zumal sie als die Kinder des Himmelsgottes gelten. So wird auch Anunnaki mit dem Wort für »Himmelsbrut« und Igigi mit dem semitischen Wort für »zurückkehren« zusammengebracht, so daß Igigi der »Immerwiederkehrende« wäre, was allemal auf die Gestirne zutrifft.

In einem dritten babylonischen Mythos finden wir eine neue Variante. Zwar ist das beschriebene Ereignis wieder am Himmel zu suchen, wieder richtet es Unheil an und wieder wird, wie beim Gilgamesch-Epos, ein Held gesucht, der es besiegt – aber diesmal wird es als Schlange (Labbu) beschrieben: »Es seufzen die Städte, die Menschen der Wohnstätten . . . es klagen die Menschen . . . Wer hat denn die (große) Schlange geboren? Bel zeichnet am Himmel (das Bild Labbus): 50 Meilen seine Länge, eine Meile sein Kopf . . . Wer wird hingehen und den Labbu (töten), das weite Land erretten und die Königsherrschaft ausüben? Gehe hin, Tischpak, töte den Labbu, errette das weite Land . . .«

Himmelsschlange und Himmelsstier werden also mit den gleichen Eigenschaften beschrieben. Selbst der Charakter des wütenden Stieres taucht in dem Wort Labbu wieder auf: es kommt von dem assyrischen Wort Lababu, das wüten heißt, so daß Labbu ein Wüterich wäre. Dieser Labbu – weich gesprochen Lawu – findet sich dann auch im hebräischen Leviathan wieder, »der flüchtigen Schlange, der gewundenen Schlange«, die als Drache beschrieben wird (Jesaja 27,1) und die dem griechischen Typhon entspricht; wie überhaupt Himmelsstier und Himmelsschlange oder Himmelsdrache in zahlreichen Mythen der verschiedensten Völker auftauchen.

Ich könnte mir nun vorstellen, daß diese weite Verbreitung von Stier und Schlange im Mythos und im Kult auch einem gemeinsamen Erlebnis entspricht. Gerade die Schilderung des Labbu legt den Gedanken nahe, in dieser Himmelsschlange von »50 Meilen Länge« einen Kometen zu sehen. Ein solches überall sichtbares, aber nicht voraussehbares kosmisches Ereignis wurde von jeher als Unglücksbringer verstanden, weil es die göttliche Ordnung störte. So bringt auch die Bibel den »starken Arm Gottes«, der am Tage in einer Wolkensäule und in der Nacht in einer leuchtenden Feuersäule zu sehen war, mit den zehn ägyptischen Plagen zusammen: auch dies könnte ein Komet gewesen sein, den die Kinder Israels als »Finger Gottes« deuteten.

Über das Hebräische kommen wir nun unvermutet wieder zum Stier zurück: das hebräische Wort für Lichtstrahl heißt »koren«. Koren heißt aber auch das Horn. Ein klassisches Beispiel für diese Doppeldeutigkeit des Wortes ist der Moses des Michelangelo. Da in der Bibel steht, daß am Kopf des Moses ein »Koren« zu sehen war, was also entweder Horn oder Strahl bedeuten kann, hat Michelangelo seinen Moses mit Hörnern abgebildet. Daß man, jedenfalls später, das Wort Koren mehr als Horn verstanden hat, geht wiederum aus dem lateinischen Wort für Horn hervor: es ist das aus dem Semitischen übernommene »Cornu«, aus dem der Name Cornelius, das Hörnchen, gebildet wurde.

Weil die Menschen früher keine Erklärung für Kometen hatten und auch kein Wort dafür besaßen, beschrieben sie sie nach ihrem Aussehen als Schlange, Strahl, Horn oder Stier, wobei die Chinesen offenbar mehr an die Schlange und den Drachen dachten, während im Mittelmeerraum mehr das Horn, das Symbol des Stieres, zum Mittelpunkt des Kultes wurde.

Ob Schlange oder Stier hängt übrigens davon ab, wie man einen Kometen sieht. Zieht der Komet seitwärts vorbei, erscheint er als Feuerschlange oder als Horn. Kommt er aber auf den Betrachter zu oder entfernt er sich, so sieht er mehr einer Kugel ähnlich (der »feste« Kern des Kometen), von der zwei gegenüberliegende Schweife wie Hörner abstehen (die leuchtenden Gaspartikelchen). Und da durch den Druck des Sonnenlichtes der Kometenschweif immer von der Sonne wegweist, zeigt ein Komet beim Vorüberziehen an der Erde eine sich verändernde Gestalt, die leicht als kosmisches Kampfgeschehen aufgefaßt werden kann.

Da es nun einmal den Begriff des Himmelsstieres bzw. der Himmelsschlange gibt, wäre dies eine mögliche Erklärung, wie die Menschen des Altertums überhaupt auf den Stierkult kamen. Der Stierkult würde dann einen Kometen symbolisieren, wie die Göttin Ischtar die Venus, der Sonnengott die Sonne oder die Mondgöttin den Mond oder der alttestamentarische Herr Zebaoth den »Herrn der himmlischen Heerscharen«.

In dem furchteinflößenden kosmischen Ereignis könnte man einen Stierkopf erkennen, und nach dem Analogiezauber des magisch-mythischen Denkens konnte man – wie Gilgamesch – die Gefahr abwenden, wenn man den Stier oder einen Stier tötete. Es wäre also denkbar, daß der Stierkult den Sieg über ein weit zurückliegendes Schreckenserlebnis symbolisiert, das mit jedem neuen Kometen neu erlebt wurde. Darum steht auch der hethitische Wettergott – wie der indische Gott »Schiwa, der Weltzerstörer« (!) – auf dem Stier, um seine Unterwerfung anzuzeigen – wie tausende Jahre früher die Gottheiten in Tschatal Hüjük: von acht erhaltenen männlichen Götterbildern aus der Steinzeitstadt reiten vier auf einem Stier, und der Prototyp des hethitischen Wettergottes in Kültepe, der schon existierte, bevor die eingewanderten Hethiter ihren Stierkult ausgestalteten, hatte ebenfalls einen Stier bei sich.

Man kann sich fragen, ob die Bezeichnung »Wettergott« nach alledem das Richtige trifft. Auch wenn er sich mit einem Blitz in der Hand wie Zeus gelegentlich als der Herr des Wetters und des Gewitters ausweist, dürfte der Beherrscher des Himmelsstieres von seinem Ursprung her eine kosmische Gestalt gewesen sein wie die Sonnengöttin von Arinna. Die Bezeichnung »Wettergott« hat sich aber nun eingebürgert. In jedem Falle bezeichnet sie eine Gottheit aus der Steinzeit Tschatal Hüjüks, die jahrtausendelang das religiöse Denken der Menschen beherrscht hat – bis auch dieser Gott starb, denn die unsterblichen Götter leben nur so lange, wie die sterblichen Menschen sie brauchen.

Mythen, Hymnen und Gesetze

Neben Städtebau, Kunst und Kult erreicht auch die hethitische Literatur in der Zeit des Großreiches ihre stärkste Förderung. Die meisten der gefundenen Texte wurden zwischen 1400 und 1200 v. Chr. niedergeschrieben oder erneut abgeschrieben – wobei das Wort »Literatur« schon fast zu hoch gegriffen ist, denn selbst die wenigen überlieferten Mythen sind nicht das, was man heute »Dichtung« nennen würde.

Der größte Teil der gefundenen Keilschrifttafeln beschäftigt sich mit religiösen Ritualen und Regeln. Wir erfahren auf das genaueste, wie bestimmte Zauber und magische Handlungen zu vollziehen sind. Auch wenn bisher nur ein Bruchteil dieser religiösen Anweisungen übersetzt und veröffentlicht worden ist, so kann man doch schon erkennen, in welch erstaunlichem Maße das Leben von religiösen Vorstellungen und Handlungen geprägt war: etwa drei Viertel aller gefundenen Texte haben einen religiösen Inhalt.

Es sind Texte, die nicht nur deswegen von so ungeheurer Langeweile sind, weil sie jeden Gedanken zweimal ausdrükken. Dieses Stilmittel, dem bei uns der Reim entspricht, haben sie auch mit den übrigen hethitischen Texten und dem Stilempfinden im semitischen Sprachbereich gemeinsam: auch die biblischen Psalmen leben vom »Parallelismus membrorum«, der Wiederholung eines Gedankens oder Bildes mit anderen Worten, was von geruhsamer Schönheit sein kann.

Was bei den religiösen Texten die eigentliche Langeweile verursacht, ist die betuliche Genauigkeit, von der die Wirksamkeit des Rituals abhängt und die nicht ohne Grund an unsere moderne Behörden- und Amtssprache erinnert: was heute das Bürgerliche Gesetzbuch ist, war für die damalige Zeit die religiöse Anweisung.

So beginnt, um ein typisches Beispiel zu zitieren, das luwisch-hethitische Tunnawi-Ritual mit den Worten:

»Folgendermaßen spricht Tunnawi, die alte Frau:
Wenn ein Mensch – Mann oder Frau – in irgendeine Unreinheit geraten ist,
oder irgendein anderer ihn wegen Unreinheit genannt hat,
oder einer Frau dauernd ihre Kinder sterben,
oder ihr dauernd die Leibesfrucht fällt (d.h. abgeht),
oder einem Manne oder einer Frau infolge von Formen der Unreinheit die Zeugungsorgane versagen,
und wenn jener Mensch an sich Unreinheit bemerkt –
dann vollzieht der Mensch – Mann oder Frau – das Ritual der Unreinheit folgendermaßen, man nennt es das ›Ritual des Flusses‹ . . .«

Nun werden mit großer Umständlichkeit alle für das Ritual notwendigen Gegenstände aufgezählt, zum Beispiel bestimmte Tiere wie Schafe, Ferkel und Hunde, deren Geschlecht mit dem Opfernden übereinstimmen müsse. Außerdem muß der Opfernde in bestimmter Art und Weise schwarz gekleidet sein und die Ohren verstopft haben. In der Nacht geht dann die alte Frau Tunnawi an den Fluß und opfert ihrerseits einer Unterweltsgöttin im Fluß Brot und Getränke, um sie günstig zu stimmen. Anschließend formt sie aus dem Ton des Flußbettes zwei menschliche Figuren, zwölf Zungen, zwei Ochsen und zwei Türangeln, die zusammen mit weiteren Gegenständen wie Wolle und Adlerflügeln am Ufer aufgestellt werden.

Wenn dann am Morgen der von der Unreinheit Befallene kommt, wird ihm verschiedenfarbige Wolle über den Körper geworfen. Die alte Frau zeigt die Tiere und Lehmfiguren vor und spricht dabei jeweils bestimmte Zauberformeln, um die Unreinheit des Menschen auf diese Ersatzfiguren zu übertragen. Nach dieser Beschwörung wäscht sie sich die Hände mit Wein und beginnt eine neue Beschwörung mit warmen Kieselsteinen, wäscht jetzt die Hände mit Wasser und nimmt eine dritte Beschwörung mit Tannenzapfen vor. Danach werden die bunten Wollstücke vom Opfernden entfernt und jeder Körperteil einzeln mit einem bestimmten Spruch von der Unreinheit befreit. Zum Schluß badet der Opfernde im Fluß, um auch äußerlich die Unreinheit abzuwaschen, während die alte Frau gleichzeitig eine der Tonfiguren abschrubbt, um mit dieser magischen Handlung neuen Zauber und neue Unreinheit oder gar den Zorn der Götter und Totengeister zu entfernen.

Auf ähnliche Weise sind alle nur denkbaren Verfehlungen durch besondere Sühnehandlungen und Opfer wiedergutzumachen – bis hin zu einer religiösen Zeremonie bei Familienkrächen, deren Beschreibung allein weit über hundert Zeilen einnimmt.

Allen diesen Ritualen ist gemeinsam, daß die Schuld am Ende auf eine Ersatzfigur, ein lebendes Tier oder sogar auf einen Menschen übertragen und damit abgewälzt werden kann, wie wir dies später beim biblischen Sündenbock und dem stellvertretenden Opfertod des Christentums wiederfinden.

Eine entsprechende Sühne-Einstellung zeigen auch die hethitischen Gesetzessammlungen, die zwar meist nur Sonderfälle des hethitischen Zivil- und Strafrechts behandeln, aus deren Urteilen man aber ablesen kann, daß nach einer frühen Zeit der Vergeltung, des »Auge um Auge«, später das Vergehen durch eine Ersatzsühne wie Geld oder Arbeit abgegolten werden konnte. Es geht nun weniger um Bestrafung als um Wiedergutmachung, wodurch sich die hethitische Gesetzgebung von anderen altorientalischen Gesetzessammlungen deutlich unterscheidet. So heißt es an einer Stelle: »Wenn jemand einen Menschen verletzt und dieser krank wird, so pflegt er (der Schuldige) den Betreffenden. An seiner Stelle gibt er einen Menschen, und (der) arbeitet in seinem (des Verletzten) Haus. Sobald er gesund wird, gibt er (der Schuldige) ihm sechs Sekel Silber, und den Lohn der Ärzte gibt er ebenfalls.«

Eine bemerkenswerte Eigenständigkeit im Vergleich zu den Nachbarländern zeigt auch die hethitische Geschichtsschreibung, die bald von der Mythisierung der eigenen Geschichte abkommt und schon in der althethitischen Zeit beginnt, sachliche, chronologisch geordnete Berichte über die Feldzüge und Taten der Herrscher abzufassen. Bereits Hattuschili I., der erste Herrscher nach dem etwas legendären Tabarna, hat in einer erst kürzlich entdeckten Inschrift seine Annalen verfaßt, so daß wir bereits von den Anfängen der hethitischen Geschichte an – also etwa um 1650 – den Begriff der Geschichtsschreibung verwenden können, wenn man nicht schon den noch 150 Jahre älteren Anitta-Text mit unter die Annalen rechnen will.

Weil ich verschiedentlich aus den Annalen des Murschili und ähnlichen Texten zitiert habe, brauche ich hier nicht ausführlicher auf diesen Zweig der hethitischen Literatur einzugehen.

Da die Hethiter kaum zwischen profaner und religiöser Literatur unterschieden haben, bilden auch die Gattungen Gebete und Hymnen für uns eine Geschichtsquelle, weil die Herrscher – wie Murschili in seinen Pestgebeten – ihre Wünsche, Bedürfnisse und Nöte in Gebetsform den Göttern vortrugen oder ihre mehr oder weniger legalen Handlungen als Beschlüsse der Götter darstellten, so daß umgekehrt auch die Annalen mit religiösen Aussagen und Anrufungen durchsetzt sind.

Dabei zeigt sich auch im religiösen Schrifttum ein Zug zum Pragmatismus. Reflexionen, Gedanken über Götter und Menschen fehlen fast vollkommen. Zwar erinnern Sätze wie

»das Leben ist in den Tod gebunden, und der Tod ist auch in das Leben gebunden. Der Sterbliche ist nicht ewig lebend; seine Tage sind gezählt«, an alttestamentarische Psalmen, aber es sind eben nur einzelne Sätze. In der Regel basieren die Beziehungen zwischen den tausend Göttern und den sie verehrenden Menschen auf einer nüchternen Grundlage: Sühnerituale und Opfer, Forderung und Erfüllung – das ist im Grunde alles. Da ist – wenn man vielleicht von Murschili absieht – kein Hiob, der über die Gerechtigkeit und das Wesen Gottes nachdächte, da ist kein Psalmist, der Gott lobt oder mit seinem Schicksal ringt.

Auch die Mythen der Hethiter, die die indo-europäischen Einwanderer von der anatolischen Bevölkerung oder von benachbarten Hurritern übernahmen und in die sie ihre eigenen Vorstellungen einarbeiteten, sind einfache, kaum literarisch gestaltete Erzählungen, die einen Gedanken oder ein Ereignis in eine bildhafte Sprache und Handlung übersetzen.

So wird zum Beispiel in einem Mythos aus dem anatolischen Bereich der Anspruch auf eine von den Göttern eingesetzte Königsherrschaft nicht einfach behauptet oder festgestellt, sondern, wie es dem Mythos entspricht, in einer Handlung durchgespielt. In einem langen Gespräch unterhält sich der König mit dem vergöttlichten Thron in Gestalt der proto-hattischen Throngöttin Halmaschuitt und fordert sie auf, mit ihm ins Gebirge zu gehen, dort hinter einen Berg zu treten und nicht »sein Mann«, sein Verwandter oder Freund zu werden. Er verspricht ihr dafür besonders feines Geschirr, und sie soll dafür fern vom Thron das Gebirge beschützen, denn – so die grobe Begründung des Königs: »Mir, dem Könige, haben die Götter, Sonnengott und Wettergott, das Land überantwortet. Und nun schütze ich, der König, auch mein Land und mein Haus. Du kommst nicht in mein Haus! Ich komme (ja auch) nicht in Dein Haus.«

Andere Mythen versuchen, unverstandene oder schrekkenerregende Naturereignisse nach dem gleichen Prinzip zu erklären, wie wir dies in den biblischen Geschichten von der Sintflut oder der Vertreibung aus dem Paradies kennen.

So erzählt der Mythos vom »Mond, der vom Himmel fiel«, daß eines Tages der Mond vom Himmel in die Stadt hineinfiel. Der Wettergott schickte Regen und Wind hinterher, Furcht und Zittern entsteht. Jetzt versucht die Göttin Hapantali den Mondgott wieder zur Rückkehr zu bewegen, aber es gelingt ihr nicht, so daß noch eine zweite Göttin helfen muß, die wegen ihrer Zauberkraft und Weisheit berühmt ist. Leider ist das Ende des Keilschrifttextes so beschädigt, daß wir den Ausgang der eigenartigen Geschichte nicht kennen. Man weiß nur, daß dieser Mythos von einem Priester vorgetragen wurde, »wenn der Wettergott stark donnert«.

Gleich in zwei, allerdings sehr unterschiedlichen Fassungen ist der Kampf mit dem Drachen Illujanka überliefert, der in Einzelheiten dem Gilgamesch-Epos ähnlich ist, nur daß hier der Stier durch die Schlange ersetzt ist (Illujanka ist vielleicht gar kein Name, sondern bedeutet möglicherweise einfach »Schlange«).

Die ältere Fassung erzählt, wie der Sonnengott in der Stadt Kischkiluschscha mit der Schlange kämpft und besiegt wird. Er klagt nun den Göttern sein Unglück, und die Göttin Inar bereitet ein großes Fest vor. Daraufhin sucht sie einen sterblichen Menschen in der Stadt Zigaratta auf, erklärt ihm die Situation und fordert ihn auf, ihr zu helfen. Der Mann verspricht Hilfe unter der Bedingung, daß sie mit ihm schlafe. Die Göttin stimmt zu, nimmt ihn mit sich und versteckt ihn. Daraufhin macht sie sich schön und läd Illujanka zum Fest ein. Sobald die Schlange betrunken ist, fesselt sie der Sterbliche, woraufhin der Wettergott die Schlange tötet. Die Göttin behält, wie versprochen, den Sterblichen bei sich, warnt ihn aber, aus dem Fenster des Hauses zu sehen, weil er dann seine Frau und seine Kinder erblicken würde. Nach zwanzig Tagen sieht der Mann doch aus dem Fenster, bekommt Heimweh und bittet die Göttin, ihn ziehen zu lassen.

Die jüngere Fassung des Illujanka-Mythos verwendet zwar die gleichen Elemente, hat aber eine ganz andere Tendenz:

»Der Drache Illujanka besiegte den Wettergott und nahm ihm Herz und Augen. Der Wettergott suchte Rache an ihm zu nehmen. Da nahm er die Tochter eines Armen zur Frau und zeugte mit ihr einen Sohn. Als der aber herangewachsen war, nahm er die Tochter des Drachen Illujanka zur Frau. Der Wettergott weist seinen Sohn an: Wenn du in das Haus deiner Frau gehst, so fordere von ihnen mein Herz und meine Augen . . ., als er nun hinging und das Herz von ihnen forderte, gaben sie es ihm. Hinterher forderte er auch noch die Augen von ihnen, und sie gaben ihm auch diese. Er brachte sie dem Wettergott, seinem Vater, und verschaffte so dem Wettergott sein Herz und seine Augen wieder. Als seine Gestalt wiederhergestellt war, zog er nach dem Meer zum Kampf aus. Als er mit ihm im Kampf begriffen war, war er drauf und dran, den Drachen Illujanka zu besiegen. Doch der Sohn des Wettergottes war bei dem Drachen Illujanka. Und er rief zum Himmel hinauf zu seinem Vater: Schließ mich ein, schone mich nicht! Da tötete der Wettergott den Drachen Illujanka und seinen Sohn.«

Auch diese altanatolische Heldensage hat die griechische Mythologie beeinflußt. In einer Erzählung vom Kampf zwischen Zeus und Typhon, einem riesigen Ungeheuer mit hundert Drachenköpfen, wird berichtet, daß Zeus zwar nicht sein Herz und die Augen, wohl aber die Sehnen der Hände und Füße verliert. Im griechischen Mythos ist es dann Hermes, der die Sehnen wieder entwendet. Daß dieser Typhon nicht etwa aus dem ägyptischen Bereich zu den Griechen kam (der ägyptische Set ist Typhon), zeigt sich an der Verwendung geographischer Begriffe: der Mons Cassius der griechischen Sage liegt an der syrischen Küste, und die korykäische Grotte, in der Typhon wohnt, liegt, wie es auch im griechischen Mythos selbst heißt, an der kilikischen Küste Kleinasiens, jedenfalls in der Fassung aus der apollodorischen Bibliothek der römischen Kaiserzeit. Die bildliche Darstellung des Typhon war die griechische Hydra; sie ist mit dem feuerspeienden Drachen der deutschen Siegfried-Sage verwandt.

Ein ganz anderes Ereignis erzählt der »Mythos vom verschwundenen Gott Telipinu«, dem Gott der Ernte, wobei aber nur zwei Wörter versteckt auf das Ereignis anspielen. Es

In der späthethitischen Zeit (12.–7. Jahrhundert v. Chr.) machen sich in zunehmendem Maße assyrische und ägyptische Einflüsse in der hethitischen Kunst bemerkbar. Der Portallöwe von Malatja in Ostanatolien ist im traditionellen Stil jener Zeit in Basalt gemeißelt (1050–850 v. Chr., Höhe 131 cm).

Oben links: Felsenrelief in der Nähe von Ivriz bei Konja. Der König Warpalawas huldigt dem Vegetationsgott (um 750 v. Chr.). Oben rechts: Zwei Löwen, die wahrscheinlich eine Götterstatue trugen, ebenfalls aus der Umgebung von Konja. Unten: Statue einer Sphinx. Der assyrische Einfluß ist deutlich erkennbar (um 800 v. Chr.).

Auch nach dem Untergang des hethitischen Reiches lebten die Hethiter, vor allem in Syrien, weiter. Aus Karkemesch am Euphrat stammt das Orthostatenrelief, das einen hethitischen Kampfwagen mit Bogenschützen wiedergibt (assyrisierender Stil, 850–700 v. Chr.).

Zu den letzten Zeugnissen der Hethiter gehören die Reliefs von Karatepe in Nordsyrien, der Sommerresidenz des Königs Asitawanda. Es sind Szenen aus dem Alltag, einfach gehalten und ohne Pathos wie die stillende Mutter mit ihrem Kind (aramäisierender Stil, um 700 v. Chr.).

Um 730 v. Chr. ließ König Asitawanda dann schließlich in seiner Burg von Karatepe in Nordsyrien Bildluwisch und Altphönizisch nebeneinander auf die Wände schreiben.

Es sind dies mit die letzten Nachrichten, die von den Hethitern selbst stammen. Mehr und mehr gaben sie ihre Eigenart auf. In der Kunst übernahmen sie den Stil ihrer Umgebung, zunächst den assyrischen, später den aramäischen, bis sie endlich ganz in den anderen Völkern aufgingen.

Einer dieser hethitischen Stadtstaaten nach dem anderen wird dann von den Assyrern eingenommen: Karkemesch fällt nach einem Aufstand im Jahre 717; Marasch, im hohen Norden Syriens, wird 711 von Sargon II. erobert.

Fünfhundert Jahre nach dem Untergang des hethitischen Reiches gibt es auch keine Hethiter mehr, oder besser: kein umgrenztes Gebiet und keinen bestimmten Stamm, den man noch hethitisch nennen könnte.

Als um das Jahr einhundert vor der Zeitenwende ein palästinensischer Jude das Makkabäerbuch schrieb, das man in der Bibel nachlesen kann, da kommt das Hethiterreich gleich im ersten Satz seines Geschichtswerkes vor: »Alexander, der Sohn des Philippus, König von Makedonien, der erste Monarch in Griechenland, ist ausgezogen aus dem Lande Chittim (= Hatti) und hat große Kriege geführt, viele Städte erobert und Darius, den König der Perser und Meder, geschlagen . . .«

Es ist dies das letzte Mal, daß die Hethiter in der Bibel erwähnt werden – immerhin noch mehr als tausend Jahre nach dem Untergang des hethitischen Großreiches.

In Kleinasien, dem Lande Chittim, sind inzwischen längst andere Reiche entstanden und wieder vergangen.

Nach der griechischen Überlieferung sind es die indo-europäischen Phryger aus Makedonien und dem Balkangebiet, die zusammen mit oder als Teil der »Seevölker« um das Jahr 1200 v. Chr. nach Anatolien einwandern. Wir wissen nicht, ob sie mit an der Zerstörung Hattuschas beteiligt waren, aber die Hypothese ist aufgestellt worden und hat einiges für sich: über dem untergegangenen Hattuscha/Boghazköy fand man phrygische Siedlungen und Kunstwerke.

Aber obwohl in den assyrischen Keilschrifttexten Tiglatpilesars I. (um 1100 v. Chr.) die Phryger bereits erwähnt werden – die Assyrer nannten sie »Muski« –, dauerte es vierhundert Jahre, bevor die eingewanderten Phryger an Macht gewinnen. Um 750 erwähnen die assyrischen Annalen dann unvermittelt und zum erstenmal wieder die Muski und ihren König Mita. König Mita hatte sich mit dem König von Karkemesch gegen die Assyrer verbündet, wurde aber von den Assyrern geschlagen und mußte Tribut zahlen.

Wir kennen diesen phrygischen König Mita unter seinem griechischen Namen Midas. Er ist eben jener Midas, von dem die griechische Sage erzählt, daß alles, was er anfaßte, zu Gold wurde. Da sich auf diese Weise auch jede Nahrung und jedes Getränk in Metall verwandelte, wäre Midas in seinem Gold verhungert, wenn ihm Dionysos nicht geraten hätte, im Fluß Paktolos zu baden. Durch dieses Bad übertrug sich die »goldene Berührung« auf den Fluß, der seitdem goldhaltigen Sand führt.

Dieser Midas, König der Mygdoner (= Makedonier) in Phrygien, war der Sohn des Gordios, nach dem die phrygische Hauptstadt Gordion im Nordwesten Anatoliens genannt wurde (heute Yassi Hüjük westlich von Ankara). Auch dieses Gordion im Lande Hatti kennen wir aus der Legende: in dieser Stadt zerschlug Alexander der Große den berühmten sprichwörtlichen »Gordischen Knoten«.

Midas selbst baute eine andere Stadt, nämlich Ankyra, und wurde damit zum legendären Begründer der heutigen türkischen Hauptstadt.

Das alles hat nichts mehr mit den Hethitern zu tun, und man könnte ganz auf König Midas verzichten, wenn es nicht doch noch eine eigenartige Verbindung zu den Hethitern gäbe.

Es ist eine skurrile Geschichte, die Ovid in seinen Metamorphosen erzählt, und ich will sie kurz zusammenfassen: Eines Tages ließ sich der Waldgott Pan in einen musikalischen Wettstreit mit Apollon ein. Der alte König Tmolos machte den Schiedsrichter und verlieh den Preis klugerweise an Apollon für sein Leierspiel. König Midas aber, der ebenfalls zugehört hatte, fand das Flötenspiel des Pan besser und sagte das unklugerweise auch. Das erboste den Apollon, und er ließ dem Midas Eselsohren wachsen. Midas versteckte die Eselsohren unter einer Mütze, die er nur abnahm, wenn er sich von einem Sklaven die Haare schneiden lassen mußte. Es ist verständlich, daß dem Sklaven sämtliche himmlischen und irdischen Strafen angedroht waren, wenn er das lächerliche Geheimnis verriet.

Der Sklave konnte das Geheimnis trotzdem nicht für sich behalten, aber weil er es auch nicht verraten wollte, ging er auf eine einsame Wiese, grub ein Loch und »berichtet mit flüsternder Stimme, welcherlei Ohren beim Herrn er erblickt hat: er haucht's in die Höhlung. Alsdann wirft er die Erde zurück. Den Verrat seiner Stimme deckt er, verschüttet die Grube und macht sich schweigend von dannen . . .« Auf diese Weise blieb das Geheimnis gewahrt – bis das Frühjahr kam und an dieser Stelle Gras und Schilf hochwuchs. Da hörten die Vorübergehenden die Gräser den Satz murmeln: »Midas hat Eselsohren . . .«, und das Geheimnis verraten.

Soweit diese Geschichte, die wie auch die andere Geschichte mit dem goldführenden Fluß nur erfunden wurde, um etwas sonst Unverständliches zu erklären. Hier ist es die wunderliche Mütze, unter die Midas seine Eselsohren verstecken mußte. Diese »phrygische Mütze« war eine tief in die Stirn gezogene, oben rund gebogene, rote Tüte, die den Griechen so komisch vorkam, daß sie später in ihren Kunstwerken gleich allen Barbaren als Kennzeichen solche Wundertüten aufsetzten.

Zweieinhalbtausend Jahre später hieß diese phrygische Mütze Bonnet Rouge, Rote Kappe: es ist die Jakobinermütze, die in der Französischen Revolution als Freiheitssymbol getragen wurde und die noch heute Marianne, Frankreichs Symbol, als wollgestrickte Bommelmütze zeigt.

Aber was wir phrygische Mütze nennen, ist noch älter: Marianne trägt die Kopfbedeckung des hethitischen Wettergottes, die aus der ursprünglichen steilen Tiara allmählich in leicht gebogene Hornform überging oder später die Bommelform erhielt.

Da schon die Griechen nichts mehr von den Hethitern und ihren Göttern wußten und sich nicht erklären konnten, woher die Phryger ihre Mützen hatten, erfanden sie die Geschichte mit den Eselsohren – Geschichte, die zu Geschichte wurde.

Als die Perser im Jahre 546 Kleinasien eroberten und das Phrygische Reich vernichteten, war bereits jede Erinnerung an die Hethiter erloschen. Die Städte trugen keine hethitischen Namen mehr; neue Kulturen mit ihren eigenen Göttern und ihrer eigenen Art zu leben hatten die alten Schichten zugedeckt.

Die Griechen wußten überhaupt nichts mehr von den Hethitern. Herodot, der griechische Historiker hielt um 450 v. Chr. eine hethitische Götterstatue in der Nähe von Izmir an der Westküste Kleinasiens für einen Mann in »ägyptischer Kleidung« und die hethitische Bilderschrift für »ägyptische heilige Buchstaben«.

Nur die Bibel hielt über die Jahrtausende die Erinnerung an das verschollene Volk der Hethiter wach – bis in unseren Tagen die Hethiter wiederentdeckt wurden, die sich selbst »das Volk der tausend Götter« nannten.

Anhang

Hinweise zur Literatur

Zu guter Letzt für den interessierten Leser, der sich noch mit dem Thema weiterbeschäftigen will, einige Hinweise und Warnungen.

Trotz der Literaturauswahl auf den folgenden Seiten ist die Zahl der weiterführenden oder zusammenfassenden Werke gering. Wer die grundlegenden Werke von Götze, Otten, Bittel oder Bossert liest, wird bald merken, daß Fakten und Zitate in der allgemeinen Literatur überwiegend aus diesem engen Kreis der ersten Forschergeneration stammen.

Ein großer Teil der aufgeführten und verwendeten Literatur beschäftigt sich mit Einzelfragen. Ihre Lektüre ist selbst für den interessierten Laien meist unbefriedigend. Zwar setzen sich die zusammenfassenden Bücher notwendigerweise aus den Erkenntnissen dieser Einzelforschungen zusammen, aber ohne Vorkenntnisse sind diese wissenschaftlichen Berichte und Aufsätze, die meist in Fachzeitschriften erschienen sind, nach Stil und Inhalt schwer verständlich, da sie ja den Fachkollegen, nicht aber ein breiteres Lesepublikum vor Augen haben. Hinzu kommt, daß einzelne Forschungen und Schlußfolgerungen nur noch historischen Wert haben, weil sie längst überholt oder korrigiert sind.

Eine Ausnahme bilden die »Wissenschaftlichen Veröffentlichungen der Deutschen Orientgesellschaft« (Berlin), die in den letzten Jahren begonnen haben, die Forschungsergebnisse systematisch in Monographien zusammenzufassen.

Eine sehr ausführliche Zusammenstellung der Spezialliteratur zu einzelnen Themen findet sich, nach Sachgebieten geordnet, u. a. in Akurgal/Hirmer: »Die Kunst der Hethiter« und in C. W. Ceram: »Enge Schlucht und Schwarzer Berg«, auf die ich in diesem Zusammenhang verweisen möchte.

An zusammenfassenden und verständlich geschriebenen Darstellungen empfehle ich den eben genannten Akurgal/Hirmer. Dieser Bildband geht nicht nur auf die Kunst- und Bauwerke der Hethiter, sondern auch sehr ausführlich und übersichtlich auf Geschichte und Eigenart der Hethiter ein.

Mit besonderer Betonung der Entdeckungs- und Grabungsgeschichte behandelt Ceram das Thema, während Klengel in seinem Band »Die Hethiter und ihre Nachbarn« den Bogen von Tschatal Hüjük bis zu den späthethitischen Fürstentümern in Syrien und bis in die Römerzeit spannt und dabei Sinn für kleine interessante Details zeigt.

Eine knappe, aber sehr übersichtliche Zusammenstellung gibt Heinrich Otten in Schmökels »Kulturgeschichte des Alten Orient«.

»Die Welt der Hethiter« von Margarete Riemschneider betont vor allem den indogermanischen Einfluß, ist aber in Stil und Darstellungsweise etwas überholt.

Zu warnen wäre als Einleitungslektüre vor der »Geschichte der Hethiter« von Friedrich Cornelius. Dieses Buch, 1973 erschienen, faßt nicht etwa die neuesten Forschungsergebnisse zusammen, sondern interpretiert die hethitische Geschichte in einem rekonstruierten Handlungsablauf, der an vielen Stellen die gesicherten Tatsachen verläßt und die Grenzen der Phantasie erreicht. Das ungeheure Sachwissen und die zahlreichen Einzelfakten machen den Band aber zu einem Nachschlagewerk, sofern man durch andere vorhergehende Lektüre abschätzen kann, wie die Angaben einzuordnen sind.

Den an gutem Bildmaterial Interessierten verweise ich für Abbildungen zum Thema Kunst und Architektur auch hier wieder auf den schon erwähnten Band »Die Kunst der Hethiter« sowie auch die entsprechenden Bände der Propyläen Kunstgeschichte.

Ein sehr ausführliches Karten- und Bildwerk über die Hethiter hat H. Th. Bossert in seinem Band »Altanatolien« gesammelt, wobei die ohne künstlerischen Ehrgeiz aufgenommenen Fotos aus den vierziger Jahren mehr durch ihre Dokumentation als durch ihre Qualität bestechen.

Wissenschaftliche Monographien mit Fotos und Schemazeichnungen über Einzelaspekte wie Keramik, Glyptik, Architektur und Baukunst findet man in der schon erwähnten Reihe der »Wissenschaftlichen Veröffentlichungen der Deutschen Orientgesellschaft« (Berlin).

In der gleichen Reihe werden auch die hethitischen Keilschrifttexte veröffentlicht, allerdings nur im Original in Keilschrift ohne Übersetzung. Wer sich mit den hethitischen Texten beschäftigen will, stößt daher auf Schwierigkeiten; es gibt von fast allen Texten Übersetzungen, oft mehrere, deren Wortlaut vom Forschungsstand und deren Stil vom Übersetzer abhängig sind – aber es gibt keine einheitliche Textedition in geschlossener Folge. Man ist also darauf angewiesen, die Übersetzungen in den jeweiligen Fachveröffentlichungen zu suchen, wo dann die wissenschaftliche Genauigkeit meist die Lesbarkeit verhindert.

Außerhalb der streng wissenschaftlichen Fachliteratur ist daher üblich, die oft lückenhaften Texte in sprachlich lesbare Form zu bringen, wie ich sie in diesem Buch nach Otten, Riemschneider, Götze und anderen zitiert habe.

Angaben über Textbearbeitungen und Übersetzungen finden sich in Kindlers Literatur Lexikon unter den hethitischen Stichwörtern, auf die ich hiermit verweise.

Über Fundstätten und Ausgrabungen in Kleinasien sollte man sich für den Anfang in den allerdings etwas trockenen Bänden Anatolien I + II in der Reihe »Archaeologia Mundi« orientieren, die auch gut bebildert sind. Über die Ausgrabungen in Tschatal Hüjük steht noch immer nur Mellaarts Band zur Verfügung.

Für die Gebiete indo-europäische Sprachzusammenhänge, hethitische Religion und Kulturgeschichte, Beziehungen zur griechischen oder mesopotamischen Kultur gibt es keine zusammenfassenden, lesbaren Monographien. In vielen Fällen gibt es darüber überhaupt keine zusammenfassende oder vergleichende Literatur. Hier kann ich dem interessierten Leser nur empfehlen, seinen eigenen Kenntnissen und Interessen nachzugehen, wenn er Zusammenhänge erkennen lernen will. Zu jedem dieser Gebiete gibt es eine Unzahl Bücher, die auf bestimmte Kulturen und Themen bezogen sind, ohne die Querverbindungen zu ziehen. Je mehr man sich mit dem Stoff beschäftigt, desto mehr wird man allerdings auch merken, wo hier die Schwierigkeiten liegen. Selten sind Zusammenhänge absolut sicher nachweisbar, vieles ist Interpretation, vieles mehrdeutig. Daß die Meinung von Fachgelehrten immer richtig ist, sollte man allerdings nicht als gegeben voraussetzen. Auch falsche Thesen können anregend wirken und am Ende zur Wahrheit führen.

Diese Hinweise sollen genügen. Weitere Anregungen findet man ganz von selbst beim Weiterlesen.

Literaturauswahl

Akurgal, Ekrem / Hirmer, Max: Die Kunst der Hethiter. Hirmer Verlag, München 1961

Alkim, U. Bahadir: Archaeologia Mundi – Anatolien I. Nagel Verlag, München 1968

Bardtke, Hans: Bibel, Spaten und Geschichte. Vandenhoeck & Ruprecht Verlag, Göttingen, ^{2}1971

Beran, Thomas: Die hethitische Glyptik von Boghazköy, in: 76. Wiss. Veröffentlichung der Deutschen Orientgesellschaft. Verlag Gebr. Mann, Berlin 1967

Bibby, Geoffrey: Als Troja brannte und Babylon fiel – das mythische Zeitalter unserer Kultur. Rowohlt, Hamburg 1964

Bittel, Kurt (u.a.): Vorläufiger Bericht über die Ausgrabungen in Boghazköy im Jahre 1952, in: Mitteilungen der Deutschen Orientgesellschaft zu Berlin, Nr. 86, Dez. 1953

–: Grundzüge der Vor- und Frühgeschichte Kleinasiens. Tübingen ^{2}1950

– (u.a.): Die hethitischen Grabfunde von Osmankayasa, in: 71. Wiss. Veröffentlichung der Deutschen Orientgesellschaft. Verlag Gebr. Mann, Berlin 1958

Blohm, Kurt Wilhelm: Städte und Stätten in der Türkei. DuMont Schauberg, Köln 1971

Bossert, Helmut Theodor: Altanatolien – Kunst und Handwerk Kleinasiens von den Anfängen bis zum völligen Aufgehen in der griechischen Kultur. Verlag Ernst Wasmuth, Berlin 1942

Bray, Warwick / Trump, David: Lexikon der Archäologie. Praeger, München 1973.

Ceram, C. W.: Götter, Gräber und Gelehrte – Roman der Archäologie. Rowohlt, Hamburg 1949

–: Enge Schlucht und Schwarzer Berg – Entdeckung des Hethiterreiches. Rowohlt, Hamburg 1955

Cornelius, Friedrich: Geschichte der Hethiter mit bes. Berücksichtigung der geographischen Verhältnisse und der Rechtsgeschichte. Wiss. Buchgesellschaft, Darmstadt 1973

De Camp: Geheimnisvolle Stätten der Geschichte. Econ, Düsseldorf

Eggers, Hans Jürgen: Einführung in die Vorgeschichte. Piper, München ²1974
Fischer Franz: Die Hethitische Keramik von Boghazköy, in: 75. Wiss. Veröffentlichung der Deutschen Orientgesellschaft. Verlag Gebr. Mann, Berlin 1963
Forrer, Emil: Für die Griechen in den Boghazköy-Inschriften, in: Kleinasiatische Forschungen, Band I, Heft 2, Weimar 1929
Friedrich, Johannes: Werden in den hethitischen Keilschriften die Griechen erwähnt?, in: Kleinasiatische Forschungen, Band I, Heft 1, Weimar 1927
–: Hethitisches Elementarbuch – 1. Teil, kurzgefaßte Grammatik. Heidelberg 1940
–: Die hethitischen Gesetze. Leiden 1959
Götze, Albrecht: Kleinasien. München 1957
–: Zur Chronologie der Hethiterkönige, in: Kleinasiatische Forschungen, Band I, Heft 1, Weimar 1927
Grimal, Pierre (Hrg.): Mythen der Völker I–III. Fischer-Taschenbuch, Frankfurt 1967 (Original: Mythologies, Larousse, Paris 1963)
Hrozný, Friedrich: Hethitische Keilschriftentexte aus Boghazköi – in Umschrift. Mit Übersetzung und Kommentar, in: Boghazköi-Studien, Stück 2, 1, Heft 3, Wien 1919
–: Die Sprache der Hethiter – ihr Bau und ihre Zugehörigkeit zum indogermanischen Sprachstamm. Hinrichsche Buchhandlung, Leipzig 1917
–: Über die Völker und Sprachen des alten Chatti-Landes, in: Boghazköi-Studien, 5. Heft, III. Stück, 2. Lieferung, 1920
–: Sumerisch-babylonische Mythen von dem Gott Ninrag (Ninib) – herausgegeben und umschrieben, übersetzt und erklärt, in: Mitteilungen der Vorderasiatischen Gesellschaft, 8. Jg. 5, Berlin 1903
Kammenhuber, Annelies: Die Arier im Vorderen Orient. Carl Winter Verlag, Heidelberg 1968
Kienitz, Friedrich-Karl: Städte unter dem Halbmond – Geschichte und Kultur der Städte in Anatolien und auf der Balkanhalbinsel. C. H. Beck, München 1972
Kindlers Literatur Lexikon – zu: Hethitische Literatur. München, dtv 1974
Klengel, Evelyn und Horst: Die Hethiter und ihre Nachbarn. Koehler & Amelang, Leipzig 1970, und Schroll, München 1970
Klengel, Horst: Geschichte und Kultur Altsyriens. Koehler & Amelang, Leipzig 1967
–: Zwischen Zelt und Palast – die Begegnung von Nomaden und Seßhaften im alten Vorderasien. Koehler & Amelang, Leipzig, 1972

Klengel, Horst: Syria Antiqua. Edition Leipzig, Leipzig 1971
Kündig-Steiner, Werner (Hrg.): Die Türkei. Erdmann Verlag, Tübingen 1974
Lange, Kurt / Hirmer, Max: Ägypten. Hirmer Verlag, München ^{4}1967
Mellaart, James: Çatal Hüyük – Stadt aus der Steinzeit. Lübbe Verlag, Bergisch Gladbach, 1967
Mellink, M. J. / Filip, J.: Frühe Stufen der Kunst, in: Propyläen Kunstgeschichte, Band 13. Propyläen Verlag, Berlin 1974
Metzger, Henry: Archaeologia Mundi – Anatolien II. Nagel Verlag, München 1969
Moscati, Sabatino: Geschichte und Kultur der Semitischen Völker. Kohlhammer Verlag, Stuttgart 1953
Müller, Max W.: Der Bündnisvertrag Ramses' II. und des Chetiterkönigs – im Originaltext neu herausgegeben und übersetzt, in: Mitteilungen der Vorderasiatischen Gesellschaft, 1902–1905, 7. Jahrgang, Berlin 1902
Orthmann, Winfried: Der Alte Orient, in: Propyläen Kunstgeschichte, Band 14. Propyläen Verlag, Berlin 1975
Otten, Heinrich: Das Hethiterreich, in: Schmökel, Hartmut: Kulturgeschichte des Alten Orients. Kröner Verlag, Stuttgart 1961
–: Kanaanäische Mythen aus Hattusa-Boghazköy, in: Mitteilungen der Deutschen Orientgesellschaft zu Berlin, Nr. 85, Juni 1953
–: Die hethitischen »Königlisten« und die altorientalische Chronologie, in: Mitteilungen der Deutschen Orientgesellschaft zu Berlin, Nr. 83, 1951
–: Die hethitischen historischen Quellen und die altorientalische Chronologie, in: Akademie der Wissenschaften und der Literatur, Abhandlungen der Geistes- und Sozialwiss. Klasse, Jahrgang 1968, Nr. 3
Otto, Eberhard: Ägypten – der Weg des Pharaonenreiches. Kohlhammer Verlag, Stuttgart 1953
Otto, Rudolf: Das Heilige – über das Irrationale in der Idee des Göttlichen und sein Verhältnis zum Rationalen. C. H. Beck, München, Neuauflage 1971
Pedersen, Holger: Hittitisch und die anderen indoeuropäischen Sprachen, in: Det. Kgl. Danske Videnskabernes Selskab XXV, 2, Kopenhagen 1938
Rehork, Joachim: Faszinierende Funde – Archäologie heute. Lübbe, Bergisch-Gladbach 1971
Riemschneider, Margarete: Die Welt der Hethiter. Kilpper Verlag, Stuttgart 1954
Roeder, Günther: Ägypter und Hethiter. Heinrichsche Buchhandlung, Leipzig 1919

Schirmer, Wulf: Die Bebauung am unteren Büyükkale-Nordwesthang in Boghazköy, in: 81. Wiss. Veröffentlichung der Deutschen Orientgesellschaft. Gebr. Mann Verlag, Berlin 1969
Schmökel, Hartmut (Hrg.): Kulturgeschichte des Alten Orients. Kröner Verlag, Stuttgart 1961
Schuler, E. v.: Die Hethitischen Dienstanweisungen für höhere Hof- und Staatsbeamte. Graz 1957
Weidner, Ernst F.: Der Zug Sargons von Akkad nach Kleinasien – die älteste geschichtliche Beziehung zwischen Babylon und Hatti, in: Boghazköi-Studien, 6. Heft, Leipzig 1922
–: Politische Dokumente aus Kleinasien – die Staatsverträge in akkadischer Sprache aus dem Archiv von Boghazköi, in: Boghazköi-Studien 8. + 9. Heft, Leipzig 1923
Wolf, Walther: Funde in Ägypten – Geschichte ihrer Entdeckung. Musterschmidt Verlag, Göttingen 1966
Zehren, Erich: Die Biblischen Hügel – zur Geschichte der Archäologie. Herbig Verlag, Berlin 1961
Zimmern, H.: Die Religion der Hethiter. Leipzig 1925

Bildnachweis

Fotos: S. 137–140: James Mellaart, Çatal Hüyük – Stadt aus der Steinzeit. Lübbe Verlag, Bergisch Gladbach, 1967. Seite 173: Silvio Fiore, Turin. Seite 174–176: Hirmer Fotoarchiv, München. Seite 209: Silvio Fiore, Turin. Seite 210–212: Hirmer Fotoarchiv, München. Seite 277: Silvio Fiore, Turin. Seite 278–279: Hans Roßdeutscher, Bielefeld. Seite 280: Hirmer Fotoarchiv, München. Seite 313: Bavaria Verlag, Gauting/München. Seite 314 oben links: Hirmer Fotoarchiv, München. Seite 314 oben rechts und unten: Bavaria Verlag, Gauting/München, Seite 315–316: Fotoarchiv Hirmer, München.

Textabbildungen nach: Klengel, Die Hethiter und ihre Nachbarn, München 1970 (Seite 53 oben, 120 oben); Akurgal/Hirmer, Die Kunst der Hethiter, München 1961 (Seite 53 unten, 282 unten); Mellaart, Çatal Hüyük – Stadt aus der Steinzeit, Bergisch Gladbach 1967 (Seite 120 unten, 162); Ceram, Enge Schlucht und Schwarzer Berg, Hamburg 1975 (Seite 248, 264, 266 oben, 310); Bossert, Altanatolien, Berlin 1942 (Seite 266 unten, 282 oben).

Schutzumschlag: Silvio Fiore, Turin. Das Foto zeigt einen hethitischen Krieger.

Zeittafel der hethitischen Könige*

(nach der sog. Mittleren Chronologie)

Pitchana von Kuschschara			
Anita von Kuschschara			
	ca. 1680		
Tabarna			
	ca. 1650	ca. 1650	Hattuschili I.
Hattuschili I.			
	ca. 1620		
Murschili I.		ca. 1600	Murschili I.
	ca. 1590	ca. 1590	Hantili
			Zidanta
		ca. 1550	Ammuna
	ca. 1525	ca. 1530	Huzzija
Telipinu			Telipinu
	ca. 1500		Hantili II.
			Zidanta II.
			Huzzija II.
	ca. 1460		
Tuthalija			
	1440		
Arnuwanda I.			Tuthalija Arnuwanda (Reihenfolge Hattuschili unklar)
	1420		
Hattuschili II.			
	1400		
Tuthalija III.			
	1380	ca. 1380	
Schuppiluliuma I.			Schuppiluliuma I.
	1346	1346	
	1345		
		ca. 1330	Arnuwanda
Murschili II.		1329	Murschili
	1315		
Muwatalli		ca. 1300	Muwatalli
	1282	ca. 1280	Murschili III.
Murschili III.	1275	ca. 1275	Hattuschili III.
Hattuschili III.			
	1250	ca. 1250	Tuthalija IV.
Tuthalija IV.			
	1220	ca. 1220	Arnuwanda III.
Arnuwanda III.			
	1190	ca. 1200	Schuppiluliuma II.
Schuppiluliuma II.			
* (nach Akurgal)			* (nach Klengel)

ZEITTAFEL (nach der sog. »Kurzen Chronologie«)

MESOPOTAMIEN

ca. 3000–2800
Uruk-Zeit

ca. 2800–2700
Dschemdet Nasr-Zeit

ca. 2600–2350
Frühdynastische Zeit
»Ur I-Zeit« ca. 2500

Lagasch: Urnansche
Eannatum
Entemena
Lugalanda
Urukagina
Adab: Lugalanne-mundu

ca. 2350–2150
Akkad-Zeit
Sargon
Rimusch
Manischtusu
Naramsin
Scharkalischarri

ca. 2150–2070
Gutäerzeit
Utuchengal von Uruk ca. 2070

ca. 2065–1955
Ur III-Zeit
Urnammu
Schulgi
Amarsin
Schusin
Ibbisin
Gudea v. Lagasch

ca. 1955–1700
Isin-Larsa-Zeit
Ischbīerra von Isin 1959–1927
Lipitischtar von Isin ca. 1875–1865
Sargon I. von Assur um 1780
Rimsin von Larsa ca. 1757–1698
Schamschiadad I. von Assur 1748–1716

ca. 1830–1530
Hammurabi-Dynastie
Hammurabi (6. Herrscher) 1728–1686
Samsuiluna 1685–1648
Abīeschuch 1647–1620
Ammiditana 1619–1583

HETHITERREICH

ca. 2300–2000
Zeit der altanatolischen Fürstengräber

ca. 1830–1715
Altassyrische Niederlassung in Kanesch
Anitta von Kuschschara um 1715

ca. 1600–1500
Althethitisches Reich
Labarna
Hattuschili I.
Murschili I. um 1530
Hantili
Zidanta

ca. 1500–1430
Mittleres Reich
Telipinu
Alluwamna
Zidanta
Huzzija

SYRIEN-PALÄSTINA

vor 3000
Chalkolith. Stadtkulturen

um 3000
Übergang zur Bronzekultur

ab 3000
Auftreten der Semiten
Ägyptische und sum. Kultureinflüsse

ca. 2300
Akkadische Züge nach Nordsyrien?
Palästina-Feldzug Phiops' I.

ca. 2000
Invasion der Amoriter.
Vorübergehende Krise der Stadtkultur

nach 1800
Churriter-Invasion

ab 1670
Hyksoszeit
Entfaltung der Stadtstaaten

ab 1570
Vertreibung des Hyksos
Wiedererstarken des ägypt. Einflusses

ca. 1530
Heth. Machtentfaltung in Nordsyrien

ab 1520
Pharao Tutmosis' III. Syrienfeldzüge

ca. 1500–1420
Blüte von Alalach

ca. 1440–1360
Hochblüte von Ugarit

ca. 1400–1350
Amarna-Zeit

ca. 1350
Hethiterherrschaft über Nordsyrien

1296
Schlacht bei Kadesch

1223
Tod Ramses' II., Auszug

MESOPOTAMIEN	HETHITERREICH	SYRIEN
Ammisaduqa 1582–1562 Samsuditana 1561–1530 ca. 1530–1160 *Kassitenzeit* Agukakrime ca. 1530 Karaïndasch ca. 1420 Kurigalzu I. ca. 1390 Burnaburiasch II. 1367–1346 Kurigalzu II. 1336–1314 ca. 1380–1080 *Mittelassyrisches Reich* Assuruballit I. 1356–1320 Adadnarari I. 1297–1266 Salmanassar I. 1265–1235 Tukultininurta I. 1235–1198 Nebukadnezar I. von Babylon (1128 bis ca. 1105) Tiglatpileser I. 1116–1078 909–612 *Neuassyrisches Reich* Adadnirari II. 909–889 Tukultininurta II. 888–884 Assurnassirpal II. 883–859 Salmanassar III. 858–824 Schamschiadad V. 823–810 Adadnirari III. 809–782 Tiglatpileser III. 745–727 Salmanassar V. 726–722 Sargon II. 721–705 Sanherib 704–681 Asarhaddon 680–669 Assurbanipal 668–631 625–539 *Neubabylonisches Reich* Nabopolassar 625–605 Nebukadnezar II. 604–562 Amēlmarduk 561–560 Nergalscharussur 559–556 Nabuna'id 555–539	ca. 1430–1200 *Hethitisches Großreich* Hattuschili II. Tuthalija III. Schuppiluliuma I. etwa ab 1380 Murschili II. etwa ab 1345 Muwatalli etwa ab 1315 Urchiteschup (= Murschili III.) Hattuschili III. etwa ab 1280 Tuthalija IV. etwa ab 1250 Schuppiluliuma II. ca. 1000–711 Syro-hethitische Kleinstaaten	der Ägypto-Hebräer aus Ägypten (?) ca. 1200 Beginn der Eisenzeit Seevölker – Philister Niedergang des ägyptischen Einflusses Josua; Israel-Amphyktionie ab 1100 Aramäer in Nord- und Ostsyrien ca. 1020–1000 Saul ca. 1000–965 (?) David 965–922 (?) Salomo. Tyrus Vormacht in Phönizien 922 Reichsspaltung Israel–Juda 733 Damaskus assyrische Provinz 721 Nordisrael assyrische Provinz 701 Sanheribs Feldzug nach Juda 639–609 Josia König von Juda 598 Nebukadnezar II. erobert Jerusalem; 1. Deportation 587 Zerstörung Jerusalems; 2. Deportation 538 Edikt des Kyros betr. Neubau des Jerusalemer Tempels ab 538 Rückkehr der babylonischen Juden

Register

SCHWARZES MEE
Istanbul
Troja
Ankara
Gordion
Kizil Irmak (Halys)
Alaca Hüjük
Jazilikaja
Hattuscha
Alischar
HATTI
Kanesch
(Kültepe)
Kayseri
Großer Salzsee
Smyrna
Beycesultan
Mäander/Menderes
Hatschilar
Iconium
(Konya, Konja)
Karahüjük
Tschatal Hüjük
Can Hasan
Taurus
KIZZUWATNA
Ceyhan
Adana
Karatepe
Mersin
Tarsus
Karatasch-Semajük
Alalach
Orontes
Ugarit
(Ras Schamra)
Knossos
Kreta
35°
40°
ZYPERN
Kadesch
Byblos
Nahr el Kelb
Beirut
Damasku
MITTELLÄNDISCHES MEER
Jordan
Jerusalem
Hebron
Totes Meer
30°
Kairo
ÄGYPTEN
Nil
Tell el-Amarna
◇ = Vorzeit
▫ = historisch
★ = modern
0
100
200
300 km
ROTES MEER
30°
35°

Die Hethiter
und ihre Nachbarn